La conspiración del mar Muerto

Michael Baigent
Richard Leigh

La conspiración del mar Muerto

mr · ediciones

Los autores y los editores agradecen a las siguientes personas e instituciones la autorización para reproducir las fotografías de referencia: albaceas testamentarios de John Allegro (3, 8-10, 14, 15, 17, 19-27); Michael Baigent (28-38, 39); Cambridge University Library (1); autoridades del departamento de Antigüedades israelí (6-7, 11-13, 18); Oficina de Prensa del gobierno israelí (40); William Reed (2); John L. Trever (5); Sabine Weiss/RAPHO (16); y Yigael Yadin (4).

Primera edición: abril de 2006

Mapa: Romi Sanmartí

Título original: *The Dead Sea Scrolls Deception*

Publicado originalmente por Jonathan Cape, Londres (Random House UK)

© 1991, Michael Baigent
© 1991, Richard Leigh
© 1992, Mariano Casas, por la traducción
© 2006, Ediciones Martínez Roca, S.A.
Paseo de Recoletos, 4. 28001 Madrid
www.mrediciones.com
ISBN: 84-270-3241-2
Depósito legal: M. 11.727-2006
Fotocomposición: J.A. Diseño Editorial, S.L.
Impresión: Brosmac, S.L.

Impreso en España-Printed in Spain

Índice

PRIMERA PARTE
El engaño

SEGUNDA PARTE
Los representantes del Vaticano

TERCERA PARTE
Los rollos del mar Muerto

L'abbaye de la fontaine vive,
Avec sa chapelle lucide
Ou Nostres Dames nous genent
D'y habiter dans la cave
Voutée.

Les rouleaux de foins
Sous un linceul de sel,
Et la cloche au ficelle
Ou se trouve un seul moin
Maussade.

Mais autour du chastel
L'héraut proclame
La sorcellerie
De la druidesse-dame
Et sa chat séduit le soleil.

JEHAN L' ASCUIZ

Agradecimientos

Quisiéramos agradecer a Robert Eisenman la generosidad con que nos brindó su tiempo, su energía y sus conocimientos. Le estamos especialmente agradecidos por la luz que ha arrojado sobre la relación entre los rollos del mar Muerto y el Nuevo Testamento, y sobre las fuerzas sociales, políticas y religiosas que operaban como telón de fondo histórico. Nuestra deuda con él resultará más que evidente a lo largo de estas páginas. Nuestra gratitud también a Heather Eisenman.

Quisiéramos agradecer a la señora Joan Allegro el permitirnos consultar materiales de su esposo y la simpatía y el apoyo que mostró hacia nuestra empresa.

Quisiéramos agradecer al equipo de Jonathan Cape, específicamente a Tom Maschler, Tony Colwell, Jenny Cottom, Lynn Boulton y Helen Donlon, y a Alison Mansbridge, nuestra «editora», las sugerencias y la paciencia que mostraron en las circunstancias más arduas.

Quisiéramos agradecer a Rod Collins el fomento tanto del bienestar económico como de la tranquilidad de ánimo.

Quisiéramos dar las gracias a nuestra agente, Barbara Levy, por ser el alma máter del proyecto, y también a Ann Evans, que lo copatrocinó y ha descubierto ahora una nueva voca-

11

ción como médium de la errante e inquieta sombra de Jehan l'Ascuiz.

Finalmente, quisiéramos agradecer su colaboración a los empleados de la British Library Reading Room y de la London Library.

Y, no hace falta decirlo, quisiéramos dar las gracias a nuestras esposas.

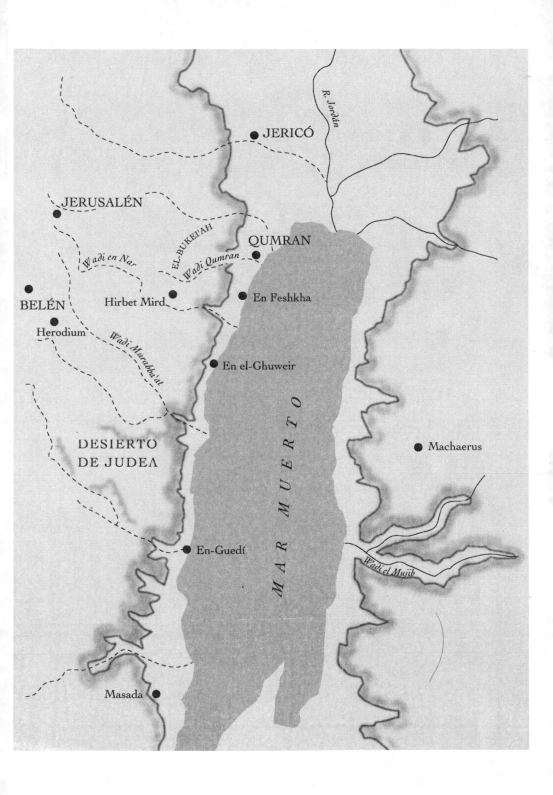

R. Jordán

JERICÓ

JERUSALÉN

EL-BUKEI'AH

Wadi en Nar

Wadi Qumran

QUMRAN

BELÉN

Hirbet Mird

En Feshkha

Herodium

Wadi Murabba'at

En el-Ghuweir

M A R   M U E R T O

DESIERTO
DE JUDEA

Machaerus

En-Guedí

Wadi el Mujib

Masada

Prólogo

Los cuatro rollos del mar Muerto

Se venden manuscritos bíblicos no posteriores al año 200 a. C. Donación ideal de un individuo o grupo a una institución educativa o religiosa. Escribir al Aptdo. F206.

Éste fue el anuncio que apareció en el *Wall Street Journal* el 1 de junio de 1954. Si hoy en día apareciese un aviso de esas características, sin duda se lo consideraría una especie de broma, y no del mejor gusto. También se lo podría ver como un mensaje codificado para disfrazar una venta de armas o algo relacionado con el espionaje.

Hoy, por supuesto, los rollos del mar Muerto son muy conocidos, siquiera de nombre. La mayoría de la gente, aunque tenga una idea sumamente vaga de lo que son, por lo menos ha oído hablar de ellos. Cuando menos, existe la conciencia de que los rollos son de algún modo objetos genuinamente preciosos, pruebas arqueológicas de inmensa importancia. Uno no espera encontrar un ejemplar cavando en el jardín de su casa. Ni siquiera los ve como vería las armas oxidadas, los utensilios e instrumentos domésticos, los restos de herramientas o de indumentaria que podrían aparecer, digamos, en el transcurso de unas excavaciones romanas en Gran Bretaña.

El descubrimiento de los rollos del mar Muerto en 1947 generó un notable entusiasmo, tanto en los círculos académicos como entre el público en general. Pero para 1954 ese entusiasmo había sido hábilmente apaciguado. Los rollos, se daba por sentado, habían revelado todo lo que tenían que revelar, y se le quitó dramatismo a ese desenlace. Por lo tanto, el anuncio de su venta no despertó ningún interés público especial cuando apareció en la página catorce del *Wall Street Journal*. Inmediatamente debajo había otro de tanques industriales de acero, soldadores eléctricos y otros artefactos. En la columna contigua había listas de casas en alquiler y de ofertas de trabajo. Equivalía a ofrecer piezas del tesoro de Tutankamón entre un montón de saldos de artículos sanitarios o de repuestos de ordenadores. Este libro mostrará cómo pudo ocurrir semejante anomalía.

Al rastrear el itinerario de los rollos del mar Muerto, desde su descubrimiento en el desierto de Judea hasta las diversas instituciones que los conservan hoy en día, nos enfrentamos con una contradicción que ya habíamos conocido antes: la contradicción entre el Jesús de la historia y el Cristo de la fe. Nuestra investigación empezó en Israel. Habría de llegar a los pasillos del Vaticano y, lo que fue aún más siniestro, a las oficinas de la Inquisición. También encontramos un rígido «consenso» de interpretación hacia el contenido y la manera de fechar los rollos, y aprendimos cuán explosivo puede ser, para toda la tradición teológica cristiana, un examen no partidista de esos manuscritos. Y descubrimos la ferocidad con que el mundo de la intelectualidad bíblica ortodoxa estaba dispuesto a luchar para retener el monopolio de la información disponible.

Los cristianos hoy pueden reconocer perfectamente a Buda, por ejemplo, o a Mahoma, como individuos históricos, tal como podría uno reconocer a César o Alejandro, y diferenciarlos de las leyendas, las tradiciones y las teologías que se han relacionado con ellos. Pero en el caso de Jesús esa diferenciación es mucho más difícil. En el mismísimo corazón de la fe cristiana la historia y la teología se enredan de manera inextricable. Cada una impregna a la otra. Pero si las miramos por separado, vemos que cada una es una amenaza potencial para la otra. Resulta entonces más fácil, y más seguro, borrar las líneas de demarcación que las separan. Así, para el creyente, dos figuras muy distintas se funden en una. Por una parte está el individuo histórico, el hombre que, según la mayoría de los estudiosos, existió de verdad y caminó por las arenas de Palestina hace dos mil años. Por la otra, el hombre-dios de la doctrina cristiana, el personaje divino deificado, alabado y promulgado por san Pablo. Examinar a este personaje como individuo histórico —es decir, verlo como vería uno a Mahoma o a Buda, a César o a Alejandro— todavía equivale, para muchos cristianos, a una blasfemia.

A mediados de los años ochenta cometimos exactamente esa blasfemia. Mientras investigábamos para el proyecto que habíamos emprendido, tratábamos de separar la historia de la teología, de distinguir al Jesús histórico del Cristo de la fe. En ese proceso, chocamos de cabeza con el embrollo de contradicciones que se les plantean a todos los que investigan material bíblico; y, como a todos los investigadores que nos habían precedido, nos desconcertó ese embrollo.

En el tipo de investigación que habíamos iniciado, los relatos bíblicos, está de más decirlo, no eran de gran ayuda. Como documentos y testimonios históricos, todo especialista lo sabe, los Evangelios son muy poco fiables. Se trata de relatos de extrema simplicidad mítica que aparentemente ocurren en un limbo histórico. Jesús y sus discípulos aparecen en el centro de un cuadro muy estilizado, desprovisto de la mayor parte del contexto. Los romanos y los judíos andan dando vueltas allá por el fondo, como extras en un estudio de cine. No se transmite ninguna sensación de las circunstancias sociales, culturales, religiosas y políticas en las que se inserta el drama de Jesús. Uno se enfrenta en verdad con un vacío histórico.

Los Hechos de los Apóstoles aportan sólo algunos detalles al cuadro. Por los Hechos uno tiene al menos una tenue sensación de ambiente: de disensión interna y de disputas doctrinales entre los seguidores inmediatos de Jesús, de la materialización de un movimiento que poco a poco tomará la forma de «cristianismo», de un mundo que se extiende más allá de los circunscritos confines de Galilea y de Judea, de la relación geográfica de Palestina con el resto del Mediterráneo. Pero todavía falta una descripción fiel de las fuerzas sociales, culturales, religiosas y políticas del momento. Todo se centra en san Pablo y todo se limita a san Pablo. Si los Evangelios son estilizados, los Hechos no lo son menos, aunque de un modo diferente. Si los Evangelios no son más que una simplificación excesiva de un mito, los Hechos consisten en una especie de novela picaresca: una novela picaresca que además está pensada para fines específicamente propagandísticos y con Pablo como protagonista. Quizá dé alguna idea sobre la mentalidad, las actitudes y las aventuras de Pablo, pero no da ninguna perspectiva fiable del mundo en el que Pablo se movía. Para cualquier historiador, para cualquier cronista responsable, ninguna descripción de la época estaría completa sin, por ejemplo, alguna referencia a Nerón y al incendio de Roma. Hasta dentro de Palestina había hechos de trascendental importancia para la gente de la época. En el año 39 d. C., por ejemplo, Herodes Antipas, tetrarca de Galilea, fue desterrado a los Pirineos. Para el año 41 d. C. tanto Galilea como

Judea —administradas por procuradores romanos desde el año 6 d. C.— habían sido otorgadas al rey Agripa, y Palestina se unió bajo un solo monarca no romano (aunque fuese un títere) por primera vez desde los tiempos de Herodes el Grande, casi medio siglo antes. Ninguno de esos acontecimientos aparece siquiera mencionado en los Hechos de los Apóstoles. El resultado es el mismo que leer una biografía de, digamos, Billy Graham que no mencionara su amistad con presidentes y otros personajes importantes, que no mencionara el asesinato de Kennedy, que no mencionara el movimiento de los derechos civiles, que no mencionara Vietnam, la transformación de valores de los años sesenta, el Watergate y sus consecuencias.

A diferencia de lo que muestra la tradición cristiana, Palestina hace dos mil años era tan real como cualquier otro escenario histórico: el Egipto de Cleopatra, por ejemplo, o la Roma imperial. No se puede reducir su realidad a una escueta simplicidad mítica. Quienquiera que fuesen Jesús o Pablo, e hicieran lo que hiciesen, debemos verlos contra un fondo de sucesos más amplio: contra el remolino de personalidades, grupos, instituciones y movimientos que operaban en la Palestina del siglo I y que componían el tejido de lo que llamamos historia.

Para obtener una verdadera idea de ese período tuvimos, como todos los demás investigadores, que consultar otras fuentes: escritos romanos, crónicas históricas recopiladas por escritores de otras orientaciones, alusiones en documentos posteriores, textos apócrifos, las enseñanzas y los testimonios de sectas y credos rivales. No hace falta decir que en esas fuentes rara vez se menciona al propio Jesús, pero nos proporcionan un cuadro completo y detallado del mundo en que se movió. En realidad, el mundo de Jesús está mejor documentado e historiado que, por ejemplo, el mundo del rey Arturo o de Robin Hood. Y si el propio Jesús sigue pareciendo esquivo, no lo es más que cualquiera de ellos.

Nos lanzamos por lo tanto con sorpresa y entusiasmo al ambiente del «Jesús histórico». Pero apenas habíamos empezado a trabajar, cuando nos enfrentamos con un problema que acosa a todos los investigadores de la historia bíblica. Nos enfrentamos con un espectro aparentemente desconcertante de cultos judaicos, sectas y subsectas, de organizaciones e instituciones políticas y religiosas que a veces parecían estar reñidas unas con otras y a veces coincidir en parte.

Pronto empezamos a ver que los rótulos utilizados para diferenciar a esos diversos grupos —fariseos, saduceos, esenios, zelotes, nazarenos— no eran ni correctos ni útiles. El embrollo persistía, y Jesús parecía tener relación de uno u otro tipo con virtualmente todos los componentes. Así, por ejemplo, hasta donde algo se pudo constatar, parecía proceder de una familia y de un medio fariseos, y haberse empapado del pensamiento fariseo. Varios comentaristas modernos han llamado la atención sobre el notable paralelo entre las enseñanzas de Jesús, especialmente el Sermón de la Montaña, y las de exponentes fariseos como el gran Hillel. Según por lo menos un comentarista, «Jesús era fariseo».

Pero si las palabras de Jesús parecen a veces similares a las de la doctrina farisea de la época, también parecen inspirarse mucho en el pensamiento místico o «esenio». Se sostiene por lo común que Juan el Bautista fue una especie de esenio, y su influencia sobre Jesús introduce un evidente elemento esenio en la carrera de este último. Pero según los relatos bíblicos la madre de Juan —Isabel, la tía materna de Jesús— estaba casada con un sacerdote del Templo, lo que permitía a ambos hombres relacionarse con los saduceos. Y, lo más delicado para la ulterior tradición cristiana, Jesús parece haber incluido sin duda a zelotes entre sus seguidores: por ejemplo Simón Zelotes, o Simón el Zelote, y quizá hasta a Judas Iscariote, cuyo nombre, tal como ha llegado hasta nosotros, procede quizá de los feroces sicarios.

La mera sugerencia de la relación con los zelotes resultaba muy provocativa. ¿Era Jesús el manso salvador de la posterior tradición cristiana? ¿Era de verdad enteramente pacífico? ¿Por qué, entonces, se metía en acciones violentas como la de volcarles las mesas a los cambistas del Templo? ¿Por qué se lo representa como ejecutado por los romanos de una manera reservada exclusivamente para la actividad revolucionaria? ¿Por qué, después de su vigilia en Getsemaní, instruyó a sus seguidores para que se armaran de espadas? ¿Por qué, poco después, Pedro sacó realmente la espada y le cortó la oreja al siervo del séquito del Sumo Sacerdote? Y si Jesús era en verdad más belicoso de como se lo representa, ¿no estaría también, por necesidad, más comprometido políticamente? ¿Cómo explicar, si no, su voluntad de «dar al César» lo que era del César, suponiendo que ésa fuese una transcripción y una traducción fieles de sus palabras?

Si todas esas contradicciones rodearon a Jesús durante su vida, también parecen haberle sobrevivido, continuando por lo menos hasta cuarenta y tantos años después de la presunta fecha de su muerte. En 74 d. C., la fortaleza de Masada, tras resistir un prolongado asedio romano, fue finalmente invadida, pero sólo después de que la guarnición que la defendía se suicidara en masa. Se reconoce, en general, que los defensores de Masada eran zelotes: no una secta religiosa, según las interpretaciones convencionales, sino adherentes a un movimiento político y militar. Sin embargo, tal como se la ha preservado para la posteridad, la doctrina de los defensores de la guarnición parecería ser la de los esenios: la secta supuestamente no violenta, de orientación mística, que, según se cree, rechazaba toda forma de actividad política y no digamos militar.

Ése era el tipo de contradicciones y de confusión que encontramos. Pero si todo eso nos desconcertaba a nosotros, lo mismo les ocurría a los estudiosos profesionales, «expertos» mucho más versados en esos materiales que nosotros. Tras recorrer un camino a través del laberinto, prácticamente todos los comentaristas fiables terminaron reñidos con sus colegas. Según algunos, el cristianismo nació como una forma de judaísmo quietista, de la escuela mistérica, y no podía por lo tanto tener ninguna relación con nacionalistas militantes revolucionarios como los zelotes. Según otros, el cristianismo fue al comienzo una forma de nacionalismo judaico revolucionario que no pudo tener nada que ver con místicos pacifistas como los esenios. Para unos, el cristianismo apareció como una de las principales corrientes de pensamiento judaico de la época. Para otros, el cristianismo había empezado a desviarse del judaísmo aun antes de que Pablo apareciese en escena y oficializase la ruptura.

Cuanto más consultábamos a los «expertos», más evidente se hacía que en realidad no *sabían* mucho más que cualquiera. Y, lo más inquietante de todo, no encontramos ninguna teoría ni interpretación que diese cabida satisfactoria a todas las pruebas, a todas las anomalías, inconsistencias y contradicciones.

Estábamos en ese punto cuando descubrimos la obra de Robert Eisenman, jefe del departamento de Estudios Religiosos y profesor de Religiones de Oriente Medio en la California State University de Long Beach. Eisenman había sido estudiante en Cornell en la misma época que Thomas Pynchon. Allí estudió literatura comparada con Vladimir Nabokov, y se licenció en Física y Filosofía en 1958; recibió el máster en estudios de hebreo y del Próximo Oriente en la New York University en 1966. En 1971 la Columbia University le concedió un doctorado en Lenguas y Culturas de Oriente Medio, centrado específicamente en historia palestina y en derecho islámico. También ha sido miembro externo de la Universidad de Calabria, Italia, y ha dado conferencias sobre derecho islámico, religión y cultura islámicas, los rollos del mar Muerto y los orígenes cristianos en la Universidad Hebrea de Jerusalén. En 1985-1986 fue investigador residente en el William F. Albright Institute of Archaeological Research de Jerusalén, y en 1986-1987 miembro visitante senior del Linacre College, Oxford, y profesor visitante en el Oxford Centre for Postgraduate Hebrew Studies.

El primer trabajo de Eisenman que vimos era un delgado texto incómodamente titulado *Maccabees, Zadokites, Christians and Qumran (Macabeos, sadoquitas, cristianos y Qumran)*, publicado en 1983 por E. J. Brill en Leiden, Holanda. El libro era exactamente lo que uno podía esperar de esa clase de autor cuando escribe para un editor académico. Había más notas al pie que texto. Había una presuposición de enormes conocimientos históricos y una formidable mezcla de fuentes y referencias. Pero había también una tesis central de estimulante lucidez y sentido común. A medida que nos abríamos paso a través de la densidad del texto, las cuestiones que tanto nos habían confundido empezaron a resolverse, clara y orgánicamente, sin teorías ingeniosas y sin desatender fragmentos cruciales.

Nos inspiramos extensamente en la obra de Eisenman en la primera parte de *The Messianic Legacy* (Londres, 1986).* Nuestras conclusiones se debieron en gran medida a las perspectivas que él nos había abierto sobre la erudición bíblica y el ambiente histórico del Nuevo Testamento. Pero ciertas preguntas quedaban sin respuesta. No podíamos saberlo en ese momento, pero habíamos pasado por alto un eslabón decisivo; un eslabón que, en los últimos cinco años, ha sido centro de controversia, tema

---

* Publicado en esta misma editorial con el título *El legado mesiánico*.

de artículos de primera plana en los periódicos nacionales. El eslabón era la información que suministran los rollos del mar Muerto.

En el centro del rompecabezas, descubrimos, había una relación hasta ahora desconocida entre los rollos del mar Muerto y la esquiva figura de Santiago, el hermano de Jesús, cuya disputa con Pablo precipitó la formulación de una nueva religión que luego se conocería como cristianismo. Ese eslabón había sido laboriosamente ocultado por un pequeño enclave de especialistas bíblicos, a cuya interpretación de los rollos, oportunamente ortodoxa, Eisenman dio en llamar el «consenso».

Según Robert Eisenman:

> Un pequeño grupo de especialistas, trabajando en gran medida juntos, elaboraron un consenso... En vez de una clara investigación histórica..., las preconcepciones y reconstrucciones, pues eso es lo que son, fueron establecidas como hechos, y esos resultados, utilizados para corroborarse mutuamente, se convirtieron a su vez en nuevas suposiciones, que fueron usadas para alejar a toda una generación de estudiantes que no quiso (o sencillamente no pudo) cuestionar el trabajo de sus mentores.[1]

El resultado ha sido el sostenimiento de una ortodoxia oficial de la interpretación: un marco de suposiciones y de conclusiones que, para los profanos, parece tener la solidez de hechos admitidos e indiscutibles. Del mismo modo se han presentado muchas de las llamadas *données*, los «hechos dados» de la historia. Los responsables de la creación de esa visión consensuada del cristianismo han conseguido ejercer el monopolio de ciertas fuentes decisivas, regulando el flujo de información de manera que su difusión esté al servicio de sus propósitos. Ése es el fenómeno que explora Umberto Eco en *El nombre de la rosa*, donde el monasterio, y la biblioteca que alberga, reflejan el monopolio de la Iglesia medieval sobre el conocimiento, y constituyen una especie de «coto cerrado», un exclusivo *country club* del saber al que sólo puede ingresar una selecta minoría dispuesta a acatar la «línea partidaria»

Los que proveen la «línea partidaria» pueden reforzar la autoridad que se atribuyen afirmando que sólo ellos han visto las fuentes pertinentes, a las que no tiene acceso nadie que sea de fuera. Para los de fuera, ensamblar todos los dispares fragmentos disponibles y darles un orden coherente viene a ser algo así como un ejercicio de semiótica, y en el reino de los ejercicios semióticos se vuelve perfectamente posible responsabilizar de todo a los caballeros templarios, y a Umberto Eco de la quiebra del Banco Ambrosiano. Así, a la mayoría de los que están fuera, al no tener acceso a las fuentes pertinentes, no les queda más remedio que aceptar la «línea partidaria». Desafiar esas interpretaciones lleva a que lo etiqueten a uno de chiflado en el mejor de los casos, y en el peor de renegado, apóstata o hereje. Pocos intelectuales tienen la necesaria combinación de coraje, perseverancia y conocimientos para lanzar el desafío y conservar la reputación. Robert Eisenman, cuyo valor y credibilidad lo han colocado entre las figuras más importantes e influyentes de la especialidad, es uno de ellos. De su historia ha salido el impulso para escribir este libro.

Primera parte

El engaño

1

El descubrimiento de los rollos

Al este de Jerusalén, una larga carretera baja poco a poco entre colinas desiertas, salpicadas de vez en cuando por campamentos beduinos. La carretera desciende unos mil trescientos metros, hasta aproximadamente cuatrocientos metros por debajo del nivel del mar, y luego sube para ofrecer una vista panorámica del valle del Jordán. Lejos, hacia la izquierda, se entrevé Jericó. Delante, en la neblina, están el propio Jordán y, como en un espejismo, las montañas de Moab. A la derecha queda la orilla del mar Muerto. La superficie del agua y los riscos amarillos de cuatrocientos metros de altura o más que bordean este lado (el israelí) de la costa infunden temor y un agudo malestar. Allí, tan por debajo del nivel del mar, el aire no sólo se nota caliente sino que se palpa: tiene espesor, presión, casi peso.

Cautivan la belleza, la majestuosidad y el silencio del lugar. Lo mismo la sensación de antigüedad que transmite el paisaje: la sensación de un mundo más viejo que el que puedan haber experimentado los visitantes occidentales. Resulta entonces mucho más chocante cuando irrumpe el siglo XX con un rugido que parece rasgar el cielo: una apretada formación de F-16 o Mirages israelíes volando bajo sobre el agua, con los pilotos claramente visibles en las carlingas. Con los motores bramando, los jets se elevan casi verticalmente hasta perderse de vista. Uno espera, paralizado. Segundos más tarde, los estampidos sónicos que se alejan hacen vibrar toda la estructura de riscos. Sólo entonces recuerda uno que ese sitio vive, técnicamente, en estado de guerra permanente: que este lado del mar Muerto, durante los últimos cuarenta y tantos años, no ha hecho nunca las paces con el otro. Pero esta tierra ha sido testigo de incesantes conflictos desde los comienzos de la historia escrita. Aquí, parece, han chocado demasiados dioses, y todos han exigido sacrificios de sangre a sus partidarios.

Las ruinas de Qumran (o Hirbet Qumran, para ser más exactos) aparecen a la derecha, justo cuando la carretera llega a los riscos que dan al mar Muerto. Después la carretera tuerce para seguir los riscos hacia el sur, paralela a la orilla del agua, hacia el lugar de la fortaleza de Masada, a casi cincuenta kilómetros de distancia. Qumran se levanta sobre una blanca terraza de marga, a unos treinta y cinco metros por encima de la carretera y a casi dos kilómetros del mar Muerto. Las ruinas mismas no son muy atractivas. Lo primero que uno encuentra es una torre, dos de cuyas plantas permanecen intactas, con paredes de un metro de espesor: evidentemente construidas pensando en la defensa. Contiguas a la torre hay una cantidad de cisternas, grandes y pequeñas, conectadas por una complicada red de canales. Algunos de esos canales pueden haber sido utilizados para baños rituales. Pero la mayoría, si no todos, habrían servido para almacenar el agua que la comunidad de Qumran necesitaba para sobrevivir en el desierto. Entre las ruinas y el mar Muerto, en los niveles inferiores de la terraza de marga, hay un inmenso cementerio de unas mil doscientas tumbas. Cada tumba está señalada con un largo túmulo de piedras alineadas —contrariando tanto la costumbre judaica como la musulmana— de norte a sur.

Aún hoy, Qumran parece un sitio remoto, aunque varios cientos de personas viven en un kibbutz cercano, y se puede llegar a ese sitio con facilidad y rapidez utilizando la moderna carretera que va a Jerusalén: un viaje de unos treinta kilómetros que se hace en cuarenta minutos. Día y noche, por esa carretera, que une Eilat, en el extremo sur de Israel, con Tiberia, en el norte, rugen unos enormes camiones con remolque. Autobuses de turistas se detienen allí con regularidad y vomitan a sudorosos europeos occidentales y norteamericanos a quienes les muestran rápidamente las ruinas y luego los llevan a una librería y restaurante con aire acondicionado a tomar café y comer pasteles. Hay, por supuesto, muchos vehículos militares. Pero también se ven coches particulares, tanto israelíes como árabes, con las placas de matrícula de diferente color. Hasta se ve de vez en cuando algún «joven corredor» en un ruidoso y desmañado monstruo de Detroit, a cuya velocidad sólo parece poner límite el ancho de la carretera.

El ejército israelí, no hace falta decirlo, está siempre a la vista. Esto, después de todo, es la Margen Occidental, y los jordanos están a sólo unos pocos kilómetros de distancia, al otro lado del mar Muerto. Día y noche andan las patrullas, a siete u ocho kilómetros por hora, escudriñando todo: camionetas, por lo general, con tres ametralladoras pesadas en la caja y soldados detrás. Esas patrullas suelen detenerse a inspeccionar los coches y a averiguar dónde está cada persona que anda explorando la zona o excavando en los riscos o en las cuevas. El visitante aprende en seguida a saludar con la mano, a asegurarse de que las tropas lo ven y reconocen su presencia. Es peligroso acercarse a ellas de golpe, o comportarse de un modo que les pueda parecer furtivo o sospechoso.

El kibbutz —Kibbutz Kalia— está a diez minutos de distancia de Qumran, subiendo a pie por un breve camino que sale de las ruinas. Hay dos pequeñas escuelas para los niños de la zona, un refectorio comunal grande y unas viviendas que parecen moteles para turistas de paso. El kibbutz está cercado por alambre de púas y lo cierran con llave de noche. Está siempre de servicio una patrulla armada, y hay numerosos refugios antiaéreos subterráneos. Esos refugios cumplen también otras funciones. Uno, por ejemplo, lo utilizan como sala de conferencias, otro como bar, y un tercero como discoteca. Pero esa modernidad no ha llegado a los yermos que se extienden más allá del perímetro del kibbutz. Allí los beduinos siguen pastoreando camellos y cabras, figuras que parecen intemporales y unen el presente con el pasado.

En 1947, cuando se descubrieron los rollos del mar Muerto, Qumran era muy diferente. En esa época la zona era parte del mandato británico de Palestina. A la izquierda quedaba lo que era entonces el reino de Transjordania. La carretera que corre hacia el sur por la orilla del mar Muerto no existía: llegaba sólo a la región noroeste, hasta unos pocos kilómetros de Jericó. Alrededor, y más allá, no había más que huellas toscas, una de las cuales seguía el curso de una vieja calzada romana. Esa ruta estaba abandonada desde hacía mucho tiempo. Por lo tanto, resultaba bastante más difícil que hoy llegar a Qumran. La única presencia humana que se encontraría sería la de los beduinos que andaban por allí con sus camellos y con sus cabras en invierno y primavera, cuando el desierto, quizá de manera sorprendente, daba pasto y agua. En el invierno, o tal vez a comienzos de la primavera de 1947, daría algo más: uno de los dos o tres grandes descubrimientos arqueológicos de los tiempos modernos.

Las circunstancias precisas que rodearon el descubrimiento de los rollos del mar Muerto ya han pasado a la leyenda. Quizá algunos detalles de esa leyenda no sean del todo exactos; bien entrada la década de los sesenta, los especialistas aún no se habían puesto de acuerdo sobre ciertos puntos. Pero sigue siendo la única historia con que contamos. El descubrimiento se le atribuye a un joven pastor llamado Mohamed adh-Dhib, o Mohamed el Lobo, miembro de la tribu Ta 'amireh de beduinos. Más tarde ese pastor explicó que buscaba una cabra perdida. Hiciera lo que hiciese, estuvo trepando por los riscos de Qumran, en una de cuyas caras descubrió una abertura. Trató de mirar adentro, pero desde donde estaba no se veía nada. Arrojó entonces una piedra a la oscuridad y oyó un ruido de cerámica que se rompía. Está de más decir que eso lo alentó a seguir explorando.

Trepó hasta la abertura, entró caminando a gatas y se dejó caer; se encontró en una cueva pequeña y de techo alto, de no más de dos metros de ancho y tal vez siete de largo. En la cueva había una cantidad de vasijas de barro de unos sesenta centímetros de alto y veinticinco de ancho, muchas de ellas rotas. Se cree que ocho estaban intactas, aunque nunca se pudo determinar la cantidad con precisión.

Según su propio relato, Mohamed se asustó, trepó saliendo de la cueva y huyó. Al día siguiente volvió con por lo menos un amigo y procedió a explorar con más atención la cueva y su contenido. Algunas de las vasijas de barro estaban selladas con tapas grandes, «parecidas a cuencos». Dentro de una de ellas había tres rollos de cuero envueltos en lienzo podrido: los primeros rollos del mar Muerto que veían la luz en casi dos mil años.[1]

Durante los días siguientes, el beduino regresó al lugar y encontró por lo menos otros cuatro rollos de cuero. Al menos dos vasijas fueron retiradas y utilizadas para transportar agua. Cuando empezó la verdadera exploración arqueológica, apareció una considerable cantidad de trozos y fragmentos: suficientes, según cálculos fiables, para formar no menos de cuarenta vasijas. No hay manera de saber cuántas de esas vasijas, al ser descubiertas, estaban vacías y cuántas contenían rollos. Tampoco hay manera de saber cuántos rollos fueron sacados de la cueva y, antes de que se conociese su valor, ocultados, destruidos o utilizados para otros fines. Se ha insinuado que algunos fueron quemados como combustible. En todo caso, se nos dijo que de la cueva fueron sacados más manuscritos de los que antes se había consignado, o de los que luego salieron a la luz. En total llegarían al dominio público siete rollos completos, junto con fragmentos de otros veintiuno.

En este punto los relatos empiezan a volverse cada vez más contradictorios. No obstante, parece que tres beduinos, pensando que los rollos podrían tener algún valor, llevaron todos los que habían encontrado —tres pergaminos completos según algunas fuentes, siete u ocho según otras— al jeque local. El jeque puso a los beduinos en contacto con un tendero cristiano, vendedor de curiosidades y anticuario, llamado Jalil Iskander Shahin y conocido como «Kando». Kando, miembro de la Iglesia jacobita siria, se puso en contacto con otro miembro que residía en Jerusalén, George Isaiah. Según especialistas fiables, Kando e Isaiah emprendieron rápidamente viaje a Qumran y sacaron otra cantidad de rollos y/o fragmentos.[2]

Esas actividades eran, desde luego, ilegales. Por ley del mandato británico —ley conservada luego tanto por el gobierno jordano como por el israelí— todos los descubrimientos arqueológicos pertenecían oficialmente al Estado. Lo correcto habría sido entregarlos al departamento de Antigüedades para ser guardados en el Museo Arqueológico Palestino, conocido como el Rockefeller, en la zona árabe de Jerusalén oriental. Pero Palestina estaba revuelta en esa época, y Jerusalén era una ciudad dividida en sectores judío, árabe y británico. En esas circunstancias, las autoridades tenían que ocuparse de asuntos más apremiantes que el mercado negro de reliquias arqueológicas. Por consiguiente, Kando y George Isaiah podían realizar sus transacciones clandestinas con impunidad.

George Isaiah informó del descubrimiento a su jefe eclesiástico, el metropolitano (esto es, arzobispo) sirio Athanasius Yeshua Samuel, cabeza de la Iglesia jacobita siria en Israel. Académicamente, Athanasius Yeshua Samuel era un hombre ingenuo, que carecía de la sofisticada erudición necesaria para identificar, y no digamos para traducir, el texto que se le presentaba. El difunto Edmund Wilson, uno de los primeros y más fiables comentaristas del descubrimiento de Qumran, escribió que Samuel «no era un especialista en hebreo y no pudo entender qué era el manuscrito».[3] Hasta quemó un pequeño trozo y lo olió para verificar si la sustancia era cuero o pergamino. Pero a pesar de sus deficiencias académicas, Samuel era un hombre sagaz, y su monasterio, el monasterio de San Marcos, contenía una famosa colección de documentos antiguos. Por lo tanto tenía alguna idea de la importancia de lo que había caído en sus manos.

Samuel dijo luego que había sabido de los rollos del mar Muerto en abril de 1947. Pero si la cronología ha sido hasta aquí vaga y contradictoria, desde ahora lo será más todavía, y variará de un comentarista a otro. Lo cierto es que en algún momento entre comienzos de junio y comienzos de julio Samuel pidió a Kando y a George Isaiah que organizasen un encuentro con los tres beduinos que habían hecho el descubrimiento inicial, para analizar lo que habían encontrado.

Cuando los beduinos llegaron a Israel, llevaban por lo menos cuatro rollos, tal vez ocho: los tres que inicialmente habían encontrado, y uno, o más, producto de los posteriores saqueos llevados a cabo por ellos mismos o por Kando y George Isaiah. Por desgracia, el metropolitano había olvidado mencionar la inminente visita de los beduinos a los monjes del monasterio de San Marcos. Cuando aparecieron los beduinos con esos pergaminos sucios, que se caían a pedazos, ellos mismos sin afeitar y con aspecto andrajoso, el monje de la puerta los echó. Cuando se enteró Samuel ya era demasiado tarde. Los beduinos, comprensiblemente ofendidos, no quisieron saber nada más del metropolitano Samuel. Uno de ellos se negó incluso a tratar desde entonces con Kando, y vendió su parte de los rollos —un «tercio», que equivalía a tres rollos— al jeque musulmán de Belén. Kando consiguió comprar los manuscritos que quedaban y se los vendió a su vez al metropolitano, se cree que por veinticuatro libras. Al principio se pensó que esa venta consistía en cinco rollos, pero luego se demostró que eran sólo cuatro, y que uno de ellos se había quebrado en dos. De los cuatro textos, uno era una copia bien conservada del Libro de Isaías del Antiguo Testamento, cuyo pergamino desenrollado medía algo más de siete metros de largo. Los otros tres, según la nomenclatura adoptada más tarde por los especialistas, incluían el «Génesis apócrifo», un comentario sobre el «Libro de Habacuc» y el llamado «Regla de la comunidad».

Poco después de la malograda visita de los beduinos a Jerusalén —a fines de julio según algunos, en agosto según otros— el metropolitano Samuel envió a un sacerdote para que volviese con George Isaiah a la cueva de Qumran. Como practicaban actividades ilícitas, la pareja trabajaba de noche. Examinaron el lugar detenidamente y descubrieron por lo menos otro pote y algunos fragmentos; parece que también hicieron extensas excavaciones. Cuando llegó el primer equipo oficial de investigación, un año más tarde, descubrió que habían sacado toda una parte de la cara del risco, y que habían hecho una entrada grande en la cueva, por debajo del agujero más pequeño explorado inicialmente por los beduinos. Qué frutos dio esa empresa nadie lo sabe. Mientras investigábamos para este libro, entrevistamos a algunas personas que insistieron en que George Isaiah, en sus exploraciones nocturnas, encontró otra cantidad de rollos, algunos de los cuales no fueron nunca vistos por especialistas.

Después de obtener por lo menos algunos de los rollos, el metropolitano Samuel acometió la tarea de determinar su antigüedad. Consultó primero a un experto sirio que trabajaba en el departamento de Antigüedades. A juicio de ese hombre, los manuscritos eran de una época bastante reciente. El metropolitano consultó entonces a un estudioso holandés que trabajaba en la École Biblique et Archéologique Française de Jerusalén, institución dirigida por monjes dominicos y financiada en parte por el gobierno francés. Ese estudioso se interesó, pero se mostró escéptico sobre la antigüedad de los rollos, y más tarde contó que había regresado a la École Biblique y consultado allí a «un eminente erudito» que lo sermoneó acerca de las frecuentes falsificaciones que circulan entre peligrosos anticuarios.[4] Por consiguiente, el estudioso holandés abandonó su investigación, y la École Biblique perdió la oportunidad de intervenir desde el principio. A esas alturas, sólo el relativamente indocto metropolitano parecía tener alguna idea de la antigüedad, el valor y la trascendencia de los rollos.

En septiembre de 1947 el metropolitano llevó los rollos que tenía en su poder a su superior, el patriarca de la Iglesia jacobita siria en Homs, al norte de Damasco. Qué pasó en esa reunión no se sabe, pero a su regreso el metropolitano envió de nuevo a un grupo de hombres a excavar en la cueva de Qumran. Probablemente siguiese instrucciones del patriarca. De todas formas, es evidente que creía que se podía descubrir algo más.

La visita del metropolitano Samuel a Siria en septiembre coincidió con la llegada a ese país de Miles Copeland, que había ingresado en la OSS durante la segunda guerra mundial, se había quedado en la organización cuando se transformó en la CIA y fue luego, durante mucho tiempo, agente y jefe de delegación. En una entrevista personal Copeland contó cómo, en el otoño de 1947, había sido destinado a Damasco como representante de la CIA. En las circunstancias de aquella época no hacía falta actuar bajo una cobertura demasiado secreta, y su identidad era aparentemente un secreto a voces. Según Copeland, fue a verlo un día un «astuto comerciante egipcio» que aseguró poseer un gran tesoro. El hombre metió la mano en una bolsa sucia y sacó un rollo, cuyos bordes se estaban desintegrando: algunos fragmentos se desprendieron y cayeron a la calle. Copeland, naturalmente, no supo explicar de qué se trataba, pero prometió al comerciante que, si se lo dejaba, lo fotografiaría y conseguiría que alguien lo estudiase.

Para fotografiarlo, Copeland y sus colegas llevaron el rollo a la azotea de la legación norteamericana en Damasco y lo estiraron. En ese momento soplaba un fuerte viento, recuerda Copeland, y algunos fragmentos se despegaron y volaron a la calle, donde se perdieron para siempre. Según Copeland, una importante parte del pergamino desapareció de esa manera. La esposa de Copeland, que es arqueóloga, dijo que no podía dejar de estremecerse cada vez que oía la historia.

Con un equipo suministrado por el gobierno norteamericano, Copeland y sus colegas sacaron, según contó él mismo, unas treinta fotografías. Esas fotografías, explicó Copeland, no alcanzaron para abarcar toda la extensión del rollo, que por lo tanto debió de haber sido considerable. Luego las fotografías fueron llevadas a la embajada norteamericana en Beirut y mostradas a un importante funcionario, un hombre versado en idiomas antiguos. El funcionario afirmó que el texto pertenecía al Libro de Daniel del Antiguo Testamento. Parte había sido escrita en arameo, dijo, y parte en hebreo. Pero por desgracia la investigación terminó ahí. Copeland volvió a Damasco, el «astuto comerciante egipcio» no dio más señales de vida y las fotografías quedaron en un cajón.[5] Nadie, hasta hoy, sabe qué pasó con ellas ni con el propio rollo, aunque más tarde —cinco años después del episodio que contó Copeland— aparecieron en Qumran fragmentos de un rollo de Daniel. Si el rollo que Copeland vio y fotografió era en verdad un texto de Daniel, ese texto nunca se hizo público.

Aunque fue exactamente en ese momento cuando el metropolitano Samuel estuvo en Siria con los rollos que había comprado, es improbable que el rollo que vio Copeland perteneciese a ese grupo, puesto que sólo uno de ellos podía ser estirado, y sólo uno —el texto hebreo de Isaías, de casi siete metros y medio de largo— hubiese ocupado más de treinta fotografías. Si fue esto lo que vio Copeland, ¿por qué se lo identificó como Daniel y no Isaías, y por qué se identificó la escritura como hebreo y arameo? Existe, desde luego, la posibilidad de que el funcionario de la CIA se equivocara. Pero un eminente investigador israelí, al oír la historia de Copeland, mostró curiosidad. «Podría ser muy interesante —dijo, en confianza—. Quizá se trate de un rollo que todavía no se ha visto. Si pudiésemos obtener más información, intercambiaría con ustedes... datos adicionales sobre los rollos que faltan.»[6] Lo cual significa, no hace falta decirlo, que tales datos existen y nunca se han divulgado.

Mientras examinaban las fotografías de Copeland en Beirut, el metropolitano Samuel seguía esforzándose por confirmar la antigüedad de los rollos que tenía en su poder. Un doctor judío que visitaba su monasterio lo puso en contacto con especialistas de la Universidad Hebrea. Éstos, a su vez, lo pusieron en contacto con el director del departamento de Arqueología de la misma universidad, el profesor Eleazar Sukenik. El 24 de noviembre, Sukenik, antes de ver los rollos que tenía el metropolitano, mantuvo una reunión con una persona identificada luego nada más que como un anticuario armenio. Ninguno había tenido tiempo de obtener los indispensables pases militares. Se vieron por lo tanto obligados a encontrarse en un puesto fronterizo entre las zonas judía y árabe de Jerusalén, y a hablar a través de una barrera de alambre de púas. A través de esa barrera el armenio le mostró a Sukenik un fragmento de un rollo en el que se percibían letras en hebreo. El armenio explicó que un anticuario de Belén había ido a verlo el día anterior, y le había llevado ese y otros fragmentos supuestamente encontrados por beduinos. Le preguntó a Sukenik si eran auténticos y si la Universidad Hebrea estaría dispuesta a comprarlos. Sukenik pidió un segundo encuentro, que se produjo tres días más tarde. Esta vez tenía un pase, y pudo mirar con atención varios fragmentos. Convencido de que eran importantes, decidió ir a Belén a ver más, a pesar de los peligros que podía entrañar semejante empresa en esa época.

El 29 de noviembre de 1947, Sukenik salió furtivamente dc Jerusalén e hizo un viaje clandestino a Belén. Allí le contaron en detalle cómo habían sido descubiertos los rollos, y le mostraron tres que estaban en venta —los que se le habían escapado al metropolitano— y dos de las vasijas donde habían estado metidos. Dejaron que se llevase los rollos a su casa, y los estaba estudiando cuando, a medianoche, oyó en la radio una noticia sensacional: las Naciones Unidas habían votado por mayoría la creación del Estado de Israel. En ese momento Sukenik decidió comprar los rollos. Le parecían algo así como un presagio de buena suerte, una convalidación simbólica de los trascendentales acontecimientos históricos que acababan de ponerse en marcha.[7]

Compartía esa convicción su hijo, Yigael Yadin, por entonces jefe de operaciones de la Haganá, la milicia semiclandestina que, durante la lucha por la independencia en 1948, evolucionaría hasta convertirse en las Fuerzas de Defensa israelíes. Para Yadin, el descubrimiento de los rollos tomaría un sentido casi místico:

No puedo evitar la sensación de que hay algo simbólico en el descubrimiento de los rollos y en su adquisición en el momento de la creación del Estado de Israel. Es como si estos manuscritos hubiesen estado esperando en cuevas durante dos mil años, desde la destrucción de la independencia de Israel hasta que el pueblo de Israel volvió a su tierra y recuperó su libertad.[8]

Hacia finales de enero de 1948, Sukenik decidió ver los rollos que estaban en poder del metropolitano Samuel. De nuevo, el encuentro sería clandestino. Ocurriría en el sector británico de Jerusalén, en la YMCA (Asociación Cristiana de Jóvenes), cuyo bibliotecario era miembro de la congregación del metropolitano. Allí la seguridad era particularmente estricta, pues la YMCA estaba situada justo frente al hotel King David, que había sido bombardeado con gran pérdida de vidas en 1946. Para entrar en la zona, Sukenik tuvo que obtener un pase del jefe del distrito británico, el profesor Biran.

Procurando pasar por un estudioso cualquiera, Sukenik salió con un puñado de libros y fue hasta la YMCA. Allí, en una sala privada, le mostraron los rollos del metropolitano y permitieron que se los llevase para examinarlos. Se los devolvió al metropolitano el 6 de febrero, al no poder reunir los fondos necesarios para comprarlos. En esa época, la situación política y económica era demasiado tensa para que un banco autorizase el indispensable préstamo. Las autoridades judías locales, ante la perspectiva de una guerra inminente, no podían dar nada. Nadie más estaba interesado.

Sukenik trató de que rebajaran el precio, y el agente sirio que representaba al metropolitano organizó una entrevista para una semana más tarde. A esas alturas, Sukenik se las había ingeniado para reunir el dinero necesario. Pero no tuvo noticias del metropolitano ni del agente, hasta que unas semanas después recibió una carta del sirio donde se le informaba que el metropolitano había decidido, después de todo, no vender. A espaldas de Sukenik, ya se habían entablado negociaciones con especialistas norteamericanos que habían fotografiado los rollos e insistían en que se podía obtener por ellos un precio mucho más alto en Estados Unidos. Está de más decir que la pérdida de esa oportunidad mortificó a Sukenik.

En febrero el metropolitano se había puesto en contacto con el Albright Institute (la American School of Oriental Research) establecido en Jerusalén, y el instituto había enviado un juego completo de fotografías de los rollos a un reconocido experto en el tema, el profesor William F. Albright, de la Johns Hopkins University. El 15 de marzo el profesor Albright contestó dándole la razón a Sukenik sobre la importancia del descubrimiento, y poniendo el sello de aprobación a los textos de Qumran. También, sin darse cuenta, apoyó a los que querían atribuir a los rollos la mayor antigüedad posible:

> ¡Mis más sinceras felicitaciones por el mayor descubrimiento de manuscritos de la época moderna! No hay ninguna duda en mi mente de que la escritura es más antigua que la del Papiro de Nash... Yo pondría como fecha alrededor de 100 a. C... ¡Qué descubrimiento increíble! Y por fortuna no puede haber en el mundo la menor duda sobre la autenticidad del manuscrito.[9]

El 18 de marzo se redactó un comunicado de prensa. Mientras tanto, los rollos habían sido llevados a Beirut y dejados en custodia en un banco. Más adelante, ese mismo año, los retiró de allí el metropolitano Samuel, y en enero de 1949 los llevó a Estados Unidos, donde pasarían algunos años en la cámara blindada de un banco de Nueva York.

El 11 de abril apareció el primer comunicado de prensa, emitido por la Yale University, donde el profesor Millar Burrows —director del Albright Institute— dirigía el departamento de Lenguas del Próximo Oriente. El comunicado de prensa no se ajustaba del todo a la verdad. Nadie quería que descendieran sobre Qumran enjambres de aficionados (o rivales), así que se afirmó que el descubrimiento había ocurrido en la biblioteca del monasterio del metropolitano Samuel. Pero por primera vez se enteraba el público de la existencia de los rollos del mar Muerto, un año largo después de su aparición. En la página 4 de su edición del lunes 12 de abril de 1948, *The Times* publicó el siguiente artículo bajo el título «Encuentran manuscrito antiguo en Palestina»:

Nueva York, 12 de abril

Yale University anunció ayer el descubrimiento en Palestina del manuscrito más antiguo conocido del Libro de Isaías. Fue encontrado en el monasterio sirio de San Marcos en Jerusalén, donde había sido conservado en un rollo de pergamino que data de aproximadamente el siglo I a. C. El manuscrito acaba de ser identificado por especialistas de la American School of Oriental Research [el Albright Institute] de Jerusalén.

También fueron examinados en el mismo instituto otros tres rollos antiguos en hebreo. Uno era parte de un comentario acerca del Libro de Habacuc; otro parecía ser un manual de disciplina de alguna secta u orden monástica relativamente poco conocida, probablemente la de los esenios. El tercer rollo no fue identificado.

No era un artículo calculado para incendiar el mundo académico. Para la mayoría de los lectores de *The Times* quizá no significó mucho, y de todos modos había en la misma página otras noticias más eficaces. Catorce oficiales alemanes de las SS, que habían comandado pelotones de exterminio en el frente oriental, acababan de ser condenados a la horca. Según el fiscal, el juicio era «un hito en la campaña contra la intolerancia y la violencia racial». También había información sobre una masacre en Tierra Santa el viernes anterior. Dos organizaciones terroristas judías —el Irgun y la Banda Stern— habían aniquilado la aldea árabe de Deir Yasin, violando a las muchachas y exterminando a hombres, mujeres y niños. La propia Agencia Judía expresaba «horror y repugnancia» por lo que había ocurrido. Mientras tanto, según otras crónicas en la misma página, había combates en Jerusalén. La artillería árabe había bombardeado el barrio occidental de la ciudad al atardecer. Cantidades de cañones de campaña habían llegado desde Siria, y apuntaban hacia los sectores judíos. Habían vuelto a cortar el suministro de agua a la ciudad. El abastecimiento que llegaba por ferrocarril se había interrumpido. Se consideraba inminente la reanudación de la lucha por la carretera Tel Aviv-Jerusalén. En otras partes de Tierra Santa terroristas árabes habían matado a dos soldados británicos, y terroristas judíos a uno. (Cuarenta y dos años más tarde, mientras se verificaba esto y se copiaba de un microfilm en una biblioteca local, hubo un aviso de bomba y fue necesario evacuar el edificio. *Plus ça change...*)

Las hostilidades en Oriente Medio continuarían durante otro año. El 14 de mayo de 1948 —el día antes de que el mandato británico expirase oficialmente— el Consejo del Pueblo Judío se reunió en el Tel Aviv Museum y declaró su propio Estado independiente de Israel. La respuesta de los países árabes vecinos fue inmediata. Esa misma noche, aviones egipcios bombardearon Tel Aviv. Durante los seis meses y medio de combates que hubo a continuación, Israel sería invadido por tropas de Egipto, Arabia Saudí, Transjordania, Siria, Irak y el Líbano, y el rey de Transjordania se proclamaría monarca de toda Palestina.

El alto el fuego definitivo entró en vigor el 7 de enero de 1949. Según las condiciones pactadas, el gran sector central de lo que antes había sido Palestina continuaría siendo árabe. Ese territorio fue ocupado y luego anexionado por Transjordania, que el 2 de junio de 1949 empezó a llamarse simplemente Jordania. Así, Qumran pasó a manos jordanas junto con el lado árabe de Israel. La frontera entre Israel y Jordania —la carretera de Nablus— pasaba por el centro de la ciudad.

En medio de esos dramáticos acontecimientos históricos, los rollos despertaron poca atención o interés en el público. Pero entre bastidores ya habían empezado a movilizarse fuerzas políticas, religiosas y académicas. En enero de 1949, el departamento de Antigüedades de la Palestina transjordana y árabe se había involucrado en el tema, bajo los auspicios de su director, Gerald Lankester Harding. También lo había hecho el padre Roland de Vaux, director, desde 1945, de otra institución: la École Biblique patrocinada por los dominicos, situada en el sector oriental de Jerusalén, controlado por Jordania, y en los últimos sesenta años centro de estudios bíblicos francocatólicos.

Había pasado año y medio desde la aparición de los rollos, pero hasta la fecha ningún arqueólogo profesional había visitado el lugar del descubrimiento. El Albright Institute lo había intentado, pero había llegado a la conclusión de que la guerra volvía demasiado peligrosa la tarea. Fue en ese punto cuando apareció en escena un oficial de la fuerza aérea belga, el capitán Philippe Lippens. Lippens había llegado a Jerusalén como miembro de la organización para la supervisión de la tregua de las Naciones Unidas. Pero también tenía formación jesuita, y se había graduado en el Instituto Oriental de la Universidad de Lovaina. Conocía por lecturas la existencia de los rollos, y abordó a De Vaux, que aparentemente hasta ese momento había albergado dudas sobre la importancia de los manuscritos. Si conseguía encontrar la cueva del descubrimiento, preguntó Lippens, ¿estaría De Vaux dispuesto a otorgar legitimidad a la empresa actuando como director técnico de ulteriores excavaciones? De Vaux aceptó.

El 24 de enero, Lippens consiguió el apoyo de un oficial inglés que comandaba una brigada de la Legión Árabe jordana y, a través de ese oficial, el apoyo de Lankester Harding en Ammán. Con la bendición de Harding, el oficial arqueólogo del ejército británico fue enviado a buscar la cueva donde había tenido lugar el descubrimiento. Lo acompañaron dos beduinos de la Legión Árabe, que localizaron la cueva el 28 de enero. En su interior encontraron restos del lienzo en el que habían sido envueltos los rollos y numerosas piezas de cerámica. Unos quince días más tarde, a comienzos de febrero, Harding y De Vaux visitaron la cueva juntos. Encontraron fragmentos de más de cuarenta vasijas y restos de treinta textos identificables, y muchos otros trozos inidentificables. Quince días más tarde se había montado la primera expedición arqueológica oficial.

En los años siguientes los rollos se convirtieron en un negocio a gran escala, y su comercialización llegó a configurar una industria casera extremadamente lucrativa. El contrabando de fragmentos iba y venía en billeteras sucias, en cajas de cigarrillos y dentro de otros muchos y variados envases improvisados. Empezaron a aparecer falsificaciones, y a los astutos anticuarios locales no les faltaban compradores crédulos. La prensa popular presentaba como inmensamente valioso todo lo que se asemejase a un pergamino antiguo. Por consiguiente, los comerciantes árabes estaban poco dispuestos a cerrar trato por debajo de las cien libras y, al menos en una ocasión, obtuvieron mil; y no hay que olvidar que eso ocurría en tiempos en que se podía hipotecar una casa por mil quinientas libras.

Cuando el metropolitano Samuel llevó los rollos a Estados Unidos, en radios jordanas se dijo que pedía por ellos un millón de dólares. Se temía que los rollos fuesen comprados no sólo para colecciones privadas y como recuerdos, sino también como inversiones. Al mismo tiempo, desde luego, los propios rollos eran peligrosamente frágiles; para impedir que siguiesen deteriorándose, necesitaban condiciones especiales de luz y de temperatura. En efecto, en muchos de ellos el proceso de deterioro ya era irreversible. Con el crecimiento del mercado negro crecía también la posibilidad de que el mundo académico perdiese para siempre materiales de enorme valor.

La responsabilidad de tomar alguna medida recaía sobre Gerald Lankester Harding, del departamento de Antigüedades. Harding llegó a la conclusión de que era menos importante insistir con la ley que rescatar la mayor cantidad posible de rollos y de fragmentos. Por consiguiente adoptó la política de comprar materiales vinculados con los rollos de manos de quien los tuviese. Esa actitud afectaba a la condición legal de los materiales al reconocer tácitamente que quienes los poseían tenían derecho sobre ellos. En las negociaciones y transacciones, los agentes de Harding estaban autorizados a cerrar los ojos ante cuestiones de legalidad y (hasta cierto punto) de precio. Él mismo, que hablaba con fluidez el árabe, se hizo amigo no sólo de comerciantes sino también de beduinos, e hizo saber que pagaría muy bien todo lo que consiguiesen. Sin embargo, el metropolitano Samuel fue acusado de «contrabandear» los rollos fuera del país, y el gobierno jordano exigió su devolución. Para entonces ya era demasiado tarde, por supuesto. Finalmente, se les concedió a los beduinos de la tribu Ta 'amireh algo así como «el monopolio de la explotación de las cuevas». La región de Qumran se convirtió en realidad en zona militar, y se asignó a la tribu Ta 'amireh la responsabilidad de vigilarla, «para que no se metan otras tribus persiguiendo la quimera de los rollos».[10] Cada cosa que encontraban los Ta 'amireh se la llevaban a Kando, y recibían un pago. Kando llevaba el material a Harding y recibía a su vez otro pago.

En octubre de 1951, miembros de la tribu Ta 'amireh llegaron a Jerusalén con fragmentos de rollos de un nuevo lugar. No estaban ni el padre De Vaux, de la École Biblique, ni Harding, así que los beduinos fueron a ver a Joseph Saad, director del Museo Rockefeller. Saad exigió que lo llevasen al sitio en cuestión. Los beduinos fueron a consultar y no regresaron.

Saad consiguió un jeep, una autorización escrita del funcionario arqueológico de la Legión Árabe y algunos hombres armados y fue hacia el primer campamento Ta 'amireh que pudo encontrar, en las afueras de Belén. A la mañana siguiente, mientras entraba en Belén, vio a uno de los hombres que habían ido a hablar con él el día anterior. Prescindiendo de toda sutileza, Saad procedió a secuestrar al beduino:

> En cuanto se detuvo el jeep, Saad llamó al hombre e inmediatamente le exigió más información acerca de la cueva. Al árabe se le llenaron de miedo los ojos, e intentó seguir caminando. Los soldados saltaron del jeep y le cerraron el paso. Luego, a una señal de Saad, levantaron al hombre en vilo y lo metieron en la parte trasera del vehículo. El chófer soltó el embrague y desanduvieron a toda prisa el camino por donde habían venido.[11]

Sometido a esa forma de persuasión, el beduino aceptó cooperar. Saad obtuvo refuerzos en un puesto militar cercano y el contingente partió siguiendo el Wadi Ta 'amireh hacia el mar Muerto. Cuando el terreno se volvió intransitable, abandonaron el jeep y echaron a andar. Caminaron durante siete horas, hasta que llegaron al cauce de un río cuyas paredes medían muchas decenas de metros de altura. Allá arriba, en la cara del risco, se veían dos cuevas grandes, de las que salían nubes de polvo: los beduinos ya estaban dentro recogiendo todo lo que podían. Al llegar Saad aparecieron unos cuantos. Los soldados que acompañaban a Saad dispararon al aire y los beduinos se dispersaron. Cuando entraron los soldados, una de las dos cuevas resultó ser enorme: seis metros de ancho, cuatro metros a cuatro y medio de alto, y se metía unos cuarenta y cinco metros en la montaña. Saad no llegó a Jerusalén hasta la mañana siguiente. Agotado por la expedición (que había incluido catorce horas de caminata), se fue a dormir. Cuando despertó, Jerusalén se encontraba en estado de convulsión. Amigos de los beduinos habían difundido la noticia de su «secuestro» y de su encarcelamiento. Un comentarista observó luego que era «quizá» un error haber utilizado la fuerza: eso serviría para que se escondiesen los documentos, y los beduinos estarían menos dispuestos a desprenderse de lo que encontraban.[12]

La expedición de Saad llevó al descubrimiento de cuatro cuevas en Wadi Murabba'at, unos dieciocho kilómetros al sur de Qumran y a poco más de tres kilómetros del mar Muerto. El material encontrado en ese sitio no fue tan difícil de fechar ni de identificar como el de Qumran, pero revestía una importancia casi similar. Provenía de principios del siglo II d. C., más exactamente de la rebelión en Judea orquestada por Simón bar Kokba entre 132 y 135 d. C. Incluía dos cartas firmadas por el propio Simón y proporcionaba nuevos datos sobre la logística, la economía y la administración civil de la rebelión, que había fracasado por un pelo: Simón conquistó realmente Jerusalén de manos de los romanos y ocupó la ciudad durante unos dos años.

Según Robert Eisenman, esta insurrección era la continuación directa de hechos que habían ocurrido en el siglo anterior: hechos que involucraban a algunas de las mismas familias, muchos de los mismos principios subyacentes y quizá también al propio Jesús.

Poco después del descubrimiento de las cuevas en Murabba'at, la actividad alrededor de Qumran empezó a cobrar impulso. Tras regresar de Europa, el padre De Vaux empezó a excavar el lugar, junto con Harding y quince obreros. Esas excavaciones se prolongarían cinco años, hasta 1956. Entre otras cosas desenterraron un complejo de construcciones identificado como la «comunidad esenia» de la que hablaba Plinio.

El propio Plinio pereció en 79 d. C., en la erupción del Vesubio que enterró a Pompeya y Herculano. De sus obras sólo se conserva la *Historia natural,* que precisamente trata de la topografía y de ciertos acontecimientos en Judea. Se desconocen las fuentes utilizadas por Plinio, pero ese texto menciona el saqueo de Jerusalén en 68 d. C., y por lo tanto debe de haber sido escrito un tiempo más tarde. En una época hasta existió la leyenda, ahora desacreditada, de que, al igual que Josefo, había acompañado al ejército romano cuando invadió Palestina. De todas formas, Plinio es uno de los pocos escritores antiguos que no sólo mencionan a los esenios por su nombre, sino que los localizan geográficamente. Él los sitúa, de modo bastante específico, en las orillas del mar Muerto:

> Sobre el lado occidental del mar Muerto, pero fuera del alcance de las nocivas emanaciones de la costa, está la solitaria tribu de los esenios, que es más notable que cualquier otra tribu del mundo, pues no tiene mujeres y ha renunciado a todo deseo sexual, carece de dinero y no tiene otra compañía que las palmeras. Día a día se nivela la multitud de refugiados mediante la llegada de

numerosas personas cansadas de la vida y arrastradas hasta allí por los vaivenes de la fortuna para adoptar esas costumbres… Por debajo de los esenios estaba antes el pueblo de En-Guedí…, luego viene Masada.[13]

De Vaux consideró que ese pasaje se refería a Qumran, suponiendo que «debajo de los esenios» significa «abajo» o al sur. El Jordán, sostuvo, corre hacia «abajo», o hacia el sur, hacia el mar Muerto; y si uno sigue hacia el sur, llega realmente al sitio de En-Guedí.[14] Otros especialistas cuestionan el argumento de De Vaux, y sostienen que «por debajo» debe ser entendido literalmente: que la comunidad esenia estaba situada en las montañas *encima* de En-Guedí.

Fuese o no fuese Qumran la comunidad que describe Plinio, De Vaux se sintió incitado a redoblar sus esfuerzos. En la primavera de 1952 se empeñó en arrebatarles la iniciativa a los beduinos y llevar a cabo una inspección sistemática de todas las cuevas de la zona. Esa inspección fue realizada entre el 10 y el 22 de marzo de 1952 por De Vaux, otros tres miembros de la École Biblique y William Reed, el nuevo director del Albright Institute. Fueron acompañados por un equipo de veinticuatro beduinos bajo la autoridad de tres arqueólogos jordanos y palestinos.[15] No es quizá nada sorprendente que fuesen los beduinos quienes hicieran todo el trabajo, trepando por las empinadas caras de los riscos, a veces verdaderos precipicios, y explorando las cuevas. Los arqueólogos prefirieron quedarse abajo, compilando inventarios y dibujando mapas y esquemas. La inspección, por tanto, no fue muy exhaustiva. Los beduinos, por ejemplo, decidieron no revelar la existencia de ciertas cuevas que habían encontrado. Varios rollos no salieron a la luz hasta mucho más tarde. Y se sabe que los beduinos se quedaron con uno, que no fue recuperado nunca.

En total, la inspección abarcó unos ocho kilómetros de la cara del risco. Se examinaron doscientos sesenta y siete lugares según De Vaux, doscientos setenta y tres según William Reed. Según De Vaux, el rédito fue de treinta y siete cuevas con objetos de cerámica. Según Reed, fueron treinta y nueve. El mapa oficial preparado al concluir la expedición muestra cuarenta.[16] Se encontraron restos de más de cien vasijas, una cifra muy aventurada. Esa imprecisión es típica de la investigación de Qumran.

Pero si la inspección de 1952 fue chapucera, también llevó a un descubrimiento verdaderamente importante. El 20 de marzo, dos días antes de que terminara la expedición, en el lugar señalado como cueva 3, un equipo encontró dos rollos —o, mejor dicho, dos fragmentos de un mismo rollo— de cobre laminado. La escritura había sido realizada con un punzón sobre el metal. La oxidación había debilitado tanto el metal que no se lo podía estirar. Para poder leer el rollo, habría que cortarlo en pedazos en un laboratorio. Pasarían tres años antes de que las autoridades del gobierno jordano permitiesen hacerlo. Cuando finalmente dieron el consentimiento, se cortó en Manchester, bajo los auspicios de John Allegro, un miembro del equipo de De Vaux. El primer segmento del rollo fue determinado en el verano de 1955, el segundo en enero de 1956.

El rollo resultó ser un inventario de tesoros: una recopilación o listado de oro, plata, vasijas rituales y otros rollos. Aparentemente, al comenzar la invasión romana, ese tesoro había sido repartido en varios escondites secretos; y el «Rollo de cobre», como llegó a ser conocido, detallaba el contenido y el paradero de cada uno de esos escondites. Así, por ejemplo:

Lote 7. En la cavidad de la Vieja Casa de Tributo, en la Plataforma de la Cadena: sesenta y cinco barras de oro.[17]

Según los investigadores, la totalidad del tesoro ascendería a unas sesenta y cinco toneladas de plata y tal vez a veintiséis de oro. Hasta hoy se discute si en verdad habrá existido ese tesoro. Pero la mayoría de los especialistas están dispuestos a aceptar que sí existió, y que el rollo contiene un inventario exacto del Templo de Jerusalén. Por desgracia, los sitios que indica el rollo han perdido sentido con el transcurso del tiempo, con el cambio y el paso de dos milenios, y jamás se ha encontrado nada de ese tesoro. Desde luego, algunas personas lo han buscado.

En septiembre de 1952, seis meses después de la inspección oficial, apareció una nueva fuente de rollos. Resultó ser una cueva a unos quince metros de las propias ruinas de Qumran, que De Vaux y Harding habían excavado en 1951. Allí, en el sitio señalado como cueva 4, tuvo lugar el descubrimiento principal; otra vez, como era de esperar, obra de los beduinos. Harían falta varios años para montar ese material. No obstante, para 1959 ya se había organizado la mayoría de los fragmentos. El trabajo fue realizado en una sala grande, que llegó a ser conocida como la «rollería», en el Museo Rockefeller.

El Museo Rockefeller —o, para darle el nombre oficial, el Museo Arqueológico Palestino— había sido inaugurado en 1938, durante el mandato británico, y se había construido con fondos donados por John D. Rockefeller. No sólo había en él espacio para exposiciones, sino también laboratorios, cuartos oscuros para la fotografía, y las oficinas del departamento de Antigüedades. Poco después de la finalización del mandato en 1948, se había hecho cargo del museo una junta internacional de fideicomisos. Esa junta estaba integrada por representantes de los diversos organismos arqueológicos que había en Jerusalén: la École Biblique francesa, por ejemplo, el Albright Institute norteamericano, la Palestine Exploration Society inglesa. Durante dieciocho años, el Rockefeller existiría como institución independiente. Incluso logró mantener esa condición durante la Crisis de Suez de 1956, cuando la mayoría del personal fue llamado a sus respectivos países. Las últimas víctimas de la crisis fueron Gerald Lankester Harding, despedido de su cargo de director del departamento de Antigüedades, y los propios rollos. Durante las hostilidades fueron sacados del museo, metidos en treinta y seis cajas y guardados en un banco de Ammán. No fueron devueltos a Jerusalén hasta marzo de 1957, «algunos de ellos ligeramente enmohecidos [sic] y manchados por la humedad de la cámara blindada».[18]

Pero en 1966 el gobierno jordano nacionalizó oficialmente el Rockefeller, junto con los rollos que había dentro. Esa jugada tendría importantes repercusiones. También era de dudosa legalidad. Sin embargo, la junta de fideicomisarios no se opuso. Por el contrario, el presidente de la junta transfirió los fondos de financiación del museo desde Londres (donde estaban invertidos) a Ammán. De este modo, los rollos y el museo que los albergaba pasaron a ser propiedad jordana.

Un año más tarde estalló en Oriente Medio la guerra de los Seis Días, y la zona jordana de Jerusalén oriental cayó en manos de las tropas israelíes. A las cinco de la madrugada del 6 de junio de 1967, informaron a Yigael Yadin que el museo había sido ocupado por una unidad de paracaidistas.

Tras convertirse, en 1949, en jefe del estado mayor de las Fuerzas de Defensa israelíes, Yadin había dimitido en 1952 y estudiado arqueología en la Universidad Hebrea, donde se doctoró en 1955 con una tesis sobre uno de los rollos del mar Muerto. Ese año empezó a enseñar en la Universidad Hebrea. En 1954 había viajado a Estados Unidos a dar unas conferencias. Allí, después de hablar en la Johns Hopkins University, conoció al profesor William F. Albright y le preguntó por qué los norteamericanos sólo habían publicado tres de los cuatro rollos del metropolitano Samuel. Albright respondió que Samuel estaba impaciente por vender los rollos y no permitía que se publicase el cuarto mientras no apareciese un comprador para todos. ¿Costaba tanto encontrar un comprador en Estados Unidos?, preguntó Yadin: «Seguramente no será tan difícil reunir algunos millones de dólares para un fin como éste». La respuesta de Albright fue asombrosa. Los rollos, dijo, probablemente no se venderían por más de medio millón. Aun así, no daba la impresión de que hubiese alguna institución o particular interesados.[19]

Había, en realidad, dos razones para esa aparente apatía. En primer lugar, ya existían ediciones facsimilares de los primeros tres rollos; eso, para la mayoría de los investigadores norteamericanos, eliminaba la necesidad de los originales. Pero más importante todavía era la situación legal en relación con la propiedad de los rollos. El gobierno jordano había calificado al metropolitano Samuel de «contrabandista y traidor», afirmando que no tenía derecho a sacar los rollos de Jordania; y los norteamericanos, en virtud de haber publicado esos textos, fueron acusados de connivencia en el «delito». Eso, no hace falta decirlo, desalentaba a los probables compradores, que no estaban dispuestos a invertir una importante suma de dinero sólo para verse enredados en un complicado litigio internacional, y terminar quizá perdiéndolo todo. Yadin, por otra parte, no necesitaba temer a los jordanos. Las relaciones entre su país y el de ellos no podían deteriorarse más.

El 1 de junio, Yadin recibió una llamada telefónica de un periodista israelí destinado en Estados Unidos, que le advertía sobre el anuncio del *Wall Street Journal*. Yadin decidió inmediatamente obtener los rollos, pero tenía conciencia de que un abordaje directo podía poner todo en peligro. Por consiguiente, trabajó casi exclusivamente a través de intermediarios, y fue un banquero de Nueva York quien contestó al anuncio. Se convino un encuentro para el 11 de junio de 1954, un precio de 250.000 dólares para los cuatro rollos, y se buscó un rico benefactor que proporcionaría el dinero necesario. Tras una serie de frustrantes demoras, se terminó la transacción en el Waldorf Astoria el 1 de julio. Entre los presentes estaba un distinguido erudito, el profesor Harry Orlinsky, cuya participación consistió en verificar la autenticidad de los rollos. Para ocultar todo interés israelí o judío en el trato, Orlinsky se presentó como «Mister Green».

Al día siguiente, el 2 de julio, fueron sacados los rollos de la caja fuerte del Waldorf Astoria y llevados al consulado israelí en Nueva York. Cada rollo fue enviado luego a Israel por separado. Yadin regresó a su país en barco, y se acordó una clave para mantenerlo informado de la llegada de cada rollo. Los detalles de la transacción fueron mantenidos en secreto durante otros siete meses. Hasta el 13 de febrero de 1955 no se reveló en un comunicado de prensa que Israel había adquirido los cuatro rollos del metropolitano Samuel.[20] Junto con los tres rollos comprados antes por Sukenik, están ahora en el Santuario del Libro, que fue construido expresamente para guardarlos.

Para fines de 1954 había por tanto dos cuerpos totalmente separados de material relacionado con los rollos y dos equipos totalmente separados de expertos trabajando en ellos. En Jerusalén occidental estaban los israelíes, aplicados a los rollos adquiridos por Sukenik y Yadin. En Jerusalén oriental, en el Rockefeller, había un equipo internacional de especialistas que actuaban bajo la dirección de De Vaux. Ninguno de los grupos se comunicaba con el otro. Ninguno tenía contacto con el otro. Ninguno sabía qué era lo que poseía o hacía el otro, fuera de lo que se filtraba en las publicaciones académicas. En algunos casos, textos específicos estaban fragmentados, parte en poder de los israelíes y parte en el Rockefeller, con lo que resultaba mucho más difícil encontrar sentido al conjunto. Tan ridícula era la situación que algunos particulares intentaron hacer algo para remediarla. El ex general de división Ariel Sharon informó que, a fines de la década de los cincuenta, él y Moshe Dayan idearon un plan para realizar una incursión subterránea en el Rockefeller utilizando la red de alcantarillas de Jerusalén.[21] El plan, como ya se sabe, no fue ejecutado nunca.

Pero en 1967, al enterarse de la toma del Rockefeller, Yadin envió inmediatamente a tres colegas de la Universidad Hebrea a verificar que los rollos estuviesen seguros. Veía la trascendencia de lo que había ocurrido. Como el Museo Rockefeller ya no era una institución internacional, sino jordana, pasaría a manos israelíes como botín de guerra.

2

El equipo internacional

Yigael Yadin contó los sucesos de 1967 a David Pryce-Jones en una entrevista concedida a principios de 1968. Estaba enterado, dijo, de que andaban en circulación otros rollos, y que Kando, el comerciante involucrado en el descubrimiento inicial, sabía dónde estaban. Por lo tanto envió a otros miembros del claustro de la Universidad Hebrea, acompañados por tres oficiales, a la casa de Kando en Jerusalén. Kando fue escoltado hasta Tel Aviv. Después de cinco días de interrogatorios volvió con los oficiales a su casa y mostró un rollo que había estado allí oculto durante seis años. Éste resultó ser un descubrimiento de extrema importancia: el «Rollo del templo», publicado por primera vez en 1977.[1]

Pryce-Jones también entrevistó al padre De Vaux, que estaba muy indignado por lo que había ocurrido. Según Pryce-Jones, De Vaux llamó «nazis» a los israelíes: «El rostro se le encendió mientras afirmaba que los israelíes utilizarían la conquista de Jerusalén como pretexto para sacar todos los rollos del mar Muerto del Rockefeller y llevarlos al Santuario del Libro».[2] También temía por su propia situación y por su acceso a los textos de Qumran porque, como descubrió Pryce-Jones, «el padre De

Vaux se había negado a que ningún judío trabajase con los rollos del Rockefeller».[3]

Se demostró, en realidad, que los temores de De Vaux carecían de fundamento. En las condiciones políticas y militares que resultaron de la guerra de los Seis Días, los israelíes tenían otras preocupaciones. Yadin y el profesor Biran, que desde 1961 hasta 1974 fue director del departamento israelí de Antigüedades, estaban en condiciones de mantener el statu quo, y De Vaux siguió a cargo de los rollos, con la condición de que acelerase su publicación.

Se había encontrado el escondite de unos ochocientos rollos en la cueva 4 en 1952. Para tratar esa inmensa cantidad de material, se formó un comité internacional de especialistas, y se asignaron a cada miembro ciertos textos específicos para su estudio, interpretación, traducción y eventual publicación. Aunque debía una lealtad nominal al departamento jordano de Antigüedades, el comité funcionaba en realidad bajo la autoridad suprema del padre De Vaux. Más tarde, De Vaux se convirtió en director de edición de la serie definitiva de volúmenes sobre los rollos del mar Muerto, *Discoveries in the Judaean Desert*, publicada por Oxford University Press. Conservaría su importancia en la especialidad hasta su muerte en 1977.

Roland de Vaux nació en París en 1903 e hizo los estudios sacerdotales entre 1925 y 1928 en el seminario de Saint-Sulpice, donde también aprendió árabe y arameo. En 1929 entró en la Orden Dominica, bajo cuyos auspicios fue enviado a la École Biblique de Jerusalén. Empezó a enseñar regularmente en la École en 1934, y fue su director desde 1945 hasta 1965. Entre 1938 y 1953 dirigió *Revue Biblique*, la revista de la École.

Para los que lo conocían o tenían contacto con él, De Vaux era una personalidad llamativa, memorable, todo un «personaje». Gran fumador, llevaba barba poblada, gafas y boina oscura.

También usaba, invariablemente, el hábito blanco de monje, hasta en las excavaciones. Hombre carismático, conocido por su vigor y entusiasmo, era además un conferenciante elocuente y un narrador fascinante, muy dotado para las relaciones públicas. Eso lo convertía en el vocero ideal de la empresa en la que estaba comprometido. Uno de sus antiguos colegas lo describió como un buen erudito, aunque no muy buen arqueólogo.

Pero detrás de esa atractiva fachada, De Vaux era despiadado, intolerante, fanático y ferozmente vengativo. En el plano político, era decididamente de derechas. En su juventud había sido miembro de Action Française, el belicoso movimiento católico y nacionalista que prosperó en Francia entre las dos guerras, que ensalzaba el culto de «sangre y patria» y expresaba no poca simpatía por las dictaduras de Alemania e Italia y, al triunfar Franco, de España. Está claro que no se trataba de la persona más conveniente para presidir la investigación de los rollos del mar Muerto. En primer lugar, no era sólo católico practicante sino también monje, y eso difícilmente podía llevar al equilibrio o a la imparcialidad en el manejo de material religioso muy delicado, incluso explosivo. Además, era hostil a Israel como entidad política, y siempre se refería al país como «Palestina». En un nivel más personal, también era antisemita. Uno de sus antiguos colegas da fe de su rechazo a la presencia de israelíes en sus conferencias. Después de entrevistar a De Vaux, David Pryce-Jones declaró que «me pareció un bruto irascible, y hasta un poco chiflado».[4] Según Magen Broshi, actual director del Santuario del Libro israelí, «De Vaux era rabiosamente antisemita y rabiosamente antiisraelí, pero el mejor socio que uno podía pedir».[5]

Ése era, entonces, el hombre a quien se le confió la responsabilidad de los rollos del mar Muerto. En 1953, el consejo de administración del Museo Rockefeller, cuyo presidente en ese momento era el propio De Vaux, había pedido a las diversas escuelas de arqueología extranjeras afincadas en Israel —británica, francesa, alemana y norteamericana— que propusiesen candidatos. No fue invitado ningún israelí, a pesar de la proximidad de especialistas tan capacitados como los de la Universidad Hebrea. A cada escuela se le pidieron fondos para ayudar a costear el trabajo.

El primer investigador designado bajo la autoridad de De Vaux fue el profesor Frank Cross, relacionado entonces con el McCormick Theological Seminary de Chicago y con el Albright Institute de Jerusalén. Cross fue el candidato de Albright, y empezó a trabajar en Jerusalén en el verano de 1953. El material que le asignaron consistía en textos específicamente bíblicos: rollos encontrados en la cueva 4 de Qumran con comentarios sobre los diversos libros del Antiguo Testamento.

Material de naturaleza similar le fue asignado a monseñor Patrick Skehan, también de Estados Unidos. En el momento del nombramiento era director del Albright Institute.

El padre Jean Starcky, de Francia, fue propuesto por la École Biblique. En esa época pertenecía al Centre Nationale de la Recherche Scientifique. Starcky, un experto en arameo, recibió el cuerpo de material en ese idioma.

El doctor Claus-Hunno Hunzinger fue presentado por los alemanes. Se le asignó un texto particular, conocido como el «Rollo de la guerra», además de materiales transcriptos en papiro antes que en pergamino. Más tarde dejó el equipo, y fue reemplazado por otro sacerdote francés, el padre Maurice Baillet.

El padre Josef Milik, un sacerdote polaco establecido en Francia, fue otro candidato de la École Biblique, a la que también estaba afiliado. Discípulo y confidente de De Vaux, Milik recibió un cuerpo de material especialmente importante, que incluía una cantidad de apócrifos del Antiguo Testamento y también escritos «seudoepigráficos»: textos en los que un comentarista posterior trataba de comunicar autoridad a sus palabras atri-buyéndolas a profetas y patriarcas más antiguos. Y, lo más impor-tante de todo, incluía lo que se llamaba «material sectario»: mate-rial relacionado específicamente con la comunidad de Qumran, sus enseñanzas, rituales y disciplinas..

El candidato inglés para integrar el equipo fue John M. Alle-gro, que trabajaba entonces en su doctorado en Oxford, bajo la dirección del profesor Godfrey R. Driver. Allegro fue a Jerusa-lén como agnóstico. Era el único integrante del equipo que no tenía una afiliación religiosa específica. Era también el único filólogo del grupo, y ya tenía cinco trabajos en publicaciones académicas. Por lo tanto era el único que se había labrado una reputación *antes* de trabajar en los rollos. Todos los demás eran desconocidos en ese momento, y sus nombres trascendieron sólo a causa de su trabajo en los textos que les tocó estudiar.

A Allegro le asignaron comentarios bíblicos (que resultaron en realidad ser «material sectario» del tipo asignado a Milik) y un cuerpo de la llamada «literatura de sabiduría»: himnos, sal-mos, sermones y exhortaciones de naturaleza moral y poética. Aparentemente el material de Allegro era más explosivo de lo que nadie había anticipado en ese momento, y el propio Alle-gro era una especie de inconformista. Por cierto, no tenía escrú-pulos en quebrar el «consenso» que De Vaux intentaba estable-cer y, como veremos, pronto sería expulsado del equipo y reem-plazado por John Strugnell, también matriculado en un programa de doctorado en Oxford. Strugnell se convirtió en discípulo de Frank Cross.

¿Según qué principios fue dividido, distribuido y asignado el material? ¿Cómo se determinó quién se ocuparía de qué? Con-sultado por teléfono, el profesor Cross contestó que el asunto se había resuelto con «discusión y fácil consenso y con la ben-dición de De Vaux»:

Algunas cosas eran evidentes; los que teníamos cátedras de dedicación exclusiva no podíamos tomar problemas desconocidos y complejos. Así que nos ocupamos del material bíblico, el más sencillo desde el punto de vista de la identificación, y de organizar todo en columnas, etcétera. Los que eran especialistas en arameo, en especial Starcky, recibieron por supuesto todo lo que estaba en arameo. Los intereses de los diversos especialistas, las oportunidades de investigación, definieron en gran medida lo que haría cada uno de nosotros. En esto nos pusimos rápidamente de acuerdo, y De Vaux dio su bendición. No nos sentamos a votar, y no hubo en esto ningún conflicto. Básicamente, el equipo trabajaba por consenso.[6]

El profesor Cross aclara que cada integrante del equipo sabía qué era lo que estaban haciendo los demás. Todo el material había sido expuesto y organizado en una única sala, la «rollería», y todos podían andar por allí con total libertad y ver qué hacían los colegas.* Desde luego, también se ayudaban unos a otros en los pro-

---

* La «rollería» era una sala grande que contenía unas veinte mesas de caballete sobre las que se exhibían, debajo de vidrios planos, los fragmentos de los rollos. Fotografías tomadas en la década de los cincuenta muestran una total y horrorosa falta de control ambiental de los materiales, gran parte de los cuales ya se estaban deteriorando. Las ventanas están abiertas, por ejemplo, y la brisa mueve las cortinas. No se ha tomado ninguna medida para evitar el calor, la humedad, el viento, el polvo o la luz del sol directa. Aquello tiene muy poco que ver con las condiciones en que están guardados hoy los rollos. Ahora están en un sótano, iluminados por una luz ambarina especial. La temperatura y la humedad están rigurosamente controladas. Cada fragmento está puesto entre delgadas hojas de seda estiradas bajo láminas de plexiglás.

blemas que requerían los conocimientos técnicos especializados de unos o de otros. Pero eso también significaba que si alguno del equipo trabajaba con material polémico o explosivo, todos los demás se enteraban. Sobre esa base, Allegro, hacia el final de su vida, insistiría en que sus colegas estaban reteniendo material importante y polémico, o por lo menos retrasando su publicación. Otro investigador de mentalidad independiente que se incorporó más tarde al proyecto informa que recibió instrucciones en la década de los sesenta de «ir despacio», de trabajar de un modo poco metódico «para que los locos se aburran y se vayan».[7] De Vaux quería evitar, hasta donde fuese posible, poner en aprietos al sistema cristiano. Sin duda se pensaba que parte del material de Qumran podía lograr exactamente eso.

Por cierto, a De Vaux le resultó útil que hasta 1967 el Museo Rockefeller quedase en el territorio jordano de Jerusalén oriental. Los israelíes tenían prohibido entrar en ese sector, y eso le daba al antisemita De Vaux un cómodo pretexto para excluir a los expertos israelíes, a pesar de que su equipo de estudiosos internacionales había sido creado, al menos en teoría, para reflejar la más amplia diversidad de intereses y enfoques. Si la política les impedía a los israelíes entrar en Jerusalén oriental, no habría resultado nada difícil proporcionarles fotografías, o alguna otra forma de acceso al material. Ese acceso nunca se les permitió.

Consultamos sobre el tema al profesor Biran, gobernador del sector israelí de Jerusalén en esa época y más tarde director del departamento israelí de Antigüedades, y nos dijo que las autoridades jordanas habían denegado con firmeza la entrada, en su sector de Jerusalén, de Sukenik o de cualquier otro estudioso israelí. En su carácter de gobernador, Biran respondió autorizando al comité de De Vaux a reunirse en el sector israelí y ofreciéndole salvoconductos. La oferta fue rechazada. Biran sugirió entonces que trajesen rollos o fragmentos para que los estudiasen los expertos israelíes. Esa propuesta también fue rechazada. «Claro que podían haber venido —concluyó el profesor Biran—, pero sentían que [los rollos] eran de su propiedad y no dejaban que nadie más los viese.»[8] En el clima político existente, los rollos estaban bastante abajo en el orden de prioridades, y no se ejerció ninguna presión oficial sobre esa intransigencia académica.

El hecho de que los israelíes tuviesen siete importantes rollos —los tres comprados originalmente por Sukenik y los cuatro que Yigael Yadin había logrado adquirir en Nueva York—, primero en la Universidad Hebrea y luego en el Santuario del Libro creado especialmente, volvía todavía más absurda la situación. Los israelíes parecen haber desarrollado y publicado sus investigaciones de manera más o menos responsable: después de todo respondían ante Yadin y Biran, ante el gobierno, la opinión pública y el mundo académico en general. Pero los integrantes del equipo del Rockefeller no salen tan favorecidos. Financiados por donaciones importantes, dispusieron de tiempo, ocio y libertad, y dan la impresión de un club exclusivo, de una élite autoproclamada por la actitud que mostraron hacia el material, y por el monopolio que ejercieron sobre él. En la «rollería» donde investigaban se respiraba una atmósfera casi monástica. Uno piensa otra vez en el secuestro del saber que muestra *El nombre de la rosa*. Y los «expertos» que tenían acceso a la «rollería» se adjudicaban tal poder y prestigio que convencían rápidamente a los profanos de la rectitud de ese proceder. Como nos dijo el profesor James B. Robinson (director de otro equipo más responsable que tradujo los textos encontrados en Nag Hammadi, en el desierto egipcio): «Los descubrimientos de manuscritos despiertan los peores instintos de estudiosos por lo demás normales».[9]

Si el equipo internacional era despótico para monopolizar su material, no lo era menos para interpretarlo. En 1954, cuando el equipo empezaba a trabajar, ya anticipó sus peligros un estudioso jesuita, Robert North:

> Sobre la fecha de los rollos, o más bien su triple fecha de composición, transcripción y almacenamiento, se ha llegado recientemente a un relativo consenso que es a la vez tranquilizador e inquietante. Es tranquilizador en cuanto procede de tanta variedad de líneas convergentes de pruebas y proporciona una «hipótesis de trabajo» como base de discusión. Pero existe el peligro de una falsa seguridad. Es importante destacar la fragilidad de las propias pruebas...[10]

Nadie tendría en cuenta las advertencias de North. Durante la década siguiente, en efecto, surgiría, o sería impuesta por el equipo internacional que trabajaba bajo la dirección de De Vaux en el Rockefeller, una visión —para utilizar la expresión de North y de Eisenman— «consensuada». Se desarrolló una rígida ortodoxia de la interpretación, y cualquier desviación era considerada una herejía.

Esa ortodoxia de la interpretación, que se volvió cada vez más dogmática con el paso de los años, fue enunciada en su totalidad por el padre Milik y publicada en Francia en 1957 bajo el título de *Dix ans de découvertes dans le désert de Juda*. Dos años más tarde, la obra de Milik sería traducida al inglés por John Strugnell, otro miembro del equipo internacional de De Vaux. Para ese entonces ya había aparecido la primera formulación en inglés de la visión consensuada: *The Ancient Library of Qumran*, del profesor Frank Cross, mentor de Strugnell en 1958. El propio padre De Vaux resumió y pulió esa visión consensuada en una serie de conferencias que dictó en la British Academy en 1959 y que aparecieron en 1961 bajo el título de *L'archéologie et les manuscrits de la Mer Morte.* Para ese entonces sus dogmas ya eran inamovibles. Quien intentase desafiarlos ponía en serio riesgo su credibilidad.

En 1971, con la muerte del padre De Vaux, se produjo una situación extraordinaria. Aunque De Vaux no era dueño de los rollos en ningún sentido legal, legó sin embargo sus derechos sobre ellos a uno de sus colegas, el padre Pierre Benoit, también dominico y posteriormente sucesor de De Vaux como director del equipo internacional y de la École Biblique. Que el padre Benoit heredase los derechos, privilegios y prerrogativas de acceso y control que De Vaux ejercía sobre los documentos era un procedimiento escolástico que no tenía precedentes. Desde el punto de vista legal era, como mínimo, extremadamente irregular. Pero lo más extraordinario de todo fue que el mundo académico no impugnó esa «transacción». Cuando le preguntamos al profesor Norman Golb, de la Universidad de Chicago, por qué se consintió semejante procedimiento, respondió que oponerse a él habría sido «una causa perdida».[11]

Con la conducta de De Vaux como precedente, otros miembros de su equipo siguieron la misma conducta. Así, por ejemplo, cuando el padre Patrick Skehan murió en 1980, legó los derechos de los rollos que tenía en custodia al profesor Eugene Ulrich, de la Notre Dame University, Indiana. Los rollos que habían estado al cuidado del padre Jean Starcky fueron también legados —o, para decirlo de un modo más eufemístico, «reasignados»— al padre Émile Puech, de la École Biblique. Por lo tanto, los estudiosos católicos que constituían el centro del equipo internacional conservaron el monopolio y el control, y nadie cuestionó el consenso. Sólo en 1987, tras la muerte del padre Benoit, se impugnarían esos métodos.

Cuando murió el padre Benoit, fue designado como sucesor y director del equipo internacional el profesor John Strugnell. Nacido en Barnet, al norte de Londres, en 1930, Strugnell obtuvo la licenciatura en 1952 y el máster en 1955, ambos en el Jesus College, Oxford. Aunque fue admitido en el programa de doctorado de la Facultad de Estudios Orientales de Oxford, nunca completó los estudios, y su candidatura caducó en 1958. En 1954 había sido aceptado en el equipo de De Vaux, había viajado a Jerusalén y se había quedado allí dos años. En 1957, tras un breve pasaje por el Instituto Oriental de la Universidad de Chicago, regresó a Jerusalén y se relacionó con el Museo Rockefeller, donde trabajó como epigrafista hasta 1960. Ese año fue nombrado profesor agregado de Estudios del Antiguo Testamento en la Escuela de Teología de la Duke University. En 1968 se trasladó a la Escuela de Teología de Harvard como profesor de Orígenes Cristianos.

La designación de Strugnell como director del equipo internacional no dejó de tener sus dificultades. Desde 1967, el gobierno israelí había estado legalmente autorizado para ratificar todos esos nombramientos. En el caso del padre Benoit, los israelíes no se habían molestado en ejercer su autoridad. En el de Strugnell, por primera vez, decidieron hacer valer sus propios derechos sobre el material. Según el profesor Shemaryahu Talmon, miembro del comité que aprobó a Strugnell, el nombramiento no fue ratificado mientras no se cumplieron ciertas condiciones.[12] Entre otras cosas, los israelíes estaban preocupados por el modo en que ciertos integrantes del equipo internacional tendían a desempeñar el papel de «absentistas». Desde la guerra de 1967, por ejemplo, el padre Starcky se había negado a pisar Israel. El padre Milik, el más estrecho confidente y protegido de De Vaux, hacía muchos años que vivía en París, con fotografías de algunos de los rollos esenciales, a los que sólo él tenía acceso. Nadie más está autorizado a fotografiarlos. Sin el consentimiento de Milik, nadie, ni siquiera integrantes del equipo internacional, está autorizado a publicar trabajos sobre el material del que tiene custodia. Que sepamos, desde la guerra de 1967 no ha vuelto nunca a Israel a trabajar en ese material. La revista *Time* lo describe como «esquivo».[13] Otra publicación, *Biblical Archaeology Review* (BAR), ha informado en dos ocasiones de que hasta se niega a contestar cartas del departamento israelí de Antigüedades.[14] Ha tratado tanto a los demás especialistas como al público en general con lo que sólo se puede describir como desdén.

Preocupados por desalentar esa forma de conducta, los israelíes insistieron en que el nuevo director del proyecto de los rollos pasase por lo menos parte de su tiempo en Jerusalén. Strugnell, que de todas formas estaba reconsiderando su puesto en Harvard, obedeció reduciendo la dedicación a su cargo. Empezó a pasar la mitad de cada año en Jerusalén, en la École Biblique, donde tenía su propio cuartel general. Pero había otras obligaciones que no cumplía. No publicaba los textos que se le habían confiado. Su comentario de uno de esos textos —un fragmento de 121 líneas— ha sido esperado durante más de cinco años, y todavía no ha aparecido. Escribió sólo un artículo de veintisiete páginas sobre el material que tiene en su poder. Aparte de esto, publicó un artículo sobre las inscripciones samaritanas, una traducción del estudio de Milik sobre Qumran y, como veremos, una crítica larga y hostil sobre un miembro del equipo internacional que desafió la interpretación del consenso. No son unos antecedentes muy impresionantes para un hombre que dedicó una vida a trabajar en un campo que depende de la publicación. Por otra parte, permitió a estudiantes graduados selectos que trabajasen con textos originales para la elaboración de sus tesis doctorales, ganando así prestigio para ellos mismos, para su mentor y para la Harvard University.

En general, bajo los auspicios de Strugnell, el equipo internacional continuó haciendo casi lo mismo de antes. Es interesante comparar sus progresos con los de los especialistas que trabajaban en un corpus diferente de textos, los llamados «Evangelios gnósticos» descubiertos en Nag Hammadi, Egipto.

Los rollos de Nag Hammadi fueron encontrados en 1945, dos años antes que los rollos del mar Muerto. Para 1948 habían sido todos comprados por el Museo Copto de El Cairo. Hubo al comienzo un intento de establecer sobre el material un monopolio estilo Qumran, también por parte de un enclave de estudiosos franceses, y el resultado fue que la iniciación del trabajo se retrasó hasta 1956. Acababa finalmente de ponerse en marcha cuando fue interrumpido por la crisis de Suez. Sin embargo, tras esta demora, los rollos fueron entregados en 1966 a un equipo internacional de especialistas para su traducción y publicación. El director de ese equipo era el profesor James M. Robinson, del Institute for Antiquity and Christianity de la Claremont Graduate School, California. Cuando le mencionaron al profesor Robinson el equipo a cargo de los textos de Qumran, se puso mordaz. Los estudiosos de Qumran, dijo el profesor Robinson, «ya no tienen que labrarse reputaciones; todo lo que les queda es deshacerlas».[15]

El profesor Robinson y su equipo, por contraste, avanzaron con impresionante rapidez. A los tres años de trabajo, se puso a disposición de los estudiosos una cantidad de transcripciones y traducciones preliminares. En 1973 toda la biblioteca de Nag Hammadi estaba en borrador de traducción al inglés, y circulaba con total libertad entre investigadores interesados. En 1977 se publicaron todos los códices de Nag Hammadi, en edición facsimilar y popular: un total de cuarenta y seis libros más algunos fragmentos no identificados. Por lo tanto Robinson y su equipo tardaron sólo once años en publicar los rollos de Nag Hammadi.[16]

De acuerdo, los textos de Qumran eran más numerosos y presentaban problemas más complejos que los de Nag Hammadi. Pero aun teniendo esto en cuenta, los antecedentes del equipo de De Vaux no inspiran confianza. Cuando se formó en 1953, el objetivo declarado de sus integrantes era publicar *todos* los rollos encontrados en Qumran en ediciones definitivas, formando una serie que editaría Oxford University Press como *Discoveries in the Judaean Desert of Jordan.*

El primer volumen apareció con bastante rapidez, en 1955, y se ocupó de fragmentos encontrados en la cueva original de Qumran, ahora designada oficialmente como cueva 1. El volumen siguiente no apareció hasta 1961, seis años más tarde, y no incluía ningún texto de Qumran, sino material encontrado en las cuevas vecinas de Murabba'at. En 1963 apareció un tercer volumen, dedicado principalmente a fragmentos de rollos de la cueva 2, la cueva 3 y las cuevas 5-10. De esos fragmentos el más completo y más importante era el «Rollo de cobre», encontrado en la cueva 3. Aparte del «Rollo de cobre», el texto más largo superaba apenas las sesenta líneas, y la mayoría andaban entre las cuatro y las doce líneas. Pero los fragmentos también presentaban dos copias de un texto conocido como «El libro de los jubileos». Más tarde aparecería otra copia del mismo texto en Masada, revelando que los defensores de la fortaleza usaban el mismo calendario que la comunidad de Qumran, y demostrando conexiones más estrechas entre los dos lugares de lo que al padre De Vaux le resultaba cómodo reconocer.

El cuarto volumen de *Discoveries in the Judaean Desert* apareció en 1965, bajo la dirección de James A. Sanders. Pero el profesor Sanders no era integrante del equipo de De Vaux. El rollo que estudió —un volumen de salmos— había sido encontrado por un beduino en la cueva 11 en 1956 y llevado, junto con una cantidad de fragmentos, al Museo Rockefeller.

Al no aparecer ningún comprador, el material fue guardado en una de las cajas fuertes del museo, a la que nadie tenía acceso. Allí quedó hasta 1961, cuando finalmente se le permitió al Albright Institute comprarlo con fondos proporcionados por Kenneth y Elizabeth Bechtel, de la Bechtel Corporation, una gigantesca empresa constructora norteamericana con muchos intereses en Oriente Medio (aunque no en Israel), muchos contactos con el gobierno norteamericano y por lo menos alguna relación con la CIA. Por lo tanto el volumen del profesor Sanders apareció de modo independiente, sin someterse al marco de trabajo y al calendario fijados por el equipo internacional de De Vaux.

Pero, mientras tanto, el grueso del material más copioso y significativo —el verdadero tesoro encontrado en la cueva 4— seguía estando oculto para el público en general y para el mundo académico. De vez en cuando se filtraban a las publicaciones especializadas pequeños trozos y tentadores fragmentos. No fue hasta 1968 cuando apareció la primera publicación oficial de material de la cueva 4, aunque en muy pequeña cantidad. Esa publicación fue auspiciada por el «renegado» o «hereje» del equipo de De Vaux, John Allegro.

Como seguían las demoras en la publicación del material de Qumran, y el tiempo entre la aparición de los volúmenes se alargaba, empezó a circular la sospecha de que algo no andaba bien. Los críticos expresaban tres críticas en particular. Se decía que al equipo de De Vaux el material le resultaba demasiado difícil, demasiado complejo. También se decía que quizá trabajaban despacio adrede, suprimiendo o por lo menos retardando la publicación de cierto material para ganar tiempo. Y se decía que el equipo era sencillamente perezoso y holgazán, que disfrutaba de cómodas prebendas a las que desde luego no tendría ninguna prisa en renunciar. Se señalaba, además, que no habían ocurrido las mismas demoras con los materiales de Qumran que estaban en manos norteamericanas e israelíes. Por contraste con el equipo de De Vaux, los estudiosos norteamericanos e israelíes no habían perdido el tiempo en divulgar sus materiales.

El sexto volumen de *Discoveries in the Judaean Desert* no apareció hasta 1977, nueve años después de la obra de Allegro. El séptimo volumen no fue publicado hasta 1982, y el octavo hasta 1990... y este último no se ocupaba de textos de Qumran. Como hemos señalado, a los tres años circulaban traducciones preliminares de los códices de Nag Hammadi. En el caso del material de Qumran, el equipo de De Vaux nunca ofreció, hasta hoy, ninguna traducción preliminar. Todo el corpus de Nag Hammadi estuvo publicado en un lapso de once años. Han pasado casi treinta y ocho años desde que el equipo de De Vaux inició su trabajo, y hasta ahora ha dado a conocer sólo ocho volúmenes, menos del veinticinco por ciento del material que tiene en sus manos.[17] Además, como veremos, del material que *ha* aparecido poco tiene verdadera importancia.

En una entrevista publicada en el *New York Times*, Robert Eisenman habló de cómo «un pequeño círculo de especialistas ha podido dominar un campo de investigación durante varias generaciones (aunque algunos de esos especialistas hace ya años que no existen en su esfera de actividades) y seguir haciéndolo mediante el control de los cursos para graduados y colocando a su camarilla de estudiantes y especialistas en las cátedras universitarias más prestigiosas».[18] La *Biblical Archaeological Review*, una influyente publicación editada por un abogado de Washington, Hershel Shanks, describió al equipo internacional de De Vaux como «gobernado, hasta donde puede determinarse, principalmente por la convención, la tradición, la colegialidad y la inercia».[19]

Según esta publicación, los que custodian los rollos «tienen las golosinas, que reparten con cuentagotas. Eso les da estatus, poder académico y les infla maravillosamente el ego. ¿Por qué renunciar a eso?».[20] Y en una conferencia sobre los rollos organizada en 1985 por la New York University, el profesor Morton Smith, uno de los nombres más distinguidos en el campo de los estudios bíblicos contemporáneos, abrió su intervención con estas duras palabras: «Pensaba hablar de los escándalos de los documentos del mar Muerto, pero esos escándalos resultaron ser demasiado numerosos, demasiado conocidos y demasiado desagradables».[21]

¿Cómo respondieron los integrantes del equipo internacional a tan irrecusable condena? Del equipo internacional original convocado en 1953 sólo quedan hoy con vida tres miembros. Joseph Milik, que desde entonces ha abandonado el sacerdocio, lleva, como hemos visto, una vida de recluso «esquivo» en París. Los profesores John Strugnell y Frank Cross estaban en el Instituto de Teología de la Harvard University. De los dos, el profesor Cross demostró ser el más accesible, y aceptó contestar preguntas sobre las demoras de publicación. En una entrevista para el *New York Times*, admitió que el avance había «sido lento por lo general», y ofreció dos explicaciones. La mayoría de los integrantes del equipo, dijo, enseñaban con dedicación plena, y sólo podían ir a Jerusalén a trabajar en el material en las vacaciones de verano. Y los rollos que todavía no se han publicado, agregó, están tan fragmentados que resulta difícil unirlos, más todavía traducirlos.[22] «Es el rompecabezas más fantástico del mundo», señaló en otra ocasión.[23]

Sería desde luego imprudente subestimar la complejidad del trabajo que realizaban Cross y sus colegas. La miríada de fragmentos de textos encontrados en Qumran constituye por cierto un amedrentador rompecabezas. No obstante, las explicaciones de Cross no son del todo convincentes. Es muy cierto que los miembros del equipo internacional se dedican activamente a la enseñanza y tienen sólo un tiempo limitado para permanecer en Jerusalén; pero Cross no mencionó que la mayor parte del trabajo sobre los rollos se hace ahora con fotografías, que no obligan al investigador a viajar a ninguna parte. En realidad, el estado de la fotografía hoy en día hace a veces más fácil, y más fiable, trabajar con fotografías que con pergaminos. En cuanto a la complejidad del rompecabezas, Cross contradijo su propio argumento. Nada menos que en 1958, escribió que la mayoría de los fragmentos de los rollos en manos del equipo ya habían sido identificados; en realidad estaban identificados desde el verano de 1956.[24] Según John Allegro, en un artículo escrito en 1964, el ensamblado e identificación de todo el material de la cueva 4 —el más copioso— estuvo casi completo en 1960/61.[25] La tarea de identificación del material tampoco era siempre tan difícil como podría hacernos creer el profesor Cross. En una carta a John Allegro, fechada el 13 de diciembre de 1955, Strugnell escribió que material de la cueva 4 por valor de tres mil libras acababa de ser comprado (con fondos vaticanos) e identificado *en una tarde*.[26] Fotografiar todo el material, agregó, llevaría no más de una semana.

Aun antes de romper el consenso del equipo internacional, Allegro estaba preocupado por acelerar las cosas, y se mostraba escéptico acerca de las diversas razones que se esgrimían para no hacerlo. Pero que De Vaux le escribiese el 22 de marzo de 1959 diciendo que todos los textos de Qumran estarían publicados, y *Discoveries in the Judaean Desert* completo, a mediados de 1962, la fecha prevista para el último volumen de Strugnell, ¿sería solamente para salvar las apariencias? En la misma carta, De Vaux afirmaba que el trabajo sobre los textos originales concluiría en junio de 1960, tras lo cual serían devueltos a las distintas instituciones que habían pagado por ellos. Hoy, más de treinta años después de la carta de De Vaux, los sobrevivientes de su equipo todavía se aferran a los rollos que tienen en su poder, insistiendo en la necesidad de proseguir con la investigación. Y, vale la pena repetirlo, lo que voluntariamente se ha divulgado es, en su mayor parte, lo menos importante.

En general, se clasifican los textos de Qumran en dos categorías. Por un lado, hay un corpus de copias tempranas de textos bíblicos, algunos con interpretaciones ligeramente diferentes. A eso se lo llama «material bíblico». Por otro lado, hay un corpus de material no bíblico que consiste ante todo en documentos que no se conocían antes y que se podrían rotular como «material sectario». No hace falta decir que la mayoría de los profanos considera instintivamente que es el «material bíblico» el que tiene mayor interés e importancia: la simple palabra «bíblico» provoca asociaciones en la mente que llevan automáticamente a esa suposición. Que sepamos, fue Eisenman el primero en detectar y sin duda el primero en subrayar que aquí hay un sofisma. Porque el «material bíblico» es perfectamente inofensivo y nada conflictivo, y no contiene revelaciones de ningún tipo. Consiste en poco más que copias de libros del Antiguo Testamento, más o menos las mismas que hay publicadas, en todo caso con modificaciones menores. No hay allí nada radicalmente nuevo. En realidad, los textos más significativos no comprenden la literatura «bíblica», sino la literatura «sectaria». Son esos textos —normas, comentarios bíblicos, tratados teológicos, astrológicos y mesiánicos— los que tienen relación con la «secta» que presuntamente residió en Qumran y con sus enseñanzas. Etiquetar ese material como «sectario» es una manera hábil y eficaz de restarle interés. Así, se lo representa como la peculiar doctrina de un «culto» marginal e inconformista, una congregación pequeña y muy poco representativa divorciada y totalmente periférica de la supuesta corriente principal del judaísmo y del cristianismo primitivo, fenómenos con los que en realidad guarda la más pertinente relación. De este modo, se manipula al profano y se lo lleva a aceptar el consenso: que la comunidad de Qumran era la de los llamados esenios y que los esenios, aunque interesantes como novedad periférica, no tienen ningún peso sobre cuestiones más amplias. La realidad, como veremos, es muy diferente, y los textos «sectarios» someramente desechados demostrarán contener un material de naturaleza verdaderamente explosiva.

3

El escándalo de los rollos

Paradójicamente, no fue un especialista bíblico, ni un experto en la materia, sino un profano, el primero en detectar algo sospechoso en la postura del equipo internacional. El profano era el distinguido crítico literario y cultural norteamericano Edmund Wilson, a quien la mayoría de los estudiantes de Gran Bretaña y Estados Unidos habrán conocido mediante su obra en campos muy alejados de Qumran y de la Palestina del siglo I. Se lo conoce por sus propias obras de ficción: *I Thought of Daisy* y, en especial, *Memorias del condado de Hecate.* Se lo conoce como el autor de *El castillo de Axel,* un estudio original y pionero sobre la influencia del simbolismo francés en la literatura del siglo XX. Se lo conoce por *Hacia la estación de Finlandia*, relato de las maquinaciones de Lenin y del secuestro de la Revolución rusa por los bolcheviques. Y se lo conoce por la grotesca y muy publicitada disputa que motivó con su ex amigo Vladimir Nabokov, al atreverse a cuestionar la traducción de Nabokov del *Eugenio Oneguín* de Pushkin.

Como lo demostró su controversia con Nabokov, Wilson no tenía escrúpulos en lanzarse a aguas que no pertenecían al dominio oficialmente reconocido de su especialidad. Pero quizá era esa temeridad lo que necesitaba la investigación de Qumran: la perspectiva de alguien de fuera, de un hombre capaz de establecer algo así como una visión de conjunto. Wilson, en 1955, escribió un extenso artículo sobre los rollos del mar Muerto para el *New Yorker:* un artículo que, por primera vez, hizo de los rollos un tema familiar y generó interés hacia ellos en el público en general. En el mismo año, Wilson expandió el artículo y lo publicó como libro, *The Scrolls from the Dead Sea.* Catorce años más tarde, en 1969, ese texto fue expandido otra vez para abarcar nuevo material, y reeditado con virtualmente el doble de la extensión original. Hasta el día de hoy, ese libro, de todos los escritos por profanos sobre los rollos de Qumran, sigue siendo una de las obras de investigación básicas y más populares. Pero aunque Wilson era un profano en el campo de la erudición bíblica, no era por cierto un simple amateur o aficionado; ni siquiera el equipo internacional del padre De Vaux podía impugnar su integridad o «alta seriedad». Wilson estaba entonces en condiciones, en nombre del público culto, de pedirles de alguna manera cuentas.

Ya en 1955 Wilson detectó el deseo, por parte de los «expertos», de alejar los rollos de Qumran tanto del judaísmo como del cristianismo. Los expertos, le pareció, protestaban con demasiada vehemencia, y eso despertó sus sospechas:

> En cuanto se empiezan a estudiar las controversias provocadas por los rollos del mar Muerto, uno toma conciencia de cierta «tensión»... Pero no toda la tensión nace de los problemas de datación, tan disputados al principio, y la contienda acerca de la datación ocultaba quizá otras preocupaciones que las puramente académicas.[1]

Wilson recalcaba lo mucho que había en común entre los rollos y el judaísmo rabínico tal como estaba surgiendo durante el siglo I d. C. y las primeras formas de cristianismo; y notó una acusada «inhibición», por parte de los especialistas tanto de orientación judaica como cristiana, para hacer las a menudo obvias asociaciones:

> Uno quisiera ver que se discuten esos problemas; y mientras tanto no puede dejar de preguntarse si los estudiosos que han estado trabajando en los rollos —muchos de los cuales han ingresado en órdenes cristianas o han sido formados en la tradición rabínica— no habrán sufrido una cierta inhibición al tratar ese tipo de cuestiones debido a sus diversos compromisos religiosos..., uno siente un cierto nerviosismo, una reticencia, a tomar el tema y ponerlo en perspectiva histórica.[2]

Siguiendo la tradición académica, Wilson es, por supuesto, discreto, y plantea una acusación bastante seria en el más diplomático de los lenguajes. Él mismo no tuvo dudas en tomar el tema y colocarlo en perspectiva histórica:

> Si de todas maneras miramos a Jesús en la perspectiva que nos ofrecen los rollos, podemos trazar una nueva continuidad y, por fin, comprender algo el drama que culminó en el cristianismo... El monasterio [de Qumran]... es tal vez, más que Belén o Nazaret, la cuna del cristianismo.[3]

Es característico y típico de la especialidad bíblica, y en particular de la especialidad relacionada con los rollos, que no hiciesen esa asociación los «expertos» del tema sino un observador astuto e informado. Pues fue Wilson quien dio expresión precisa y sucinta a las mismas cuestiones que el equipo internacional intentaba tan diligentemente eludir.

De esas imputaciones sobre los prejuicios de la mayoría de los especialistas bíblicos se hizo eco personalmente, ante nosotros, Philip Davies, profesor de Estudios Bíblicos de la Universidad de Sheffield y autor de dos libros sobre el material de Qumran. Como señaló el profesor Davies, la mayoría de los estudiosos de los rollos eran —y siguen siendo, si vamos al caso— de orientación cristiana, con estudios centrados ante todo en el Nuevo Testamento. Conocía a unos cuantos, dijo, cuya investigación entraba a veces en doloroso conflicto con las creencias personales que sostenían con mayor pasión, y se preguntaba si en esos casos era realmente posible la objetividad. El profesor Davies insistió en la perenne confusión de teología con historia. Con demasiada frecuencia, dijo, se enseñaba el Nuevo Testamento no como si fuese la primera, sino como si fuese la segunda, como un relato literal y preciso de los hechos del primer siglo. Y si uno toma el Nuevo Testamento —los Evangelios y los Hechos de los Apóstoles— como incontrovertible realidad histórica, resulta imposible hacerles justicia académica a los rollos. En efecto, la doctrina cristiana «dicta la agenda».[4]

Como Edmund Wilson era un profano, el equipo internacional se las arregló adoptando hacia él una actitud de condescendencia. Era demasiado eminente para poder insultarlo o injuriarlo; pero se lo podía pasar por alto o quitarle importancia desdeñosamente tratándolo de aficionado inteligente o bien intencionado que simplemente no entendía las complejidades y las sutilezas del asunto, y que con su supuesta ingenuidad podía hacer «declaraciones imprudentes».[5] Es así como muchos estudiosos se sintieron intimidados y no dijeron lo que realmente pensaban. Las reputaciones académicas son cosas frágiles, y sólo los individuos más audaces y seguros podían darse el lujo de correr el riesgo: el riesgo de ser desacreditado, de ser aislado por un aluvión de críticas concertadas de los adherentes al consenso. «Los rollos son un feudo», dijo

Shemaryahu Talmon, destacado profesor israelí de la materia; y los especialistas que los monopolizaban eran, en efecto, «una camarilla».[6]

Pero ni siquiera camarillas como ésa son tan omnipotentes como para reprimir la disidencia. Edmund Wilson podía haber sido un profano, pero la desviación del consenso marcado por el equipo internacional empezaba a asomar dentro de la encapullada esfera de la propia especialidad bíblica. Ya en 1950, cinco años antes del libro de Wilson, André Dupont-Sommer, profesor de Lengua y Civilización Semítica en la Sorbona, había publicado un artículo que causó sensación.[7] Se refería a uno de los textos de Qumran recientemente traducidos. Ese texto describía, explicó a su público, una autotitulada «Secta de la Nueva Alianza» a cuyo conductor, conocido como el «Maestro de Justicia», se lo consideraba un mesías, y fue perseguido, torturado y martirizado. Los discípulos del Maestro creían que el fin del mundo era inminente, y que sólo los que tuviesen fe en él se salvarían. Y aunque con cautela, Dupont-Sommer no vaciló en extraer la obvia conclusión: que el Maestro de Justicia era en muchos sentidos «el exacto prototipo de Jesús».[8]

Esas afirmaciones despertaron airadas protestas. Se las veía como un ataque a la unicidad y originalidad de Jesús, y el *establishment* católico, especialmente en Francia y Estados Unidos, empezó a soltar su artillería crítica. El propio Dupont-Sommer quedó bastante sorprendido por la reacción y, en declaraciones posteriores, se refugió tras una fraseología más circunspecta. Cualquiera que estuviese dispuesto a apoyarlo también se vio obligado, por un tiempo, a agachar la cabeza y protegerse. Pero la semilla de la duda estaba plantada, y con el tiempo fructificaría. Desde el punto de vista de la tradición teológica cristiana, esa fruta sería especialmente venenosa cuando se desarrolló en el seno del propio equipo internacional, en los mismísimos recintos de la «rollería» del Museo Rockefeller.

Entre los estudiosos del primer equipo internacional del padre De Vaux, quizá el más dinámico, original y audaz era John Marco Allegro. Sin duda era el más espontáneo, el de mentalidad más independiente, el que más se resistía a la supresión de material. Nacido en 1923, sirvió en la Royal Navy durante la guerra y en 1947 —el año en que fueron descubiertos los rollos del mar Muerto— entró en la Manchester University para estudiar lógica, griego y hebreo. Un año más tarde cambió a la licenciatura de Estudios Semíticos. También se interesó en la filología, el estudio de los orígenes del lenguaje, su estructura subyacente y su desarrollo. Empleando en los textos bíblicos sus conocimientos filológicos, pronto se convenció de que no se podían tomar las Escrituras en el sentido literal y se declaró agnóstico. En junio de 1951 se licenció con los máximos honores en Estudios Orientales, y el año siguiente recibió el máster por la tesis «Estudio lingüístico de los oráculos de Balaam en el Libro de los Números». En octubre de ese mismo año se matriculó en el programa de doctorado en Oxford bajo la supervisión de un eminente especialista semítico, el profesor Godfrey R. Driver. Un año más tarde, Driver lo recomendó para el equipo internacional que estaba organizando De Vaux, en el que se hizo cargo de los decisivos materiales encontrados en la cueva 4 de Qumran. Partió para Jerusalén en 1953. A esas alturas ya había publicado cuatro aplaudidos artículos en revistas académicas, acumulando así más antecedentes de los que podía mostrar cualquier otro integrante del equipo.

En 1956, Allegro publicó un libro popular, *The Dead Sea Scrolls*, al que sumó en 1968 su propia investigación en los textos y fragmentos de la cueva 4 incluidos en el quinto volumen de la serie definitiva de Oxford University Press, *Discoveries in the Judaean Desert*. Llegado a ese punto, Allegro era una de las figuras más estimadas y prestigiosas del campo de la investigación bíblica. Sin embargo, dos años más tarde abandonaría a los colegas del equipo internacional, daría la espalda al mundo académico y renunciaría a su cargo universitario en Manchester. También sería vilipendiado y desacreditado. ¿Qué había ocurrido?

Pronto estuvo claro, tanto para la comunidad académica en general como para el equipo internacional, que Allegro era el único del grupo que no sólo era agnóstico, sino que no tenía inhibiciones en «revolver el avispero». Libre de ataduras religiosas personales, explicaba las cosas como las veía, a veces impetuosamente; y en seguida perdió la paciencia ante la negativa de sus colegas a tolerar cualquier tontería, o hasta pruebas, que pudiesen contradecir la «línea partidaria» aceptada en cuanto al origen cristiano. En especial lo exasperaron los esforzados intentos de poner distancia entre el cristianismo y los rollos y la comunidad de Qumran. Insistía en la obvia relación que había entre las dos cosas, y sugería que esa relación podía ser más estrecha de lo que hasta el momento nadie había creído... o por lo menos se había atrevido a suponer.

La primera tormenta grande ocurrió en 1956, cuando Allegro aceptó dar una serie de tres charlas cortas acerca de los rollos del mar Muerto, para ser transmitidas por radio en el norte de Inglaterra los días 16, 23 y 30 de enero. Era evidente que se proponía acelerar el ritmo de investigación de los rollos inyectando un elemento de emoción y de polémica. «Pienso que debemos buscar fuegos artificiales», le escribió imprudentemente a John Strugnell, que estaba entonces en Jerusalén.[9] Allegro no se dio cuenta de que esas palabras harían sonar la alarma en la «rollería», dominada por católicos. Inconsciente de todo eso, agregó que «estudios recientes de mis fragmentos me han convencido de que Dupont-Sommer tenía más razón de lo que él sabía».[10] En esa época, aparentemente, Strugnell estaba considerando hacer una carrera dentro de la Iglesia. Allegro le dijo humorística-mente: «En tu lugar, yo no me preocuparía por ese empleo teo-lógico: cuando yo termine mi investigación, no te quedará Igle-sia donde entrar».[11]

La primera y la segunda charlas radiofónicas de Allegro no llamaron demasiado la atención en Gran Bretaña, pero sobre la segunda hizo un artículo el *New York Times*, que no lo enten-dió bien y lo citó mal, pero generó una ola de discusiones. La tercera charla, emitida el 30 de enero, fue seguida el 5 de febre-ro por un artículo en el *New York Times* que no podía dejar de causar sensación. «VEN BASES CRISTIANAS EN LOS ROLLOS», pro-clamaba el titular:

> Pueden verse los orígenes de algunos rituales y doctrinas cris-tianos en los documentos de una secta extremista judía que exis-tió durante más de cien años antes del nacimiento de Jesucristo. Ésta es la interpretación que da a la «fabulosa» colección de los rollos del mar Muerto uno de los integrantes de un equipo inter-nacional de siete especialistas... John Allegro dijo anoche en un pro-grama de radio que las bases históricas de la Última Cena y por lo menos parte del Padrenuestro y de las enseñanzas de Jesús del Nuevo Testamento pueden atribuirse a los qumranianos.[12]

El mismo artículo insinuaba que podían presentarse proble-mas al citar a un estudioso católico que había dicho que «aho-ra cualquier vara parece adecuada para vapulear al cristianismo» siempre que se la use «para quebrantar la fe en la singularidad de Jesús».[13] Allegro, en verdad, estaba empezando a violar un territorio realmente muy delicado. El 6 de febrero la revista

Time publicó un artículo titulado «Crucifixión antes de Cristo». Dos días más tarde, *The Times* informaba que tres dirigentes religiosos norteamericanos, uno judío, uno católico y uno protestante, se habían puesto de acuerdo para refutar a Allegro y para condenar cualquier intento de representar a los «esenios» como precursores del cristianismo.[14] Desde luego, toda esa controversia llegaba a conocimiento de De Vaux, junto con peticiones de que hiciese algo. Allegro, mientras tanto, parecía casi ingenuamente despreocupado. El 9 de febrero le escribió a De Vaux para decirle que lo estaban «acusando de decir muchas cosas asombrosas, algunas de las cuales son ciertas, y en verdad prodigiosas, y otras salen de la pluma de periodistas ansiosos».[15]

Está claro, mirando hacia atrás, que Allegro nunca comprendió del todo cuán sacrosanta era la idea de la «singularidad» de Jesús, y que en consecuencia subestimó hasta qué extremos llegarían De Vaux y otros miembros del equipo internacional para distanciarse de ese estilo contundente. Ése había sido su único error: esperar que los colegas aceptasen sus declaraciones sin dejar que las propias lealtades religiosas influyesen en sus opiniones. La inocente broma de que, para cuando terminase su investigación, no le quedaría a Strugnell Iglesia donde entrar da fe de su convicción de que el material era importante y decisivo, y de su entusiasmo ante el descubrimiento.

El 11 de febrero De Vaux le contestó a Allegro con suma seriedad. Todos los textos que tenía Allegro a su disposición, decía De Vaux, estaban también a disposición de los demás integrantes del equipo en Jerusalén, que no habían encontrado en ellos nada que respaldase la interpretación de Allegro.

En su respuesta del 20 de febrero, Allegro trató de mantenerse firme y al mismo tiempo reparar la grieta que lo separaba de los colegas y calmar la polémica pública: «Discúlpeme si pienso que todo el mundo se está volviendo loco de atar. Adjunto las charlas radiofónicas, como usted me pide, y si después de leerlas se queda pensando a qué se debe todo este lío, sentirá exactamente lo que siento yo».[16] Como se decía que Strugnell y Milik estaban preparando refutaciones de lo que él había declarado, comentó: «No estoy librando ninguna guerra contra la Iglesia; si lo hiciera puedo asegurarle que no dejaría cabos sueltos... Reafirmo todo lo que dije en las tres charlas, pero estoy dispuesto a creer que puede haber otras interpretaciones de los materiales que he leído».[17]

El 4 de marzo contestó De Vaux, advirtiéndole a Allegro que sí se estaba preparando una refutación. Pero esa refutación no sería sólo obra de Strugnell y Milik. Tampoco se circunscribiría a una publicación académica. Por el contrario, tendría forma de carta a *The Times* de Londres y llevaría la firma de todos los miembros del equipo internacional.

En vez de acobardarse, Allegro adoptó un tono desafiante. Respondió, sin pelos en la lengua, que una carta a *The Times* «sería extremadamente interesante para el público de Londres, que nunca escuchó mis charlas»:

> Ya le he señalado a usted que esas emisiones fueron hechas desde la radio local de la zona norte... Usted y sus amigos aparentemente van a llamar ahora la atención de la prensa sensacionalista de este país sobre esos pasajes de los que ni ellos ni la mayoría de sus lectores estaban enterados, e iniciar una caza de brujas... Lo felicito. Lo que ocurrirá con seguridad es que los periodistas, al oler que hay dificultades, se lanzarán sobre mí como aves de presa con la intención de saber qué ocurre..., habrán echado leña al fuego de algo que parece una controversia creciente entre los eclesiásticos del equipo de los rollos y el único miembro no comprometido.[18]

Llegó a invocar a Edmund Wilson, indicando lo preocupado que tendría que estar el equipo de De Vaux por las sospechas que éste había expresado. Trataba, en realidad, de utilizar a Wilson como disuasivo:

> Teniendo en cuenta lo que Wilson ha dicho ya sobre la resistencia de la Iglesia a abordar esos textos con objetividad, se imaginará usted lo que puede salir de este lío.
>
> Con todo respeto, debo señalarle a usted que esos disparates de Wilson han sido tomados en serio aquí. En cada conferencia que doy sobre los rollos, surge la misma vieja pregunta: ¿es verdad que la Iglesia está asustada... y podemos estar seguros de que *todo* se publicará? Esto nos puede parecer tonto a usted y a mí, pero es una duda seria en la mente de la gente común... No hace falta que le diga qué efecto tendrán las firmas de tres sacerdotes romanos al pie de la carta que ustedes proyectan.[19]

Parece evidente que a esas alturas Allegro se estaba poniendo nervioso. El 6 de marzo le escribió a Frank Cross, otro integrante del equipo internacional que acababa de recibir una oferta de la Harvard University: «Me alegro mucho de lo de Harvard. No sólo porque le restan importancia a esto del cristianismo».[20] Pero en la misma carta admitía que el aluvión de críticas lo estaba desgastando y que física y mentalmente se sentía «al borde del colapso». Desde luego, no tenía ningún deseo de ver publicada una carta que lo apartaba públicamente del resto de los integrantes del equipo e impugnaba por lo tanto su credibilidad.

Pero ya era demasiado tarde. El 16 de marzo apareció como era de esperar la carta en *The Times*, firmada por Strugnell además de los padres De Vaux, Milik, Skehan y Starcky, la mayoría de los «peces gordos» del equipo.

No existen textos inéditos a disposición del señor Allegro fuera de aquellos cuyos originales están actualmente en el Museo Arqueológico Palestino donde trabajamos. Tras la aparición en la prensa de citas de las emisiones radiofónicas del señor Allegro, no pudimos ver en los textos los «descubrimientos» de los que habla el señor Allegro.

No encontramos crucifixión del «maestro», ni deposición de la cruz, ni «cuerpo quebrantado del Maestro» ante el que se deberá montar guardia hasta el día del Juicio Final. No hay por lo tanto una «bien definida pauta esenia en la que encaja perfectamente Jesús de Nazaret», como se le atribuye haber dicho en un reportaje al señor Allegro. Tenemos el convencimiento de que el señor Allegro o ha leído mal los textos o ha desarrollado una cadena de conjeturas que los materiales no confirman.[21]

La publicación de este tipo de acusación —especialmente en una carta a *The Times*— revela un comportamiento bastante singular. Refleja claramente a un cónclave de académicos que se «confabula» contra uno de sus miembros. Obligado a defenderse, Allegro respondió con una carta dirigida también a *The Times* y que explicaba y justificaba su posición:

Con respecto a esto, en la fraseología del Nuevo Testamento encontramos muchos puntos de semejanza con la literatura de Qumran, dado que la secta también esperaba el advenimiento de un mesías davídico que surgiría con el sacerdote en los últimos días. Es en este sentido que Jesús «encaja en una bien definida pauta mesiánica» (no «esenia», como me citaron equivocadamente). No hay nada especialmente nuevo ni sorprendente en esta idea.[22]

Es una declaración razonable, una corrección legítima de un importante error de cita. Indica también cuán impacientes estaban los colegas de Allegro por atacarlo, por encontrar una excusa para desacreditarlo. De todas formas, Allegro añadió: «Es cierto que material inédito en mi custodia me ha predispuesto a aceptar ciertas sugerencias hechas con anterioridad por otros colegas basándose, parece..., en fundamentos insuficientes».[23]

La hostilidad y las riñas continuaron hasta que el 8 de marzo, finalmente, Allegro le escribió una airada carta a Strugnell:

Parece que todavía no entiendes lo que hiciste al escribir una carta a un periódico con la intención de manchar las palabras de tu colega. Fue algo inaudito, un caso sin precedentes de puñalada académica por la espalda. No me acuses de exagerar las cosas. Yo estaba aquí en Inglaterra... El periodista de Reuters que me llamó esta mañana por teléfono reaccionó de una manera clásica: «¡Pero pensé que ustedes, los académicos, eran gente unida...!». Y cuando se vio que en realidad estabas citando cosas que yo nunca dije, la inferencia fue clara. Esa carta no fue concebida para responder de ninguna manera a los intereses de la ciencia académica, sino para calmar los miedos de católicos norteamericanos... Y lo que se saca en conclusión es que ustedes no están de acuerdo con la interpretación que yo di a ciertos textos, un tema en el que sin duda tengo tantas probabilidades de acertar como ustedes. En vez de discutirlo en las publicaciones especializadas, pensaron que era más fácil influir sobre la opinión pública mediante una carta difamatoria a un periódico. Y tienen el descaro de llamar a eso erudición. Muchacho, eres todavía muy joven, y tienes mucho que aprender.[24]

Como ya hemos dicho, Allegro fue el primer miembro del equipo internacional en publicar *todo* el material que se le había confiado. Continúa siendo el único. John Strugnell, por otra parte, siguiendo la política del «ritmo lento», no ha publicado casi nada de los considerables materiales a su disposición. El único trabajo importante al que se aplicó, titulado «Notas al margen», comprende ciento trece páginas de críticas a Allegro que Eisenman llama «ataque malicioso».

Mientras tanto, el daño estaba hecho. La carta a *The Times* firmada por De Vaux y otros tres eclesiásticos dio efectivamente rienda suelta a la maquinaria de propaganda católica. El oprobio y el vilipendio se intensificaron. En junio de 1956, por ejemplo, un comentarista jesuita publicó en el *Irish Digest* un artículo titulado «La verdad acerca de los rollos del mar Muerto». Atacaba a Wilson, a Dupont-Sommer y especialmente a Allegro. Y luego llegaba a hacer la extraordinaria afirmación de que «es sorprendente lo poco que agregan los rollos a nuestro conocimiento de las doctrinas corrientes entre los judíos desde, digamos, 200 a. C. hasta la era cristiana».[25] Concluía en tono decididamente incendiario: «No fue de esa secta que "Jesús aprendió a ser el Mesías"... Más bien, fue en ese suelo donde brotaron las espinas que ahogarían la semilla del Evangelio».[26] Ahora no presentaban a Allegro simplemente como un especialista equivocado, sino como un verdadero Anticristo.

Cuando todavía no había salido del centro de esa controversia, Allegro ya se estaba metiendo en otra. La manzana de la discordia era el llamado «Rollo de cobre», encontrado en la cueva 3 de Qumran en 1952. Como ya hemos señalado, los dos fragmentos que componían el «Rollo de cobre» no fueron abiertos durante tres años y medio. Abundaban las especulaciones sobre su contenido. Un investigador intentó leer las muescas que sobresalían en el cobre y que se veían en el lado exterior del rollo. Parecía que decían, propuso, algo sobre el tesoro. Eso provocó las burlas del equipo internacional. Sin embargo, se demostró que era una interpretación correcta.

En 1955, un año antes de su disputa pública con los colegas del equipo internacional, Allegro había discutido el problema del «Rollo de cobre» con el profesor H. Wright-Baker, del Manchester College of Technology. Wright-Baker inventó una máquina que podía cortar el delgado cobre en tiras, permitiendo así leer el texto. Por lo tanto el primero de los dos fragmentos fue enviado a Manchester, al cuidado de Allegro, en el verano de 1955. La máquina de Wright-Baker hizo su tarea, y Allegro se embarcó rápidamente en la traducción de lo que había sido revelado. El contenido del fragmento demostró ser tan extraordinario que al principio no se lo comunicó a nadie, ni siquiera a Cross o a Strugnell, que le habían escrito para pedirle detalles. Su reticencia no puede haber mejorado la relación que tenía con ellos, pero Allegro estaba en realidad esperando que el segundo fragmento del rollo llegase a Manchester. Sentía que cualquier revelación parcial o prematura del contenido del rollo podía poner todo en peligro. Porque lo que contenía el «Rollo de cobre» era una lista de lugares secretos donde pretendidamente se había enterrado el tesoro del Templo de Jerusalén.

El segundo fragmento llegó a Manchester en enero de 1956. Fue rápidamente cortado y traducido. Ambos fragmentos, junto con las correspondientes traducciones, fueron luego devueltos a Jerusalén. Sólo entonces comenzaron las verdaderas demoras. De Vaux y el equipo internacional estaban preocupados por tres cosas.

Su primera inquietud era válida. Si se divulgaba el contenido del rollo y empezaban a circular historias acerca de un tesoro enterrado, los beduinos cavarían todo el desierto de Judea y buena parte de lo que encontrasen podría desaparecer para siempre o eludir las manos de los especialistas y perderse en el mercado negro. En realidad ya estaba ocurriendo algo de eso. Al descubrir o enterarse de la existencia de un lugar potencialmente productivo, los beduinos instalaban encima una enorme tienda negra y lo saqueaban y vendían el botín en forma secreta a anticuarios.

A De Vaux y al equipo internacional también les preocupaba que el tesoro inventariado en el «Rollo de cobre» pudiese existir en verdad, que no fuese un tesoro imaginario sino real. Si fuera real, atraería inevitablemente la atención del gobierno israelí, que lo reclamaría casi con seguridad. Eso no sólo podría apartarlo de la autoridad del equipo internacional, sino desatar una gran crisis política, porque aunque la reclamación israelí fuese legítima, gran parte del tesoro, y el rollo que especificaba dónde encontrarlo, había sido descubierto en territorio jordano.

Si el tesoro fuese real, habría además razones teológicas para preocuparse. De Vaux y su equipo habían estado tratando de pintar a la comunidad de Qumran como un enclave aislado, sin relación con los acontecimientos públicos de la «corriente principal» de la historia del primer siglo. Si el «Rollo de cobre» indicaba en verdad dónde estaban ocultos los tesoros del Templo, ya no se podría representar a Qumran como se lo estaba haciendo. Por el contrario, sería evidente la relación entre Qumran y el Templo, foco y centro de todas las actividades judaicas. Qumran dejaría de ser un fenómeno independiente y aislado, y pasaría a formar parte de algo mucho más amplio: algo que podría invadir peligrosamente los orígenes del cristianismo. Y un detalle todavía más inquietante: si el «Rollo de cobre» se refería a un tesoro verdadero, éste sólo podía ser el tesoro sacado del Templo como consecuencia de la sublevación de 66 d. C. Eso trastornaría la fechación «segura» que el equipo internacional había establecido para todo el corpus de rollos.

La combinación de todos esos factores aconsejaba correr un velo sobre el descubrimiento. Al principio Allegro no se opuso, convencido de que la demora en la divulgación de información sobre el «Rollo de cobre» sería momentánea. Por consiguiente, aceptó no decir nada sobre el rollo en el libro que estaba preparando: su introducción general al material de Qumran, cuya aparición estaba anunciada por Penguin Books para fines de 1956. Mientras tanto, decidieron, el padre Milik prepararía una traducción definitiva del «Rollo de cobre» y luego Allegro escribiría otro libro «popular» dirigido al público en general.

Allegro había consentido en que se retuviese por un tiempo la información sobre el «Rollo de cobre». No imaginaba, por cierto, que esa demora se prolongaría indefinidamente. Y aún menos que el equipo internacional minimizaría la importancia del rollo dando como puramente ficticio el tesoro que inventariaba. Cuando Milik hizo eso, Allegro no sospechó al principio que hubiese una conspiración. En una carta a otro de sus colegas, fechada el 6 de abril de 1956, dio rienda suelta a su impaciencia, pero seguía entusiasmado y optimista, y aludía a Milik con arrogante desdén:

> Sólo Dios sabe cuándo irán nuestros amigos de Jerusalén a divulgar el contenido del rollo de cobre, si es que algún día lo hacen. Es verdaderamente fabuloso (Milik piensa eso literalmente, pero es un papanatas). Imagínate el dolor de tener que dejar ir a la imprenta mi [libro] sin poder revelar una palabra.[27]

Un mes más tarde, Allegro le escribió a Gerald Lankester Harding, encargado del departamento de Antigüedades jordano y colega de De Vaux. Quizá ya sentía que había algo en el aire y trataba de evitar el contacto personal con De Vaux, dirigiéndose a una autoridad alternativa no católica. De todos modos, señaló que en cuanto se diese el comunicado de prensa referente al «Rollo de cobre», los periodistas caerían sobre ellos como moscas. Para enfrentar esa contingencia sugirió que Harding, el equipo internacional y todos los demás involucrados cerrasen filas y adoptasen una «línea partidaria» hacia los medios. El 28 de mayo, Harding, que había sido informado y advertido por De Vaux, le respondió. El tesoro catalogado en el «Rollo de cobre», dijo, no parecía tener ninguna relación con la comunidad de Qumran. Tampoco podía ser un tesoro tangible: el valor de los artículos detallados era demasiado grande. El «Rollo de cobre» no era más que una colección de leyendas sobre «tesoros enterrados».[28] Cuatro días más tarde, el 1 de junio, se hizo el comunicado de prensa oficial sobre el «Rollo de cobre». Ese comunicado reflejaba los asertos de Harding. Se decía que el rollo contenía «una colección de tradiciones sobre tesoros enterrados».[29]

Allegro parece haber quedado anonadado por esa duplicidad. El 5 de junio le escribió a Harding: «No entiendo bien si esa broma sobre las "tradiciones" que usted y sus compinches han publicado es para consumo de la prensa, del gobierno, de los beduinos o mío. ¡Quizá hasta ustedes se la creen!».[30] Pero al mismo tiempo seguía recurriendo todavía a Harding como posible aliado contra la falange de intereses católicos. ¿No le parecía a Harding «que informar con un poco más de rapidez sobre esos asuntos de los rollos sería una buena idea»? «Ahora se sabe bien que el rollo de cobre estaba totalmente abierto en enero, y a pesar de los esfuerzos de ustedes por ocultarlo, también se sabe que mi traducción les fue enviada inmediatamente... Un poco de información general... ahorraría muchos rumores, que están adquiriendo un tono bastante siniestro».[31] Agrega que «puede haber la sensación de que los hermanos católicos del equipo, en franca mayoría, estuvieron tratando de ocultar cosas».[32] Insiste sobre el mismo punto en una carta a Frank Cross en agosto: «La gente común cree firmemente que la Iglesia romana, por intermedio de De Vaux y compañía, está resuelta a suprimir ese material».[33] A De Vaux, personalmente, le dijo con sequedad: «Veo que ha tenido usted la prudencia de callar el hecho de que el tesoro pertenece al Templo».[34]

Allegro había creído al principio que pronto aparecería una traducción completa del texto del «Rollo de cobre». Ahora debía parecerle evidente que eso no ocurriría. En realidad pasarían cuatro años antes de que apareciese una traducción del texto, publicada además por el propio Allegro, que a esas alturas había perdido toda la paciencia con el equipo internacional. Hubiera preferido publicar su libro popular después de la traducción «oficial», que habría de realizar el padre Milik, y llegaron a convencerlo de que eso sería posible. Pero la traducción de Milik sufrió otras repentinas e inesperadas demoras, que bien pueden haber sido deliberadas. Por lo tanto se le pidió a Allegro que aplazase también la publicación de su propio libro. En un punto, esa petición, transmitida por un intermediario, parece haber sido acompañada de amenazas... de un miembro del equipo cuyo nombre no podemos divulgar por razones legales. Allegro respondió que «la petición que se me ha hecho fue acompañada por la expresión de algunos sentimientos bastante extraños que se originan, según se me ha dicho, en usted y en aquellos para quienes usted actúa. Hasta parecía haber un pronóstico de consecuencias si yo no accedía a esta petición».[35] El destinatario de esta carta contestó con dulzura diciendo que Allegro no debía verse como víctima de una persecución.[36] Así, cuando Allegro siguió adelante con la publicación de la traducción del rollo de cobre, se vio en la embarazosa posición de parecer que se había adelantado al trabajo de un colega. En realidad, lo habían manipulado para que regalase al equipo internacional más munición con que atacarlo, y por supuesto, para alejarlo todavía más de ellos. En realidad, la traducción de Milik no apareció hasta 1962:

1. Solomon Schecter, rodeado de cajas de los manuscritos que obtuvo de la *guenizá* de El Cairo en 1896 y que llevó a Cambridge.

2. Mohamed adh-Dhib (derecha), que descubrió la primera cueva de los rollos del mar Muerto.

3. Kando y George Isaiah, los primeros que llevaron los rollos al metropolitano de la Iglesia siria.

4. El profesor Eleazar Sukenik, en 1947, primer erudito israelí que obtuvo y tradujo algunos rollos del mar Muerto.

5. Porción de uno de los rollos, el «Comentario de Habacuc», que relata una batalla entre el conductor de la comunidad del mar Muerto y dos adversarios, el «Mentiroso» y el «Sacerdote Malvado».

6-7. Ejemplos de fragmentos
de rollos comprados a los
beduinos tras ser identificados
y ordenados. Pocos de esos
miles de fragmentos se
pueden juntar con precisión.

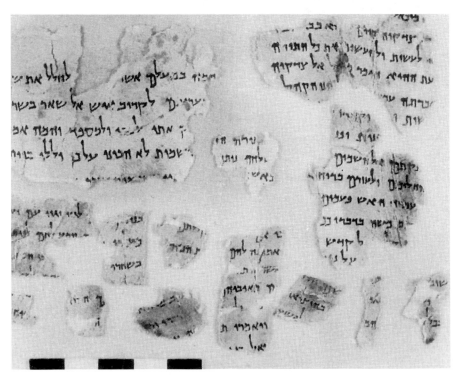

8. El padre Josef Milik.

9. El doctor Frank Cross.

10. Excavaciones entre las ruinas de Qumran: el padre De Vaux y el padre Milik con Gerald Lankester Harding, del departamento de Antigüedades.

11. Uno de los recipientes con huesos de animales encontrados durante las excavaciones y para los que nunca se encontró una explicación satisfactoria. Parecen ser restos de comidas sagradas.

12-13. Las ruinas de Qumran durante una de las excavaciones dirigidas por el padre De Vaux y Gerald Lankester Harding.

14. El profesor H. Wright Baker, de la Universidad de Manchester, cortando el «Rollo de cobre» en segmentos para traducirlo. Resultó contener una lista de tesoros del Templo de Jerusalén.

15. El «Rollo de cobre» todavía sin abrir; se encontró roto en dos partes en la cueva 3, en 1952.

dos años después de la de Allegro, seis años después de haber sido cortado el «Rollo de cobre» en Manchester y diez después de su descubrimiento.

Mientras tanto, *The Dead Sea Scrolls* —el libro de divulgación de Allegro sobre el material de Qumran en el que se había suprimido toda mención al «Rollo de cobre»— había aparecido en 1956, unos cinco meses después de la controversia que había rodeado las charlas radiofónicas. Como predijo Allegro, la controversia, y sobre todo la carta a *The Times*, habían asegurado el éxito del libro. La primera edición de cuarenta mil ejemplares se agotó en diecisiete días, y Edmund Wilson lo comentó con entusiasmo en la BBC. *The Dead Sea Scrolls*, ahora en su segunda edición y decimonovena impresión, sigue siendo una de las mejores introducciones al material de Qumran. De Vaux no lo vio así, y envió a Allegro una extensa crítica. En su respuesta, fechada el 16 de septiembre de 1956, Allegro afirmó que «usted ya no puede tratar al cristianismo de modo objetivo; es una pena, pero comprensible dadas las circunstancias».[37] En la misma carta, llama la atención sobre un texto entre los rollos que se refiere al «hijo de Dios»:

Usted sigue hablando alegremente de lo que los primeros judeocristianos pensaban en Jerusalén, y nadie adivinaría que su única evidencia verdadera —si así se la puede llamar— es el Nuevo Testamento, ese cuerpo de tradiciones muy elaboradas cuya «evidencia» no resistiría ni dos minutos en un tribunal... En cuanto a... Jesús como «hijo de Dios» y «Mesías», no lo cuestiono ni un instante; ahora sabemos de Qumran que a su propio mesías davídico se lo consideraba «hijo de Dios», «engendrado» por Dios, pero eso no prueba la fantástica afirmación de la Iglesia de que Jesús era el propio Dios. No existe ningún «contraste» en la terminología: el contraste está en la interpretación.[38]

Tenemos aquí pruebas tanto de las demoras deliberadas como del valor de los rollos de Qumran inéditos. El texto al que alude Allegro, y que habla del «hijo de Dios», *todavía* no ha sido publicado, a pesar de su importancia y a pesar de su temprana identificación y traducción. Sólo en 1990 se filtraron algunos extractos a *BAR*.[39]

Después de todo lo que había pasado, Allegro tenía que ser muy ingenuo para suponer que todavía podría ser aceptado por sus antiguos colegas como miembro del equipo. Sin embargo, es precisamente eso lo que aparentemente hizo. En el verano de 1957 regresó a Jerusalén y pasó julio, agosto y septiembre trabajando en su material en la «rollería». Por las cartas de la época, es evidente que volvía a sentirse realmente parte del equipo y no tenía dudas de que todo iba bien. En el otoño viajó de vuelta a Londres y llegó a un acuerdo con la BBC para hacer un programa de televisión sobre los rollos. En octubre volvió a Jerusalén con su productor y un equipo de filmación. Inmediatamente fueron a ver a Awni Dajani, director jordano del Museo Rockefeller y uno de los mejores amigos de Allegro. Al día siguiente, Dajani los llevó a dar una vuelta, «a poner las cosas en marcha con De Vaux». En una carta del 31 de octubre a Frank Cross, a quien todavía consideraba su aliado, Allegro relató los hechos que siguieron:

Nos reunimos... y explicamos lo que pensábamos hacer, pero De V. se negó de plano a colaborar. Nos quedamos boquiabiertos durante un rato, y entonces Dajani y el productor empezaron a averiguar qué era lo que pasaba. Fue todo muy sorprendente porque, hasta donde sabía, yo estaba en excelentes relaciones con mis queridos colegas, o algo por el estilo. Al menos por mi parte no les guardaba ningún tipo de rencor. Pero De Vaux dijo que había convocado a «sus eruditos» a una reunión y que todos habían estado de acuerdo ¡en no tener nada que ver con nada con lo que yo tuviera que ver! Entonces mi amigo el productor llevó afuera al viejo y le explicó con palabras de una sílaba que no queríamos meternos en ninguna polémica por el lado religioso, pero él (De Vaux) se mostró inflexible. Dijo que aunque no podía impedirnos que sacásemos imágenes del monasterio de Qumran, no nos dejaría entrar en la rollería o en el museo en general.[40]

Allegro se describía como todavía desconcertado. Pero Awni Dajani empezaba a fastidiarse. Aparentemente consideraba el programa como «una muy decidida ayuda a Jordania: antigüedades y turismo», y declaró estar dispuesto a afirmar su autoridad. Era, después de todo, representante oficial del gobierno jordano, y ni siquiera De Vaux estaba en condiciones de desafiarlo:

En cuanto mis queridos colegas tuvieron claro que aun sin ellos el programa seguiría adelante... empezaron a poner las cartas sobre la mesa. No cuestionaban el programa, sino a Allegro... Entonces vinieron en taxi a nuestro hotel y le hicieron una oferta al productor: si prescindía de Allegro por completo, y aceptaba a Strugnell como guionista, o a Milik, colaborarían... Un día, cuando volvimos después de una jornada agotadora en Qumran, Awni llamó para decirnos que al regresar lo esperaba una nota (anónima) en la que le ofrecían ciento cincuenta libras para que no nos dejase ir a Ammán y fotografiar el museo.[41]

En la misma carta, Allegro trató de convencer a Cross de que apareciese en el programa. Después de consultar con De Vaux, Cross se negó. A esas alturas la suerte de Allegro estaba echada, y ya no cabían dudas del lugar que ocupaba con respecto a sus antiguos colegas. El mismo día que le escribió a Cross, también le había escrito a otro especialista, un hombre que no era integrante oficial del equipo pero a quien se le había permitido trabajar en los rollos. Allegro repitió el relato de sus contratiempos y luego agregó que estaba «iniciando una campaña, por el momento muy silenciosa, para disolver la pandilla de los rollos e inyectar sangre nueva, con la idea de conseguir una rápida publicación, en forma provisional, de algunos de los materiales sobre los que están sentados Milik, Strugnell y Starcky».[42] Dos meses más tarde, el 24 de diciembre de 1957, le escribió al mismo especialista diciendo que estaba preocupado

> ... por la forma en que se planifica la publicación de los fragmentos, se está echando lo antes posible a los miembros no católicos del equipo... En realidad, el volumen de 4Q [material de la cueva 4] de Milik, Starcky y Strugnell es tan grande que considero que habría que dividirlo inmediatamente, y emplear a más especialistas para sacar todo eso en seguida.
>
> ...se está produciendo rápidamente una situación peligrosa, en la que no cabe la idea original de un grupo de estudio internacional y ecuménico. Todos los fragmentos son llevados en primer lugar a De V. o a Milik y, como con la cueva 11, se guarda sobre ellos total secreto hasta mucho después de haber sido estudiados por ese grupo.[43]

Este relato es sumamente inquietante. Algunos especialistas, fuera del equipo internacional, han sospechado que existía alguna forma de control y selección. En su carta, Allegro confirma esas sospechas. Uno se pregunta qué puede haber ocurrido con los fragmentos que sostenían doctrinas opuestas a las de la Iglesia.

Allegro esbozó entonces su propio plan, que entre otras cosas incluía «invitar a especialistas que puedan disponer de por lo menos seis meses o un año para venir a Jerusalén y ocupar su sitio en el equipo»:

Pienso que habría que establecer como regla que las publicaciones preliminares se hagan, en lo posible, *inmediatamente* después de obtener el documento, y que exista una corriente constante de esas publicaciones en una misma revista... Esta idea de retrasar la publicación de fragmentos sólo para no «desflorar» el volumen final no me parece digna de eruditos, lo mismo que impedir el acceso a esos documentos de especialistas competentes... Quizá había buenas razones... cuando empezamos a reunir los manuscritos. Pero ahora que la mayor parte del trabajo está hecho, cualquiera puede trabajar en un documento y publicarlo al menos en forma provisional.[44]

Uno puede no simpatizar inmediatamente con el Allegro cuya personalidad asoma en las cartas: arrogante, imprudente, alegremente iconoclasta. Pero es imposible no simpatizar con la integridad académica de su postura. Quizá había por cierto mucho de egocentrismo en su convicción de que su particular interpretación del material de Qumran era válida e importante. Pero las declaraciones antes citadas constituyen un llamamiento a favor del propio saber: un llamamiento a la franqueza, a la honestidad, a la accesibilidad, a la imparcialidad. A diferencia de De Vaux y el equipo internacional, Allegro no muestra propensión ni por el secreto ni por el autobombo. Si conspira, lo hace sólo para poner los rollos del mar Muerto al alcance del mundo en general, y con la suficiente rapidez como para no traicionar la confianza depositada en la investigación académica. Tal aspiración sólo puede ser vista como honorable y generosa.

Sin embargo, el honor y la generosidad de Allegro no serían premiados, ni siquiera reconocidos. La película, terminada a fines de 1957, no fue transmitida por la BBC hasta el verano de 1959, y en un espacio de trasnoche que atrajo a muy pocos espectadores. A esas alturas, naturalmente, Allegro empezaba a inquietarse. El 10 de junio de 1959, luego del último aplazamiento de una larga serie, le escribió a Awni Dajani:

> Bueno, han vuelto a conseguirlo. Por quinta vez la BBC ha postergado la transmisión del programa de TV sobre los rollos... No existe ninguna duda de que los compinches de De Vaux en Londres están utilizando toda su influencia para destruir el programa, como era su deseo... Nada le impedirá a De Vaux controlar el material de los rollos. De alguna manera habrá que sacarlo de la posición que ocupa. Estoy convencido de que si aparece algo que afecta al dogma católico romano, el mundo no lo verá nunca. De Vaux sacará el dinero de donde sea y enviará el paquete al Vaticano, para que lo escondan o lo destruyan...[45]

Después de repetir lo que veía cada vez como más viable solución a corto plazo —la nacionalización del Museo Rockefeller, la «rollería» y los rollos por el gobierno jordano—, muestra el sentido de la puntillosidad al que se había considerado sometido hasta el momento: «Hasta podría dar uno o dos ejemplos de cómo se suprimió información... pero sólo lo haré si pareciera que triunfa De Vaux».[46]

En 1961, el rey Hussein nombró a Allegro asesor honorario del gobierno jordano en el tema de los rollos del mar Muerto. Pero el puesto, aunque prestigioso, no suponía autoridad. En noviembre de 1966, cinco años más tarde, el gobierno jordano aceptó la sugerencia de Allegro y nacionalizó el Museo Rockefeller. A esas alturas, como hemos visto, ya era demasiado tarde. En un año estallaría la guerra de los Seis Días, y el museo, la «rollería» y su contenido pasarían a manos israelíes; e Israel, como hemos señalado, necesitaba demasiado el apoyo internacional para arriesgarse a una confrontación directa con el Vaticano y la jerarquía católica. Sólo cuatro años antes el papa Juan XXIII había oficial y doctrinalmente exculpado a los judíos de la responsabilidad por la muerte de Jesús, y eliminado todo vestigio de antisemitismo del derecho canónico católico romano. Nadie quería ver destruida toda esa obra de conciliación.

También a esas alturas, Allegro estaba comprensiblemente cansado y desilusionado del mundo académico. Desde hacía algún tiempo sentía deseos de dejar ese mundo y mantenerse nada más que como escritor. Además ansiaba volver a la especialidad que había elegido originalmente, la filología, y hacía unos cinco años que trabajaba en un libro relacionado con lo que él consideraba un importante avance filológico. El resultado de ese esfuerzo apareció en 1970 como *The Sacred Mushroom and the Cross:* el libro por el que Allegro es famoso hoy, y por el que se lo rechaza casi universalmente.

El argumento de *The Sacred Mushroom and the Cross* se apoya en complicadas premisas filológicas que a nosotros, al igual que a muchos otros comentaristas, nos resultan difíciles de aceptar. Pero eso es secundario. Los estudiosos tienden todo el tiempo a exponer teorías basadas en premisas de diversa validez, y por lo general, en el peor de los casos, se los desatiende, pero no se los desacredita en público. Lo que convirtió a *The Sacred Mushroom and the Cross* en un escándalo fueron las conclusiones de Allegro sobre Jesús. Tratando de establecer la fuente de todas las creencias y prácticas religiosas, Allegro afirmaba que Jesús no había existido nunca en la realidad histórica, que no era más que una imagen evocada en la psique bajo la influencia de una droga alucinante, la psilocibina, el componente activo de los hongos alucinógenos. En efecto, sostenía, el cristianismo, como todas las demás religiones, provenía de una especie de experiencia psicodélica, un *rite de passage* ceremonial promulgado por un orgiástico y mágico culto de los hongos.

Tomadas por separado, y puestas en un contexto diferente, las conclusiones de Allegro quizá no habrían provocado la tormenta que provocaron. Antes que Allegro, por supuesto, estudiosos de fama habían cuestionado y dudado de la existencia del Jesús histórico. Algunos todavía lo hacen, aunque son minoría. Y hoy en día no se discute demasiado el uso de drogas —psicodélicas y de otros tipos— por parte de las religiones, los cultos, las sectas y las escuelas mistéricas del antiguo Oriente Medio, un uso también común, entonces y ahora, en el resto del mundo. No es por cierto inconcebible que el judaísmo y el primer cristianismo conociesen y hasta empleasen esas sustancias. Uno también tiene que recordar el clima y la atmósfera de fines de la década de los sesenta. Hoy, mirando hacia atrás, uno tiende a pensar en términos de la llamada «cultura de la droga», en términos de un seudomisticismo fácil, en Ken Kesey y sus «Alegres Bromistas», en Tom Wolfe y *Gaseosa de ácido eléctrico*, en hippies que poblaban las calles del Haight-Ashbury de San Francisco, organizando sesiones de amor y meditación en el Golden Gate Park. Eso, desde luego, no es más que una cara de la medalla, y tiende a eclipsar el entusiasmo y las expectativas muy reales que las drogas psicodélicas habían generado hasta en las mentes más sofisticadas y disciplinadas: la convicción, compartida por muchos científicos, neurólogos, bioquímicos, académicos, psicólogos, médicos, filósofos y artistas, de que la humanidad estaba realmente al borde de un auténtico «salto» epistemológico.

Libros como *Las puertas de la percepción* de Huxley eran muy populares, y no sólo entre los jóvenes rebeldes. En Harvard, Timothy Leary, con sus proclamas de «una nueva religión», todavía disfrutaba de una credibilidad considerable. Con *Las enseñanzas de Don Juan*, Castaneda no sólo había producido un libro de éxito de ventas sino una aplaudida tesis académica para la Universidad de California. Se utilizaban rutinariamente sustancias psicodélicas tanto en medicina como en psicoterapia. Estudiantes de Teología de Boston oficiaron misa bajo la influencia del LSD, y la mayoría dijo luego que habían, en efecto, experimentado una sensación intensificada de lo sagrado, un mayor acercamiento a lo divino. Hasta el diputado Christopher Mayhew, más tarde ministro de Defensa, apareció voluntariamente drogado en las pantallas de la televisión nacional, mirando al periodista con una expresión beatífica, y con la sonrisa seráficamente celestial de quien acaba de ser ascendido a sabio. Se entiende por qué el libro de Allegro alarmó al mundo académico y de la crítica, aunque el propio Allegro repudiase la mentalidad de Haight-Ashbury y no fumase ni bebiese nunca.

De todas formas, y aunque no por las razones citadas, *The Sacred Mushroom and the Cross* era un libro muy poco ortodoxo, y realmente comprometió la credibilidad académica de Allegro. El crítico de *The Times*, por ejemplo, ensayó un análisis psicológico amateur de Allegro para demolerlo.[47] Los propios editores de Allegro se disculparon públicamente por haber editado el libro, admitiendo con cobardía que el libro era «innecesariamente ofensivo».[48] En una carta a *The Times* el 26 de mayo de 1970, catorce prominentes investigadores británicos repudiaron las conclusiones de Allegro.[49] Entre los firmantes estaba Geza Vermes, de Oxford, que había coincidido con muchas de las conclusiones de Allegro sobre el material de

Qumran y que pronto se haría eco de sus quejas acerca de las demoras del equipo internacional. Entre los firmantes estaba también Godfrey Driver, antiguo mentor de Allegro, quien había formulado una interpretación de los textos de Qumran más radical que todas las ensayadas por el propio Allegro.

Allegro siguió llamando la atención del público sobre las demoras en la publicación de los rollos. En 1987, un año antes de su muerte, declaró que los retrasos del equipo internacional eran «patéticos e imperdonables», y agregó que sus antiguos colegas, durante años, «han estado sentados sobre materiales que no sólo tienen una excepcional importancia, sino que, además, son quizá los más delicados en el plano religioso»:

> No hay duda... de que la evidencia que proporcionan los rollos socava la singularidad de los cristianos como secta... En realidad no sabemos absolutamente nada de los orígenes del cristianismo. Pero esos documentos levantan el telón.[50]

A estas alturas, la iniciativa había pasado a manos de la siguiente generación de estudiosos, y Allegro había dejado el mundo de los rollos para dedicarse a la investigación de los orígenes del mito y de la religión. Sus obras posteriores a *The Sacred Mushroom and the Cross* fueron bastante moderadas, pero para la mayoría de los lectores, al igual que para el mundo académico, seguiría siendo un «desterrado», el hombre que, según las burlonas palabras de *The Times*, había «rastreado las fuentes del cristianismo hasta un hongo comestible».[51] Murió repentinamente en 1988; los colegas ya no lo aceptaban, pero seguía activo, lleno de entusiasmo por el trabajo filológico que estaba realizando, y optimista. Debe de haber significado para él algún consuelo ver, antes de su muerte, que su oposición al equipo internacional, y su preocupación por las demoras en la publicación de los materiales que ese equipo controlaba, estaban siendo imitadas por otros.

En 1956, Edmund Wilson había hecho una reseña favorable del libro «popular» de Allegro sobre los rollos del mar Muerto. En 1969, cuando publicó la segunda edición de su propio libro, la extensión de esa obra se había duplicado. La situación con respecto a los rollos ya no era, para Wilson, un mero asunto de «tensión» e «inhibición»; ahora había empezado a adquirir proporciones de ocultamiento y de escándalo: «Me ha dicho un estudioso católico que al principio, con respecto a los rollos, una especie de política oficial tendía a torcer la investigación hacia la dirección de minimizar su importancia».[52] A mediados de la década de los setenta los estudiosos empezaban a hablar abiertamente de escándalo. Hasta los más dóciles empezaron a preocuparse, y el equipo internacional se estaba ganando la antipatía de hombres que no tenían deseos de entrar en polémicas académicas. Entre los nombres más eminentes de la investigación semítica contemporánea está, por ejemplo, el del doctor Geza Vermes, que desde 1951 ha estado publicando libros y artículos acerca de los rollos. Al principio no tenía problemas con el equipo internacional y con su trabajo. Pero al igual que muchos otros, empezó poco a poco a perder la paciencia ante las demoras de publicación. En 1977 editó un libro, *The Dead Sea Scrolls: Qumran in Perspective*, en cuyo primer capítulo tiró públicamente el guante:

> En el trigésimo aniversario de su descubrimiento, el mundo tiene derecho a preguntarles a las autoridades responsables de la publicación de los rollos de Qumran... qué piensan hacer con este lamentable estado de cosas. Pues a menos que se tomen en segui-

da medidas drásticas, el mayor y más valioso hallazgo de manuscritos hebreos y arameos puede llegar a convertirse en el escándalo académico *par excellence* del siglo XX.[53]

Fiel a sí mismo, el equipo internacional no se dignó prestar atención. Casi una década más tarde, en 1985, el doctor Vermes volvió a pedirles cuentas, esta vez en el *Times Literary Supplement:*

> Hace ocho años definí esta situación como «un lamentable estado de cosas», y advertí que podía «llegar a convertirse en el escándalo académico *par excellence* del siglo XX» a menos que se tomasen en seguida medidas drásticas. Eso, por desgracia, no ha ocurrido, y nos consta que el actual director de edición de los fragmentos rechaza como injusta y poco razonable cualquier crítica respecto de la demora.[54]

En la misma declaración el doctor Vermes elogiaba a Yigael Yadin, que acababa de morir, por la rapidez con que había entregado a la imprenta el material que tenía en su poder: «Pero es también un recordatorio para todos nosotros, especialmente para los que han tardado en responder al desafío de su privilegiada tarea, de que el tiempo se está acabando».[55]

En su deseo de evitar una polémica indecorosa, el doctor Vermes no insistió sobre el tema. Como en ocasiones anteriores, el equipo internacional no prestó la menor atención a esos comentarios. Para el doctor Vermes la situación debía de ser especialmente mortificante. Vermes es un reconocido estudioso bíblico. Ha publicado traducciones de todos los rollos que han llegado al dominio público, bajo auspicios israelíes, por ejemplo. Es por cierto tan competente para trabajar en los materiales inéditos de Qumran como cualquier integrante del equipo internacional, y probablemente esté más capacitado que la mayoría. Sin embargo, en su larga y distinguida carrera académica se le ha negado siempre el acceso a ese material. Ni siquiera se le ha permitido verlo.

Mientras tanto, se siguen guardando en secreto pruebas valiosas. Nosotros mismos podemos dar fe, personalmente, de materiales vitales que, aunque no hayan sido exactamente suprimidos, tampoco se han hecho públicos. En noviembre de 1989, por ejemplo, Michael Baigent visitó Jerusalén y se reunió con miembros del equipo internacional actual. Uno de ellos era el padre Émile Puech, el joven «príncipe heredero» de la École Biblique, que «heredó» los fragmentos de rollos asignados inicialmente al padre Jean Starcky. Entre esos fragmentos había material rotulado «de procedencia desconocida». En una conversación personal, el padre Puech divulgó tres importantes descubrimientos:

1. Aparentemente había descubierto nuevas coincidencias entre los rollos y el Sermón de la Montaña, incluyendo nuevas y significativas referencias a «los pobres de espíritu».[56]

2. En la Epístola de Barnabás, un texto cristiano apócrifo mencionado ya en el siglo II d. C., Puech había encontrado una cita cuyo origen se desconocía hasta ahora. La cita, en realidad, resultó provenir directamente de uno de los rollos del mar Muerto, demostrando así que el autor de la Epístola de Barnabás era miembro de la comunidad de Qumran, o tenía acceso a ella y a sus enseñanzas. Aparecía allí un indiscutible vínculo entre Qumran y la tradición cristiana.

3. En la obra de Justino, mártir, escritor cristiano del siglo II, Puech encontró otra cita más que procedía directamente de Qumran.

«No escondemos nada —insistió Puech con firmeza—. Publicaremos todo.»[57] Sin embargo, que sepamos, ninguna de las revelaciones confiadas por Puech en la conversación ha aparecido publicada hasta hoy, y no parece muy probable que eso vaya a ocurrir inmediatamente. Por otra parte, ha habido una reciente «filtración» que da una idea del tipo de material que todavía no se ha divulgado. Esa «filtración» apareció en las páginas de *BAR*, y fue proporcionada aparentemente por un investigador (cuyo nombre no se ha dado a conocer) que tenía remordimientos de conciencia. Consta de un fragmento de Qumran muy parecido a un pasaje del Evangelio de Lucas. Refiriéndose al inminente nacimiento de Jesús, Lucas (1:32-5) habla de un niño que será llamado «Hijo del Altísimo» e «Hijo de Dios». El fragmento de Qumran de la cueva 4 también habla de la venida de alguien que «por su nombre será... aclamado [como] el Hijo de Dios, y lo llamarán Hijo del Altísimo».[58] Éste, como señala *BAR*, es un descubrimiento extraordinario, «la primera vez que la expresión "Hijo de Dios" aparece en un texto palestino que no sea la Biblia».[59] Este fragmento, sean cuales fueran las circunstancias que rodearon su publicación, pertenece al corpus de material hasta ahora controlado, y rigurosamente retenido, por el «esquivo» padre Milik.

4

Contra el consenso

Edmund Wilson, John Allegro y Geza Vermes condenaron al equipo internacional por reticencia, por dilaciones y demoras en la publicación del material de Qumran y por establecer un monopolio académico sobre los rollos del mar Muerto. Tanto Wilson como Allegro desafiaron los fatigosos esfuerzos del equipo por alejar la comunidad de Qumran del llamado «cristianismo primitivo». Pero en otros aspectos los tres eruditos coincidieron con el consenso de interpretación establecido por el equipo internacional. Aceptaron, por ejemplo, la datación que había realizado el equipo, que consideraba como precristianos a los rollos del mar Muerto. También aceptaron la aseveración del equipo de que los integrantes de la comunidad de Qumran eran esenios. Y aceptaron que los supuestos esenios de Qumran eran del tipo tradicional descrito por Plinio y Josefo: ascéticos, solitarios, pacifistas, divorciados de la corriente principal del pensamiento social, político y religioso. Si el cristianismo tenía en verdad alguna relación con la comunidad de Qumran, se lo veía como menos original de lo que se había creído. Se lo podía considerar inspirado en Qumran, de la misma manera que se reconocía que se había inspirado en el judaísmo «convencional» del Antiguo Testamento. Fuera de eso no había ninguna razón especial para modificar la imagen que uno tenía de él.

Pero en la década de los sesenta la oposición académica al consenso del equipo internacional empezó a llegar desde otro sitio. El cuestionamiento del consenso sería entonces mucho más radical que todo lo aducido por Wilson, Allegro o Vermes. Pondría en duda no sólo la antigüedad de los rollos fijada por el equipo internacional, sino el supuesto carácter esenio de la comunidad de Qumran. Los responsables de esas críticas eran Cecil Roth y Godfrey Driver.

Cecil Roth fue tal vez el más eminente historiador judío de su época. Después de servir en el ejército británico durante la primera guerra mundial, se había doctorado en Historia en el Merton College, Oxford. Durante algunos años fue profesor adjunto de Estudios Judíos en Oxford: el puesto que ocupa ahora Geza Vermes. Fue un escritor prolífico, con más de seiscientas publicaciones en su haber. También fue jefe de redacción de la *Encyclopaedia judaica*. Disfrutaba de un enorme respeto en el mundo académico, y se lo reconocía ante todo por sus conocimientos de historia judaica.

Godfrey Driver era una figura de similar talla académica. Él también había servido en el ejército británico durante la primera guerra mundial, y había luchado sobre todo en Oriente Medio. Él también enseñó en Oxford, en el Magdalen College, donde en 1938 pasó a ser profesor de Filología Semítica. Hasta 1960 también cumplió tres períodos como profesor de hebreo. Fue codirector del equipo que tradujo el Antiguo Testamento para la Nueva Biblia Inglesa. Como hemos señalado, fue el mentor de Allegro, a quien recomendó para el equipo internacional.

Desde los primeros descubrimientos de los rollos del mar Muerto, el profesor Driver había aconsejado cautela con las fechas tempranas, precristianas, que se les habían atribuido. En una carta a *The Times* el 23 de agosto de 1949, advirtió de que la fecha precristiana atribuida a los rollos de Qumran «bien puede obtener una aceptación general antes de que se la someta a un examen crítico».[1] En la misma carta, afirmaba: «La evidencia externa... para asignarles una fecha precristiana es extremadamente precaria, mientras que la evidencia interna parece estar en contra».[2] Driver insistió en los riesgos de atribuir demasiada precisión a lo que él llamaba «evidencia externa»: a la arqueología y a la paleología. Recomendaba, más bien, el estudio de la «evidencia interna», el contenido de los propios rollos. Sobre la base de esa evidencia, llegaría a la conclusión de que los rollos databan del primer siglo de la era cristiana.

Mientas tanto, Cecil Roth había estado realizando sus propias investigaciones y en 1958 publicó el resultado en una obra titulada *The Historical Background of the Dead Sea Scrolls*. El fondo histórico, sostenía, no era precristiano, sino que, por el contrario, databa de los tiempos de la sublevación en Judea, entre 66 y 74 d. C. Como Driver, Roth insistía en que los propios textos de los rollos constituían una guía más precisa que la arqueología o la paleografía. Valiéndose de esa guía, desarrolló algunos puntos que no sólo se oponían al consenso del equipo internacional, sino que hasta deben de haber ultrajado a sus integrantes católicos. Por ejemplo, citando referencias textuales de uno de los rollos, demostraba que los «invasores» considerados adversarios por la comunidad de Qumran sólo podían ser romanos y, más aún, sólo podían ser romanos del Imperio, de tiempos imperiales y no republicanos. También demostraba que el nacionalismo militante y el fervor mesiánico de muchos de los rollos tenían menos en común con la imagen tradicional de los esenios que con la de los zelotes descritos por Josefo. Admitía que la comunidad original de Qumran podía haber sido realmente fundada por esenios del tipo tradicional, pero, si fuera así, sostenía, debían de haber abandonado el lugar cuando éste fue destruido en 37 a. C. Los que lo ocuparon más tarde, después de 4 d. C., y que depositaron los rollos, no serían de ninguna manera esenios sino zelotes. Llevando esta idea un poco más lejos, procuró establecer vínculos entre la comunidad de Qumran y los feroces defensores de Masada, cincuenta kilómetros al sur.

Esas afirmaciones provocaron, naturalmente, indignadas críticas del equipo del padre De Vaux. Uno de los colegas de De Vaux, Jean Carmignac, al reseñar el libro de Roth, se quejó de que Roth «no pierde ninguna oportunidad de vincular a Masada y Qumran, pero éste es otro de los puntos débiles de sus tesis».[3] Aun después de que Yigael Yadin, en sus excavaciones en Masada ocho años más tarde, encontrase rollos idénticos a algunos de los descubiertos en Qumran, el equipo internacional se negó a considerar la tesis de Roth. Es evidente que *algún* tipo de relación tenía que existir entre Qumran y Masada, pero el equipo, con una lógica que ahora crujía dolorosamente por los cuatro costados, insistió en que sólo había una explicación posible: ¡que «algunos» de los esenios de Qumran debían de haber desertado de su propia comunidad e ido a defender a Masada, llevándose con ellos los textos sagrados!

En cuanto a Masada, la teoría de Roth sería confirmada por las excavaciones de Yadin. Pero él era perfectamente capaz de librar sus propias batallas. En un artículo publicado en 1959, se concentró de manera particular en la afirmación de De Vaux, basada en supuestos «indicios arqueológicos», de que los rollos no podían haber sido depositados después del verano de 68 d. C., cuando Qumran fue «conquistada por la Décima Legión».[4] Roth demostró de manera concluyente que la Décima Legión, en el verano de 68 d. C., no andaba ni cerca de Qumran.[5]

Los argumentos de Roth debieron de haber enfurecido al equipo internacional dirigido por De Vaux, pero fueron compartidos por su colega Godfrey Driver. Los dos colaboraron estrechamente, y en 1965 Driver publicó su imponente y detallada obra sobre el material de Qumran, *The Judaean Scrolls*. Según Driver, «los argumentos para adjudicarles a los rollos una fecha precristiana son fundamentalmente erróneos». Las únicas razones que había para atribuirles esa fecha eran, señalaba, paleográficas, «y eso solo es insuficiente».[6] Driver estaba de acuerdo con Roth en que los rollos se referían al período de la sublevación en Judea, entre 66 y 74 d. C., y que por lo tanto eran «más o menos» contemporáneos del Nuevo Testamento. También coincidía con Roth en que los habitantes de Qumran debían de haber sido zelotes, y no esenios tradicionales. Calculaba que los rollos debían de haber sido depositados en Qumran entre esa época y el final de la segunda sublevación en Judea, la rebelión de Simón bar Kokba entre 132 y 135 d. C. Criticaba con dureza el funcionamiento académico del equipo internacional, especialmente el demostrado por De Vaux.

Roth y Driver eran famosos, reconocidos, «pesos pesados» en sus respectivos campos históricos, y no se los podía desatender ni desdeñar arrogantemente. No se podía impugnar ni desacreditar su prestigio y su erudición. Tampoco se los podía aislar. Y eran demasiado diestros en controversias académicas como para meter la cabeza en la soga, como había hecho Allegro. Fueron, sin embargo, vulnerables al tipo de tratamiento condescendiente adoptado por De Vaux y el equipo internacional, que estrechó filas en torno al consenso. A Roth y a Driver, por muy respetables que fuesen, se los mostró como fuera de su elemento al ocuparse de los rollos de Qumran. Así, al comentar el libro de Driver en 1967, De Vaux escribió: «Resulta triste volver a encontrar aquí ese conflicto del método y mentalidad entre el crítico textual y el arqueólogo, el hombre en su escritorio y el hombre en el campo».[7] No es que el propio De Vaux pasase mucho tiempo «en el campo». Como hemos visto, él y la mayoría de los integrantes del equipo internacional se contentaban con quedarse cómodamente instalados en su «rollería», dejando el grueso del trabajo en el propio terreno a los beduinos. Pero se podía argüir que la «rollería» estaba al menos más cerca de Qumran que Oxford. Además, De Vaux y su equipo podían hablar de un conocimiento directo de todo el corpus de manuscritos de Qumran, cosa que Roth y Driver, a quienes se les había negado el acceso a los textos, no podían hacer. Y aunque Roth y Driver habían cuestionado el método histórico del equipo internacional, no habían en realidad planteado su excesiva dependencia de la arqueología y la paleografía.

Aparentemente la arqueología y la paleografía eran los puntos fuertes del equipo, y le permitieron a De Vaux concluir su reseña de *The Judaean Scrolls* con la afirmación segura y concluyente de que «la teoría de Driver... es imposible».[8] También logró, invocando la arqueología y la paleografía, deslumbrar a otras figuras de la especialidad y asegurarse su apoyo. De este modo, el profesor Albright fue persuadido de intervenir contra Driver, cuya tesis, declaró Albright, «ha sido un completo fracaso». Ese fracaso, continuaba Albright, nacía de «un obvio escepticismo con respecto a la metodología de los arqueólogos, los numismáticos y los paleógrafos. Desde luego, [Driver] tuvo la mala suerte de chocar de frente con uno de los más brillantes eruditos de nuestro tiempo: Roland de Vaux...».[9]

Pasando a la ofensiva, el equipo internacional y sus colegas siguieron bombardeando a Roth y a Driver con críticas cada vez más desdeñosas. Ambos, como ha observado Eisenman, «fueron ridiculizados de manera desmesurada y con tanta ferocidad que daba qué pensar».[10] Nadie se atrevía a apoyarlos. Nadie se atrevía a exponerse a la ira del ahora inamovible consenso. «Y los académicos mansos —como dice Eisenman— no movieron un dedo.»[11] Los intereses y las reputaciones de Roth y Driver no se limitaban exclusivamente a la investigación de Qumran. Por consiguiente, se retiraron de la polémica, considerando que no valía la pena seguir con el tema. Que se haya permitido ese hecho da una idea de la timidez y la docilidad de otros estudiosos. Esa situación queda como una mancha negra en la historia de la investigación de los manuscritos de Qumran.

Si el equipo internacional había ejercido antes un monopolio, ahora su posición parecía inatacable. Había dejado fuera de combate a dos de sus más formidables adversarios, y su triunfo parecía completo. Habían acallado a Roth y Driver. Habían desacreditado a Allegro. Mediante la intimidación habían logrado la sumisión de todos los que podían representar una amenaza. A fines de la década de los sesenta y comienzos de la de los setenta, la hegemonía del equipo internacional era prácticamente absoluta.

A mediados de la década de los ochenta, la oposición al equipo internacional que existía estaba dispersa y desorganizada. Se expresaba ante todo en Estados Unidos, a través de una única publicación, *Biblical Archaeology Review*. En el número de septiembre/octubre de 1985, *BAR* informó acerca de un congreso sobre los rollos del mar Muerto realizado en la New York University en el mes de mayo. Reproducía la declaración que había hecho en el congreso el profesor Morton Smith: «Pensaba hablar sobre los escándalos de los documentos del mar Muerto, pero esos escándalos resultaron ser demasiado numerosos, demasiado conocidos y demasiado desagradables».[12] La declaración señalaba que el equipo internacional estaba, «hasta donde se puede determinar, gobernado en gran medida por la convención, la tradición, el espíritu colegiado y la inercia».[13] Y concluía:

Los que están dentro, los estudiosos que tienen textos asignados (T. H. Gaster, profesor emérito del Barnard College, Columbia University, llama a esos estudiosos «el círculo encantado»), tienen las golosinas, que reparten con cuentagotas. Eso les da status, poder académico y les halaga maravillosamente el amor propio. ¿Por qué habrían de desperdiciar esa situación? Desde luego, la existencia de ese factor es polémica y conflictiva.[14]

BAR llamaba la atención sobre el dejo de frustración y de resentimiento acumulado entre los especialistas de probada capacidad que no habían sido admitidos en el «círculo encantado». De manera implícita, también llamaba la atención sobre los beneficios recogidos por instituciones como la Harvard University, donde enseñaban Cross y Strugnell y donde a los estudiantes graduados favoritos se les permitía el acceso al material de Qumran mientras se le negaba a especialistas mucho más experimentados y calificados. *BAR* concluía el informe con una petición de «publicación inmediata de las fotografías de los textos inéditos»,[15] haciéndose eco de Morton Smith, que invitó a sus colegas a «pedirle al gobierno israelí, que ahora tiene autoridad última sobre esos materiales, la publicación de fotografías de todos los textos inéditos para ponerlas a disposición de todos los estudiosos».[16]

Que la exhortación de Smith fuese ignorada de nuevo habla de la pusilanimidad académica. Al mismo tiempo, hay que decir que la exhortación de Smith fue desafortunada en el sentido de que implícitamente trasladaba la responsabilidad de los integrantes del equipo internacional, los verdaderos culpables, al gobierno israelí, que tenía entre manos problemas más urgentes. Los israelíes cumplieron con su parte del acuerdo, realizado en 1967, por el cual se le permitía al equipo internacional conservar el monopolio con la condición de que publicase los materiales, cosa que el equipo internacional no había hecho. Así, aunque podría considerarse irresponsable al gobierno israelí por no haber frenado esa situación, no se lo podía culpar por la situación misma. Como descubriría pronto Eisenman, la mayoría de los israelíes —tanto estudiosos como periodistas y figuras del gobierno— mostraban acerca de la situación una ignorancia espantosa y, hay que decirlo, indiferencia. A causa de esa ignorancia y de esa indiferencia, se había permitido que siguiese intacto un statu quo obsoleto.

Pero en 1985, el mismo año de la conferencia sobre la que informó *BAR*, un conocido diputado israelí, Yuval Ne'eman, comenzó a interesarse en el asunto, y durante ese proceso demostró estar sorprendentemente bien informado. Ne'eman era un físico de fama mundial, profesor de Física y director del departamento de Física de la Universidad de Tel Aviv hasta 1971, cuando fue nombrado presidente de la universidad. Antes de eso había sido planificador militar, uno de los responsables del desarrollo del pensamiento estratégico básico del ejército israelí. Entre 1961 y 1963 había sido director científico del Establecimiento de Investigación Soreq, la Comisión de Energía Atómica israelí. Ne'eman planteó el asunto de los rollos en la Kneset, el Parlamento israelí, y llamó «escándalo» al hecho de que las autoridades israelíes no hubiesen revisado o actualizado la situación: que se hubiese dejado al equipo internacional con un mandato y un monopolio que databan del anterior régimen jordano. Fue ese reto lo que finalmente obligó al departamento de Antigüedades israelí a investigar cómo y por qué un enclave de estudiosos de orientación católica podía ejercer un control tan completo y exclusivo sobre algo que era en realidad un tesoro estatal israelí.

El departamento de Antigüedades le pidió cuentas al equipo internacional sobre el tema de la publicación. ¿A qué se debían las suspensiones y demoras, y qué calendario de publicaciones verosímil se podía esperar? El director del equipo en ese momento era el padre Benoit, que el 15 de septiembre de 1985 escribió a sus colegas.[17] En esa carta, de la que obra en nuestro poder una copia, les recordaba la reclamación de Morton Smith de una inmediata publicación de las fotografías. También se quejaba (como si fuese la parte ofendida) del uso de la palabra «escándalo», no sólo por Morton Smith sino también por Ne'eman en la Kneset. Planteó su intención de recomendar a John Strugnell como el director de futuras publicaciones. Y pidió un calendario de publicaciones a cada miembro del equipo.

La reacción ante la solicitud del padre Benoit fue lenta y desigual. El departamento de Antigüedades, incitado por Ne'eman, volvió a escribirle el 26 de diciembre de 1985, repitiéndole la petición de un informe y de respuestas a las preguntas que le había formulado.[18] Uno no puede saber con certeza si Benoit basó su respuesta en información fiable proporcionada por sus colegas o si estaba simplemente improvisando para ganar tiempo. Pero escribió al departamento de Antigüedades prometiendo que todo lo que tenía en su poder el equipo internacional estaría publicado dentro de siete años, es decir, en 1993.[19] Ese calendario fue presentado por escrito, como compromiso formal, pero por supuesto nadie lo tomó en serio, y en una conversación privada Ne'eman nos dijo que habían corrido rumores de que el calendario se consideraba por lo general una broma.[20] Eso ha resultado ser, por supuesto. No hay ninguna perspectiva de que todo el material de Qumran, o al menos una parte razonable, se publique en 1993. Ni siquiera se ha publicado la totalidad del material de la cueva 4. Después del volumen de Allegro de *Discoveries in the Judaean Desert* en 1968, sólo se han publicado otros tres, en 1977, 1982 y 1990, llevando a ocho el número de volúmenes editados.

Sin embargo, el aumento de la presión engendró pánico entre los miembros del equipo internacional. Como era de esperar, empezaron a buscar un chivo expiatorio. ¿Quién había metido al gobierno israelí en el asunto? ¿Quién había informado a Ne'eman, permitiéndole plantear el tema en la Kneset? Quizá a causa de la repetición de la palabra «escándalo», el equipo llegó a la conclusión de que el responsable había sido Geza Vermes. En realidad Vermes no había tenido nada que ver con el asunto. Era Robert Eisenman quien había informado a Ne'eman.

Eisenman había aprendido de los descuidos de Roth y Driver. Se había dado cuenta de que todo el edificio del consenso del equipo internacional descansaba sobre datos supuestamente correctos de la arqueología y la paleografía. Tanto Roth como Driver habían descartado esos datos como impertinentes, pero sin cuestionarlos. Eisenman resolvió enfrentar al equipo internacional en su propio terreno, revelando su metodología y demostrando que los datos resultantes no eran pertinentes.

Abrió la campaña con el libro que nos hizo prestarle atención, *Maccabees, Zadokites, Christians and Qumran*, publicado por E. J. Brill en Holanda en 1983. En ese libro, presentaba el primer desafío serio que hasta ese momento había encontrado el equipo internacional con respecto a su utilización de la arqueología y la paleografía. En su introducción, Eisenman tiraba explícitamente el guante al «pequeño grupo de especialistas, que trabajan en gran medida juntos» y que habían «elaborado un consenso».[21] Desde luego, dada la limitada audiencia y circulación del texto, el equipo internacional pudo sencillamente pasar por alto el desafío. En realidad, lo más probable es que ninguno de los integrantes lo haya leído en ese momento, desechándolo como la obra efímera de un novato presuntuoso.

Pero Eisenman no dejó que el olvido sepultase sus esfuerzos. Para 1985 su segundo libro, *James the Just in the Habakkuk Pesher*, había aparecido en Italia, publicado irónicamente por uno de los sellos vaticanos, Tipographia Gregoriana. Llevaba un prefacio en italiano, y al año siguiente, con algunos añadidos y un apéndice revisado, fue editado por E. J. Brill. Ese mismo año, Eisenman fue nombrado miembro residente del prestigioso Albright Institute en Jerusalén. Allí empezó a trabajar entre bastidores para familiarizar al gobierno israelí con la situación y poner los rollos en su agenda de prioridades.

Comprendió que no se podía quebrar el dominio del equipo internacional sólo con protestas decorosas o aun estridentes en publicaciones especializadas. Sería necesario ejercer presión, preferentemente desde arriba. Por lo tanto Eisenman se puso en contacto con el profesor Ne'eman, a quien informó de la situación, y Ne'eman se encargó entonces de plantear el asunto en la Kneset.

Más tarde, ese mismo año, el propio Eisenman abordó al padre Benoit y le pidió verbalmente que se le permitiese ver los rollos. Como era previsible, Benoit se negó con cortesía, y le sugirió hábilmente a Eisenman que se dirigiese a las autoridades israelíes, insinuando que no era él quien decidía. Por entonces Eisenman desconocía todavía las estratagemas empleadas por el equipo internacional para frustrar las expectativas de todos los que querían ver los rollos. Pero no estaba preparado para que lo excluyesen con tanta facilidad.

Todos los estudiosos, durante su permanencia como miembros residentes del Albright Institute, dan una conferencia abierta al público en general. La conferencia de Eisenman fue programada para febrero de 1986, y el tema que él eligió fue «La comunidad de Jerusalén y Qumran», con el provocativo subtítulo «Problemas de arqueología, paleografía, historia y cronología».

Como en el caso de su libro sobre Santiago, el propio título estaba calculado para llamar la atención. Como es costumbre, el Albright Institute envió invitaciones a todos los especialistas importantes que había en Jerusalén, y era un acto de cortesía que estuviesen representadas instituciones hermanas, como la École Biblique, de la que asistieron cinco o seis integrantes, una cantidad superior a la acostumbrada.

Como desconocían a Eisenman y su obra, quizá no esperaban nada fuera de lo común. Pero poco a poco su suficiencia empezó a derrumbarse, y escucharon los argumentos de Eisenman en silencio.* Se negaron a hacer preguntas al final de la conferencia, y se fueron sin el habitual cumplido de las felicitaciones. Les resultaba evidente que con Eisenman enfrentaban, por primera vez, un desafío serio. Como era su costumbre, cerraron los ojos, con la esperanza, tal vez, de que ese desafío desapareciese.

La primavera siguiente, uno de los amigos y colegas de Eisenman, el profesor Philip Davies, de la Sheffield University, llegó a Jerusalén para una corta estancia. Él y Eisenman fueron a expresarle a Magen Broshi, director del Santuario del Libro, su deseo de ver los fragmentos de rollos inéditos todavía en poder del equipo internacional. Broshi se rió de lo que le parecía una esperanza inútil: «No verán esas cosas en su vida», dijo.[22] En junio, hacia el final de su estancia en Jerusalén, Eisenman fue invitado a un té en la casa de un colega, un profesor de la Universidad Hebrea que más tarde se convirtió en miembro de la «Comisión Supervisora de los Rollos». De nuevo le pidió a Davies que lo acompañase. Había muchos otros académicos, entre ellos Joseph Baumgarten, del Baltimore Hebrew College,

---

* Para un esbozo de las observaciones de Eisenman, véase capítulo 10, «Ciencia al servicio de la fe».

y en las primeras horas de la noche apareció John Strugnell, el viejo adversario de Allegro y luego director del equipo internacional. Bullicioso, y aparentemente decidido al enfrentamiento, empezó a quejarse de la «gente incompetente» que importunaba exigiendo ver el material de Qumran. Eisenman le contestó rápidamente. ¿Qué entendía Strugnell por «competente»? Él mismo, ¿era «competente»? Fuera de su supuesta pericia para analizar la escritura, ¿sabía algo de historia? Era una discusión aparentemente medio en broma, más o menos civilizada, pero que se estaba volviendo amenazadoramente personal.

Eisenman pasó el año siguiente, 1986-1987, en Oxford, como investigador senior en el Oxford Centre for Postgraduate Hebrew Studies y profesor visitante del Linacre College. Mediante contactos en Jerusalén había conseguido dos documentos secretos. Uno era una copia de un rollo en el que estaba trabajando Strugnell, parte de su «feudo privado». A ese texto, escrito aparentemente por un jefe de la antigua comunidad de Qumran y que explica algunos de los preceptos rectores de la comunidad, se lo conoce en la especialidad como el documento «*MMT*». Strugnell lo había mostrado en el congreso de 1985, pero no lo había publicado.[23] (Ni lo ha publicado todavía, aunque la totalidad del texto asciende a nada más que 121 líneas.)

El segundo documento tenía un significado más contemporáneo. Consistía en una impresión o lista de ordenador de *todos* los textos de Qumran en manos del equipo internacional.[24] Lo que lo hacía especialmente importante era que el equipo internacional había negado repetidas veces la existencia de esa lista. Allí estaba la prueba definitiva de que una enorme cantidad de material no había sido todavía publicada y se la estaba reteniendo.

Eisenman no tuvo ninguna duda de lo que debía hacer:

Como había llegado a la conclusión de que uno de los principales problemas entre los especialistas, responsables en primer
lugar de haber creado toda esa situación, era la excesiva protección y los secretos celosamente guardados, decidí que todo lo que
cayese en mis manos circulase sin condiciones. Ése era el servicio
que yo podía prestar; además, minaría el cartel o monopolio internacional de tales documentos.[25]

Eisenman, por lo tanto, facilitó copias del documento
«*MMT*» a cuantos mostraron interés en verlo. Esas copias aparentemente circularon como pólvora, tanto que año y medio más
tarde Eisenman recibió una que le enviaba un tercero pregun-
tándole si la había visto. Por ciertas anotaciones la reconoció
como una de las copias que él había puesto originalmente en circulación.

Tanto la lista como el documento «*MMT*» circularon de la
manera prevista, produciendo exactamente el efecto que Eisenman había anticipado. Se ocupó de manera especial de enviarle
una copia a Hershel Shanks, de *BAR*, suministrando así a la revista munición para que renovase su campaña.

No hace falta agregar que a esas alturas las relaciones de
Eisenman con el equipo internacional se estaban deteriorando.
En la superficie, por supuesto, se trataban con helada cortesía, sin
perder la conducta respetable y académica. Después de todo, el
equipo no podía atacarlo públicamente por sus acciones, que
habían sido evidentemente desinteresadas, sin duda en nombre
del conocimiento. Pero la brecha que los separaba se estaba
ensanchando; y no tardaron en realizar una operación calculada
para deshacerse de él.

En 1989 Eisenman visitó a Amir Drori, el nuevo director del
departamento de Antigüedades israelí. Drori, en un descuido, le
informó a Eisenman de que estaba a punto de firmar un acuer-

do con el nuevo director de ediciones del equipo, John Strugnell. Según ese acuerdo, el equipo conservaría el monopolio de los rollos. Se anularía la anterior fecha límite de publicación, aceptada por el padre Benoit, predecesor de Strugnell. Todo el material de Qumran aún inédito no tendría que estar publicado en 1993 sino en 1996.[26]

Eso, desde luego, horrorizó a Eisenman. Pero todos los esfuerzos por disuadir a Drori resultaron vanos. Eisenman salió de la entrevista decidido a emplear una estratagema más drástica. La única manera de presionar tanto al equipo internacional como al departamento de Antigüedades, y tal vez impedir que Drori siguiese adelante con el contrato, sería recurrir a la Suprema Corte de Justicia de Israel, que se ocupaba de las injusticias y de las apelaciones de particulares.

Eisenman estudió el asunto con abogados, y llegaron a la conclusión de que se podía persuadir a la Suprema Corte para que interviniese. Pero para lograrlo Eisenman tendría que presentar una prueba de injusticia; tendría que demostrar, preferentemente por escrito, que a un investigador legítimo no se le había permitido el acceso a los rollos. En ese momento no existía ninguna prueba que reuniese esos requisitos, al menos en el sentido legalista que exigiría la Corte. Por supuesto, había otros estudiosos a los que se les había denegado el acceso a los rollos, pero algunos estaban muertos, otros desperdigados por el mundo, y faltaba toda la documentación necesaria. Habría, por lo tanto, que dirigirse a Strugnell con una serie de solicitudes nuevas de acceso a materiales específicos que él, inevitablemente, rechazaría. Ahora que Eisenman tenía los números de catálogo, la tarea resultaría más fácil.

Eisenman no quiso hacer la petición solo. Pensó que sería más impresionante si conseguía el apoyo de algunos colegas. Se puso en contacto con Philip Davies, de Sheffield, quien aceptó apoyarlo en lo que ambos veían sólo como el primer disparo de un largo combate que se libraría en los estrados de la Suprema Corte israelí. El 16 de marzo de 1989 los dos profesores enviaron una carta formal a John Strugnell. Pedían ver determinados fragmentos originales, y fotografías de fragmentos, encontrados en el punto de Qumran designado como cueva 4, y mencionados en la lista impresa que Eisenman había hecho circular. Para excluir todo malentendido, citaban los números de referencia asignados por la lista a los negativos fotográficos. También pedían ver cierta cantidad de rollos con comentarios, o fragmentos de comentarios, relativos al texto primario. Ofrecían pagar todos los gastos que esa petición ocasionase, y prometían no publicar ninguna traducción o transcripción definitivas del material, que sólo utilizarían para sus propias investigaciones. También prometían respetar todos los requisitos habituales de la ley de propiedad intelectual.

En su carta, Eisenman y Davies reconocían el tiempo y la energía empleados por el equipo internacional a lo largo de los años, pero, agregaban, les parecía que el equipo «ya había sido adecuadamente recompensado» al haber disfrutado de un acceso a los materiales de Qumran tan prolongado y exclusivo. Señalaban que treinta y cinco o cuarenta años era tiempo suficiente de espera para que otros investigadores tuviesen las mismas facilidades, sin las cuales «ya no podremos hacer progresos significativos en nuestros esfuerzos». La carta seguía:

Seguramente, el encargo original que recibió usted fue el de publicar esos materiales con la mayor rapidez posible, para beneficio de la comunidad intelectual en su conjunto, no el de controlarlos. Habría sido diferente, quizá, si usted y sus colaboradores hubiesen descubierto los materiales. Pero eso no ocurrió; los materiales les fueron asignados a ustedes, simplemente...

... La situación, tal como está, es extremadamente anormal. Por lo tanto, como estudiosos maduros, en la cima de nuestras fuerzas y habilidades, consideramos una imposición y un abuso que se nos pida seguir esperando para tener libertad de estudio y consulta de esos materiales cuarenta años después de su descubrimiento.[27]

Eisenman y Davies esperaban que Strugnell rechazase su petición. Sin embargo, Strugnell ni siquiera se molestó en contestar. Por lo tanto, el 2 de mayo Eisenman le escribió a Amir Drori, que ese mismo año había renovado el monopolio del equipo internacional, estableciendo el año 1996 como fecha límite de publicación. Eisenman le adjuntó una copia de la carta a Strugnell, mencionando que había sido enviada a las dos direcciones de Strugnell, en Harvard y en Jerusalén. Sobre la falta de respuesta de Strugnell, Eisenman escribió: «Francamente, estamos cansados de que se nos trate con desdén. Este tratamiento arrogante no es en realidad un fenómeno nuevo, sino parte del proceso que se ha estado desarrollando durante veinte o treinta años o más...».[28]

Como Strugnell no autorizaba el acceso al material de Qumran, Eisenman pidió que lo autorizase el propio Drori, ejerciendo una autoridad superior. Luego hizo dos observaciones de especial importancia. Mientras el equipo internacional siguiese controlando los textos de Qumran, no bastaría con limitarse a acelerar la fecha de publicación. Ninguna medida que no incluyese el libre acceso de los investigadores sería satisfactoria: para verificar las conclusiones del equipo internacional, para considerar variaciones de traducción y de interpretación, para descubrir relaciones que el equipo pudiese haber pasado por alto:

No podemos estar seguros... de que hayan agotado todos los posibles fragmentos respecto de un documento determinado o que estén poniendo los fragmentos en el orden correcto. Tampoco podemos estar seguros de que los inventarios sean realmente completos ni de que algunos fragmentos no hayan sido perdidos o destruidos o pasados por alto de algún modo o por algún motivo. Sólo la comunidad interesada de investigadores, trabajando en conjunto, puede asegurar eso.[29]

La segunda observación parecería evidente, al menos en retrospectiva. El equipo internacional insistía en la importancia de la arqueología y la paleografía. Era sobre la base de los supuestamente correctos estudios arqueológicos y paleográficos del equipo, como había explicado Eisenman, como se habían fijado, y aceptado, las fechas de los textos de Qumran. Sin embargo, los textos sólo habían sido sometidos a las pruebas de carbono que se realizaban aproximadamente en la época en que fueron descubiertos los rollos: pruebas muy torpes que consumían mucho material de los manuscritos. Por consiguiente, para no perder demasiado texto, sólo se habían estudiado algunas de las envolturas encontradas en las vasijas. Esos estudios confirmaron una fecha cercana a los comienzos de la era cristiana. Ninguno de los textos había sido examinado con técnicas más recientes, como la del carbono-14, aunque la técnica del carbono-14 ya había sido refinada por otra más nueva, la AMS (Accelerator Mass Spectroscopy). Ahora se perdería poco material en el proceso, y se podría lograr una mayor precisión. Eisenman sugirió por lo tanto que Drori hiciese valer su autoridad para que se realizasen estudios nuevos y modernos. También recomendó que interviniesen especialistas ajenos al equipo para asegurar su imparcialidad. Terminó la carta con una apasionada súplica: «Por favor, tome las medidas necesarias para poner inmediatamente esos materiales a disposición de los estudiosos interesados que los necesitan para emprender sus investigaciones profesionales sin prejuicios y sin distinciones».[30]

Sin duda incitado por Drori, Strugnell, que en ese momento estaba en Jerusalén, contestó finalmente el 15 de mayo. A pesar de que la carta de Eisenman le había sido remitida tanto a la dirección de Harvard como a la de Jerusalén, Strugnell justificó la demora diciendo que le había sido enviada «al país incorrecto».[31]

Según *BAR*, «la arrogante respuesta de Strugnell a la petición de Eisenman muestra una soberbia intelectual y un aire de superioridad académica extraordinarios».[32] En ella se declara «perplejo» de que Eisenman y Davies hayan mostrado su carta a «la mitad del *Quién es Quién* de Israel». Los acusa de no haberse ajustado a «normas aceptables» y se refiere a ellos como «lotófagos», que en el lenguaje mandarín de Strugnell quizá signifique californianos, aunque eso no explica por qué tendría que aplicarse a Philip Davies en Sheffield. Strugnell se las ingenia no sólo para rechazar la solicitud de Eisenman y Davies, sino para esquivar cada uno de los puntos sobresalientes que ellos habían planteado. Les aconseja tomar como ejemplo la manera «como fueron manejadas esas peticiones en el pasado» y seguir los canales naturales... sin tener en cuenta el hecho de que todas esas peticiones «en el pasado» habían sido rechazadas. También se queja de que la lista impresa que Eisenman y Davies habían utilizado para citar números de referencia de negativos fotográficos era vieja y desactualizada. Se olvida de mencionar que esa lista, y no digamos la nueva, había sido inasequible para todos los que no perteneciesen al equipo internacional hasta que Eisenman la puso en circulación.[33]

Eisenman respondió al desplante de Strugnell ventilando la situación todo lo posible. A mediados de 1989 el asunto se había convertido en una *cause célèbre* para los periódicos norteamericanos e israelíes, y en menor grado también había sido recogido por la prensa británica. Eisenman era extensa y repetidamente citado por publicaciones como *New York Times, Washington Post,*

Los Angeles Times, Chicago Tribune, Time Magazine y la canadiense *Maclean's Magazine*. Eisenman insistía en cinco puntos principales:

1. Que toda la investigación de los rollos del mar Muerto estaba siendo injustamente monopolizada por un pequeño enclave de investigadores con intereses creados y manifiestamente parciales.

2. Que sólo un pequeño porcentaje del material de Qumran estaba siendo publicado, y que la mayor parte seguía retenida.

3. Que era engañoso afirmar que había sido publicada la mayor parte de los llamados textos «bíblicos», porque el material más importante consistía en los llamados textos «sectarios»: textos *nuevos*, jamás vistos, muy relacionados con la historia y la vida religiosa del primer siglo.

4. Que después de cuarenta años debería permitirse que todos los estudiosos interesados tuviesen acceso a los rollos.

5. Que se realizasen inmediatamente estudios de AMS carbono-14 en los documentos de Qumran, supervisados por laboratorios e investigadores independientes.

Como era quizá inevitable, una vez que la prensa empezó a tratar el tema de manera sensacionalista, todo degeneró rápidamente; Eisenman fue mal citado un par de veces, y cada parte descargó un aluvión de improperios. Pero detrás de la lucha de personalidades, seguía pendiente el problema central. Como había escrito Philip Davies en 1988:

Cualquier arqueólogo o estudioso que desentierra o encuentra un texto pero no comunica lo que ha descubierto merece que lo encierren por enemigo de la ciencia. Después de cuarenta años no tenemos ni un informe completo y definitivo de las excavaciones ni la publicación completa de los rollos.[34]

5

Política académica
e inercia burocrática

A comienzos de 1989 Eisenman había sido invitado a presentar una ponencia en un congreso sobre los rollos que tendría lugar en la Universidad de Groningen ese verano. El organizador y presidente del congreso era el secretario de la publicación *Revue de Qumran*, el órgano oficial de la École Biblique, la escuela arqueológica francodominica de Jerusalén a la cual la mayoría de los integrantes del equipo internacional pertenecían como miembros o asociados. Por convenio con los participantes, todas las ponencias presentadas en el congreso serían ulteriormente publicadas en la revista. No obstante, antes de realizarse la conferencia, el conflicto de Eisenman con el equipo internacional y la subsiguiente controversia se habían hecho públicos. Desde luego, no era posible retirar la invitación a Eisenman. Se le permitió por lo tanto presentar la ponencia, pero se impidió la publicación de ese trabajo en *Revue de Qumran*.*

---

* El trabajo se publicó posteriormente: véase Eisenman, «Interpreting *Abeit-Galuto* in the Habakkuk Pesher», *Folia orientalia*, xxvii (1990).

132

El presidente del congreso estaba profundamente molesto, le pidió disculpas a Eisenman y le explicó que nada podía hacer: sus superiores, los directores de la publicación, habían insistido en excluir la ponencia de Eisenman.[1] Así, la *Revue de Qumran* se había mostrado no como un foro imparcial de todo el espectro de opinión académica, sino como una especie de portavoz del equipo internacional.

Pero la balanza empezaba lentamente a inclinarse a favor de Eisenman. El *New York Times*, por ejemplo, había observado la disputa desde el principio, y había sopesado los argumentos de las facciones en pugna. El 9 de julio de 1989 dio su veredicto en un editorial titulado «La vanidad de los estudiosos»:

Algunas tareas de investigación, como la compilación de diccionarios, pueden legítimamente llevar toda una vida. Pero en otras, los motivos de demora pueden ser menos nobles: avidez de gloria, orgullo, o apenas simple pereza.

Pensemos en la triste saga de los rollos del mar Muerto, documentos que podrían arrojar una nueva y espectacular luz sobre los comienzos de la historia del cristianismo y sobre la evolución doctrinal del judaísmo.

Los rollos fueron descubiertos en 1947, pero muchos que están en fragmentos continúan inéditos. Más de cuarenta años después de su descubrimiento, una camarilla de investigadores holgazanes continúa postergando la difusión de esos materiales mientras el mundo espera y esas preciosas piezas se convierten en polvo.

Por supuesto, se niegan a que otros vean el material antes de asegurarse su publicación bajo sus propios nombres. El plan de publicaciones de J. T. Milik, un francés responsable de más de cincuenta documentos, es motivo de especial frustración para otros investigadores...

> La arqueología es muy vulnerable a los investigadores que obtienen el control de materiales y luego se niegan a publicarlos.[2]

A pesar de las indecorosas disputas, de los estallidos de amor propio herido, de las ofensas y las bravatas y los enojos, los argumentos de Eisenman empezaban ahora a tener peso, a convencer a la gente. Y había también otro hecho, de comparable importancia. Los «de fuera» —los adversarios del equipo internacional— estaban comenzando a organizarse, a consolidar sus esfuerzos y a organizar congresos propios. En los meses posteriores al editorial del *New York Times*, hubo dos de esos congresos.

El primero fue organizado por el profesor Kapera, de Cracovia, con la ayuda de Philip Davies, y tuvo lugar en Mogilany, Polonia. De ese encuentro salió lo que se conocería como «Resolución de Mogilany», que exigía ante todo dos cosas: que «las autoridades pertinentes» de Israel obtuviesen placas fotográficas de todos los rollos inéditos, y que esas placas fuesen suministradas a Oxford University Press para su inmediata publicación; y que toda la información obtenida por las excavaciones de De Vaux entre 1951 y 1956, gran parte de la cual todavía no había divulgado, fuese ahora publicada en forma definitiva.

Siete meses y medio más tarde se convocó un segundo congreso en el territorio de Eisenman, California State University, Long Beach. Presentaron ponencias varios académicos, incluyendo al propio Eisenman, al profesor Ludwig Koenen y al profesor David Noel Freedman, de la Universidad de Michigan; al profesor Norman Golb, de la Universidad de Chicago, y al profesor James M. Robinson, de la Claremont University, que habían dirigido el equipo responsable de la publicación de los rollos de Nag Hammadi. Se dieron a conocer dos resoluciones: primero, que se publicase inmediatamente una edición facsimilar de todos los manuscritos de Qumran todavía inéditos, un necesario «primer paso en la apertura de la especialidad a todos los investigadores, con independencia de su punto de vista o enfoque»; y segundo, que se crease un banco de datos con los resultados de pruebas con AMS carbono-14 en manuscritos conocidos, para facilitar la datación futura de todos los textos y manuscritos a los que todavía no se les había asignado fecha, estuviesen en papiro, pergamino, códice o cualquier otro material.

Desde luego, ninguna de esas resoluciones, ni la de Mogilany ni la de Long Beach, implicaba obligatoriedad jurídica. Pero en la comunidad académica, y en los medios, tenían un peso considerable. El equipo internacional se encontraba cada vez más a la defensiva y además sus integrantes, aunque lentamente, empezaban a ceder. Por ejemplo, Milik, en plena batalla pública, entregó silenciosamente un texto —el mismo texto que Eisenman y Davies habían solicitado por carta a Strugnell— al profesor Joseph Baumgarten, del Hebrew College de Baltimore. Por supuesto, Baumgarten, que ahora era miembro del equipo internacional, característicamente rehusaba que otros viesen el texto en cuestión. Tampoco Strugnell —que como director del equipo debía autorizar y supervisar esas transacciones— se molestó en informar a Eisenman o a Davies de lo que había ocurrido. Pero el simple hecho de que Milik se desprendiese de material reflejaba un cierto progreso, la sensación de que estaba suficientemente presionado como para renunciar por lo menos a parte de su feudo privado, y con él a parte de su responsabilidad.

Y algo todavía más prometedor: en 1990 Milik entregó un segundo texto, esta vez al profesor James VanderKamm, de la North Carolina State University. VanderKamm, rompiendo con la tradición del equipo internacional, ofreció inmediatamente el material a otros investigadores. «Mostraré las fotografías a todos los que tengan interés en verlas», anunció.[3] No sorprendió a nadie que Milik tachase la conducta de VanderKamm de «irresponsable».[4] VanderKamm entonces retiró la oferta.

Como ya hemos dicho, en la campaña para obtener el acceso libre a los rollos del mar Muerto desempeñó un papel importante la publicación de Hershel Shank, *Biblical Archaeology Review*. Fue *BAR* la encargada de disparar la primera salva de la campaña periodística, cuando en 1985 publicó un largo y duro artículo sobre las demoras en la divulgación del material de Qumran. Y cuando Eisenman obtuvo una copia de la lista de ordenador donde figuraban todos los fragmentos en poder del equipo internacional, filtró el documento a *BAR*, proporcionándole una munición de gran valor. A cambio, *BAR* sólo ansiaba darle publicidad al tema, y ofrecer un ámbito de discusión.

Como también hemos señalado, el ataque de *BAR* estaba dirigido, al menos en parte, al gobierno israelí, al que consideraba tan responsable de las demoras como al propio equipo internacional.[5] Eisenman tuvo cuidado de distanciarse de la postura de *BAR* en cuanto a eso. Consideraba que atacar al gobierno israelí era sencillamente desviar la atención del verdadero problema: la retención de información.

Pero a pesar de esa diferencia de enfoque inicial, la contribución de *BAR* ha sido inmensa. Desde la primavera de 1989, en particular, la revista ha publicado una catarata incesante de artículos dirigidos a las demoras y a las deficiencias del estudio de los materiales de Qumran. La postura básica de *BAR* es que «al fin y al cabo, los rollos del mar Muerto son tesoros públicos».[6] En cuanto al equipo internacional: «El equipo de editores se ha vuelto ahora más un obstáculo para la publicación que una fuente de información».[7] *BAR* en general ha empleado todas sus fuerzas y, por cierto, muchas veces se acerca al límite legal de lo que puede ser publicado. Y aunque Eisenman no haya compartido las ansias de *BAR* de atacar al gobierno israelí, no hay duda de que esos ataques ayudaron a obtener por lo menos algunos resultados.

Así, por ejemplo, se persuadió a las autoridades israelíes para que ejerciesen una cierta autoridad sobre el material de Qumran todavía inédito. En abril de 1989 el Consejo Arqueológico israelí designó una Comisión Supervisora de los Rollos para fiscalizar la publicación de todos los textos de Qumran y asegurar que todos los integrantes del equipo internacional cumplan realmente con las tareas asignadas. Al comienzo, la creación de ese comité quizá haya sido algo así como un remedio cosmético, calculado nada más que para dar la impresión de que se estaba haciendo algo constructivo. Pero en la práctica, como el equipo internacional ha seguido arrastrando los pies, el comité ha ido ocupando cada vez más poder.

Como hemos señalado, el calendario del padre Benoit, según el cual todo el material de Qumran estaría publicado en 1993, fue reemplazado por el nuevo y (al menos teóricamente) más realista calendario de Strugnell, con 1996 como fecha límite de publicación. Eisenman había visto con profundo escepticismo las intenciones del equipo. *BAR* fue más ruidosa. El «calendario sugerido», anunció la revista, era «una trampa y un fraude».[8] No estaba firmado, señaló *BAR*; técnicamente no obligaba a nadie a nada; no preveía la elaboración de informes periódicos ni de pruebas de que el equipo internacional estaba haciendo su trabajo. ¿Qué pasaría, preguntaba *BAR* al departamento de Antigüedades israelí, si no se cumplían las fechas límite estipuladas?

El departamento de Antigüedades no respondió directamente a esta pregunta, pero el 1 de julio de 1989, en una entrevista en *Los Angeles Times*, Amir Drori, director del departamento, expresó lo que podría interpretarse como una amenaza velada: «Por primera vez contamos con un plan, y si alguien no termina su trabajo a tiempo tendremos derecho a entregarle los rollos a algún otro».[9] Pero el propio Strugnell, en una entrevista publicada en *International Herald Tribune*, dejó bien sentada la ligereza con que tomaba esas amenazas. «No manejamos un ferrocarril», dijo.[10] Y en una entrevista de la cadena de televisión ABC fue aún más explícito: «Si no cumplo [la fecha límite] por un margen de uno o dos años, no me preocuparé en absoluto».[11] Milik, mientras tanto, seguía «esquivo», como dijo *Time Magazine*, aunque esa revista logró arrancarle una declaración característicamente arrogante: «El mundo verá los manuscritos cuando yo haya hecho el trabajo necesario».[12]

Exacerbada, y con razón, *BAR* continuó su campaña. En la entrevista de ABC, Strugnell, con humor un poco torpe y con desprecio manifiesto, se había quejado de los recientes ataques que habían sufrido él y sus colegas. «Parece que hemos adquirido un puñado de pulgas —dijo— que están empeñadas en molestarnos.»[13] *BAR* publicó rápidamente una foto nada lisonjera del profesor Strugnell rodeado de «pulgas famosas». Ademas de Eisenman y Davies, estaban entre esas pulgas famosas los profesores Joseph Fitzmyer, de la Catholic University; David Noel Freedman, de la Universidad de Michigan; Dieter Georgi, de la Universidad de Frankfurt; Norman Golb, de la Universidad de Chicago; Z. J. Kapera, de Cracovia; Philip King, del Boston College; T. H. Gaster y Morton Smith, de Columbia, y Geza Vermes, de la Universidad de Oxford. *BAR* invitaba a todos los demás estudiosos bíblicos que quisiesen ser llamados públicamente «pulgas» a que escribiesen a la revista. Esta invitación provocó un torrente de cartas, incluyendo una del profesor Jacob Neusner del Institute for Advanced Study de Princeton, autor de varias obras importantes sobre los orígenes del judaísmo y los años formativos del cristianismo. Hablando de la obra del equipo internacional, el profesor Neusner des-

138

cribió la historia de la investigación de los rollos del mar Muerto como «un fracaso monumental», que él atribuía a «la arrogancia y la vanidad».[14]

En el otoño de 1989 ya habíamos empezado a investigar para este libro y nos habíamos enredado, aunque discretamente, en la controversia. En un viaje a Israel para reunir material y entrevistar a varios estudiosos, Michael Baigent decidió ponerse en contacto con la llamada Comisión Supervisora, que acababa de ser creada para fiscalizar el trabajo del equipo internacional. En teoría la comisión podía ser cualquier cosa. Por un lado, podía ser un «tigre de papel», una manera de institucionalizar la inacción oficial. Pero también podía ofrecer una posibilidad real de quitarle el poder al equipo internacional y ponerlo en manos más diligentes. ¿Serviría la comisión nada más que para maquillar futuras demoras? ¿O poseería autoridad y voluntad para hacer algo constructivo por la situación existente?

Entre los integrantes de la comisión había dos miembros del departamento de Antigüedades israelí: Amir Drori, el jefe del departamento, y la señora Ayala Sussman. Baigent había concertado inicialmente una entrevista con Drori. Pero al llegar al departamento de Antigüedades le recomendaron que hablase en cambio con la señora Sussman, que presidía el subdepartamento a cargo de los propios textos de Qumran. Drori, en otras palabras, estaba muy ocupado. Las actividades de la señora Sussman se centraban más específicamente en los rollos.

El encuentro con la señora Sussman tuvo lugar el 7 de noviembre de 1989. Ella lo consideró clara y quizá comprensiblemente como una molesta invasión en un día ya muy ocupado. Sin dejar de ser escrupulosamente cortés, también se mostró impaciente e imprecisa, dignándose revelar muy pocos detalles y procurando terminar la conversación lo antes posible. Baigent, por supuesto, también fue cortés; pero no tuvo más remedio que ser fastidiosamente porfiado y transmitir la sensación de que estaba dispuesto a esperar todo el día en la oficina, hasta obtener alguna clase de respuesta a sus preguntas. Finalmente, la señora Sussman se rindió.

Las primeras preguntas de Baigent se refirieron a la formación y a los propósitos de la Comisión Supervisora. A esas alturas, la señora Sussman, aparentemente viendo al reportero no como investigador con cierta preparación en el tema sino como un periodista despreocupado que sólo arañaba la superficie de una historia, le confió imprudentemente que la comisión había sido formada para desviar las críticas dirigidas al departamento de Antigüedades. En efecto, Baigent recibió la impresión de que la comisión no tenía verdadero interés en los rollos, que no era más que una especie de tamiz burocrático.

¿Cuál era su papel oficial, preguntó Baigent, y cuánta autoridad ejercía en realidad? La señora Sussman seguía siendo imprecisa. La tarea de la comisión, dijo, era «asesorar» a Amir Drori, director del departamento de Antigüedades, en sus transacciones con el profesor Strugnell, director de todas las publicaciones de material de Qumran. La comisión pensaba, agregó, trabajar estrechamente con Strugnell, Cross y otros miembros del equipo internacional, hacia quienes el departamento de Antigüedades sentía un compromiso. «Algunos de ellos —declaró— han llegado muy lejos en su investigación, y no queremos quitársela de las manos.»[15]

¿Qué pensaba de la sugerencia de *BAR*, preguntó Baigent, y de la resolución adoptada por el congreso de Mogilany dos meses antes, de poner facsímiles o fotografías a disposición de todos los investigadores interesados? El gesto de la señora Sussman fue el de una mujer que tira una carta improcedente en el cesto de los papeles. «Nadie tomó eso demasiado en serio», dijo. Por otra parte, y en tono un poco más tranquilizador, declaró que la nueva agenda, según la cual todos los documentos de Qumran estarían publicados en 1996, era correcta. «Podemos reasignar materiales —subrayó— si, por ejemplo, Milik no cumple con las fechas.»[16] A cada texto en poder de Milik, enfatizó, se le había dado una fecha de publicación dentro del calendario. Al mismo tiempo, reconoció su simpatía por la situación de Strugnell. Su marido, reveló, profesor de estudios talmúdicos, estaba ayudando a Strugnell en la traducción —de 121 líneas— del tan demorado documento «*MMT*».

Para la señora Sussman, todo parecía estar en orden y funcionando aceptablemente. No obstante, su mayor preocupación no parecía ser el material de Qumran, sino la publicidad adversa dirigida al departamento de Antigüedades. Eso la perturbaba profundamente. Los rollos, después de todo, no eran «asunto nuestro». «¿Por qué nos causan problemas? —preguntó, casi quejumbrosa—. Tenemos cosas más importantes de las que ocuparnos.»[17]

Baigent, por supuesto, salió de la entrevista preocupado. En Israel existe el dicho de que si uno quiere sepultar un tema, lo que hay que hacer es crear una comisión para estudiarlo. Como dato histórico, todos los esfuerzos oficiales previos para fiscalizar la obra del equipo internacional habían sido burlados por De Vaux y Benoit. ¿Existía alguna razón para suponer que cambiaría la situación?

Al día siguiente, Baigent se reunió con el profesor Shemaryahu Talmon, uno de los dos investigadores de la Universidad Hebrea que eran también miembros de la Comisión Supervisora. El profesor Talmon resultó verdaderamente simpático: irónico, ocurrente, conocedor de mundo, sofisticado. Además, al revés de la señora Sussman, no sólo parecía tener una visión global del problema, sino que estaba al tanto de las minucias y los detalles, y veía con simpatía manifiesta que investigadores independientes tratasen de acceder al material de Qumran. Por cierto, dijo, él mismo había tenido dificultades en el pasado; no había podido obtener textos originales, y se había visto obligado a trabajar con transcripciones y fuentes secundarias, cuya exactitud, en algunos casos, había resultado dudosa.

«La controversia es el alma de la investigación», declaró el profesor Talmon al comienzo de la entrevista con Baigent.[18] Dejó bien sentado que consideraba su pertenencia a la Comisión Supervisora como una excelente oportunidad para ayudar a cambiar la situación. «Si no es más que una comisión de vigilancia —dijo—, renunciaré.»[19] La comisión, recalcó, tenía que lograr resultados concretos para justificar su existencia. Reconoció los problemas que enfrentaba el equipo internacional: «Los estudiosos siempre trabajan bajo presión y siempre se meten en demasiadas cosas. Una fecha límite no es más que una fecha».[20] Pero, agregó, si determinado investigador tiene en su poder más textos de los que efectivamente podría manejar, deberá pasárselos a otro. La comisión «alentaría» a los investigadores a que hiciesen precisamente eso. De paso, Talmon también mencionó que, según algunos rumores, quedaban todavía fragmentos grandes en los archivos, fragmentos todavía desconocidos y que aún no habían sido asignados. Ese rumor resultaría ser cierto.

Baigent le pidió al profesor Talmon su opinión sobre el escándalo que había provocado la solicitud de Eisenman y Davies para ver ciertos documentos. Talmon dijo que estaba totalmente a favor de que se les permitiese el acceso a ese material. Existía, afirmó, una «necesidad de ayudar a la gente a utilizar información no publicada. Es una exigencia legítima».[21] Los rollos, terminó diciendo, tendrían que estar a disposición de todos los investigadores capacitados interesados en verlos. Al mismo tiempo reconoció que había que superar algunas dificultades técnicas. Esas dificultades, que ahora se empezaban a tener en cuenta, entraban en tres categorías: primero, el ahora anticuado catálogo necesitaba ser revisado y actualizado; segundo, no existía todavía un inventario completo de todos los rollos y fragmentos de rollos, algunos de los cuales todavía no habían sido asignados («la única persona que sabe dónde está cada cosa es Strugnell»); y finalmente, existía una urgente necesidad de una concordancia general, que abarcase todos los textos conocidos.

En cuanto al calendario según el cual todo estaría publicado en 1996, Talmon tenía francamente sus dudas. Aparte de si el equipo internacional podía o no cumplir con sus fechas, se preguntaba si Oxford University Press podría producir tantos volúmenes en un tiempo tan corto. Mirando el calendario, observó que estaba prevista la publicación de no menos de nueve volúmenes entre 1990 y 1993. ¿Podría OUP hacer frente a todo eso? ¿Y podría Strugnell hacerse cargo de la edición de tanto material mientras continuaba con sus propias investigaciones?

Pero si se presentaban esos obstáculos, serían al menos obstáculos legítimos, no imputables a la obstrucción o a la retención deliberada de material. Eran, en realidad, los únicos obstáculos que Talmon estaba dispuesto a tolerar. Eso era verdaderamente tranquilizador. La Comisión Supervisora parecía tener en Talmon un estudioso serio y responsable que entendía los problemas, estaba dispuesto a enfrentarlos y no se dejaría llevar por prejuicios.

Baigent se había enterado de que la Comisión Supervisora se reuniría al día siguiente, a las diez de la mañana. Había por lo tanto organizado un encuentro para las nueve con el profesor Jonas Greenfield, otro integrante de la comisión que pertenecía a la Universidad Hebrea. Le hizo a Greenfield la que ya era una pregunta de rutina: la Comisión Supervisora «¿tendría dientes?». «Nos gustaría que tuviese dientes —respondió Greenfield—, pero tendrán que crecerle.»[22] Como no tenía nada que perder, Baigent decidió poner un gato entre las palomas. Le repitió al profesor Greenfield lo que le había dicho Ayala Sussman: que la comisión había sido formada ante todo para desviar las críticas que recibía el departamento de Antigüedades. Quizá eso provocase alguna reacción.

Y vaya si la provocó. A la mañana siguiente, la señora Sussman llamó por teléfono a Baigent. Sonando un poco nerviosa al principio, explicó que estaba molesta con él por haberle contado al profesor Greenfield que ella había hecho un comentario tan frívolo. No era verdad, protestó. No podía haber dicho semejante cosa. «Tenemos muchos deseos —subrayó— de que esta comisión haga cosas.»[23] Baigent le preguntó si quería que le leyese sus notas; ella dijo que sí y Baigent se las leyó. No, insistió la señora Sussman: «La comisión fue formada para asesorar al departamento [de Antigüedades] sobre asuntos delicados».[24] En cuanto a los comentarios frívolos, ella había creído que hablaba «de modo extraoficial». Baigent respondió que él había concertado originalmente la entrevista con Amir Drori, el director del departamento, para obtener, precisamente, una declaración de la política *oficial* sobre el tema. Drori lo había puesto en manos de la señora Sussman, de quien no tenía ningún motivo para creer que expresase otra cosa que la «línea oficial». La entrevista, por lo tanto, había sido *muy* oficial.

Baigent adoptó entonces un tono más conciliador, y le explicó a la señora Sussman cuáles eran sus motivos de preocupación. La Comisión Supervisora, dijo, era potencialmente lo mejor que había ocurrido durante toda la triste saga de la investigación de los rollos del mar Muerto. Ofrecía, por primera vez, una auténtica posibilidad de desbloquear el camino, de trascender las disputas académicas y asegurar la publicación de textos que tendrían que haberse hecho públicos hacía cuarenta años. Había sido, por lo tanto, muy desconcertante oír que esa oportunidad única podía desperdiciarse, y que la comisión podía no ser otra cosa que un mecanismo burocrático para mantener el statu quo. Por otra parte, terminó diciendo Baigent, lo habían tranquilizado las conversaciones con los profesores Talmon y Greenfield, que habían expresado el deseo indiscutiblemente sincero de que la comisión fuese a la vez activa y eficaz. Ahora la señora Sussman se apresuró a coincidir con sus colegas. «Tenemos muchos deseos de que esto se ponga en marcha —aseguró—. Estamos buscando maneras de lograrlo. Queremos que el proyecto se ponga en marcha lo antes posible.»[25]

Sacudida en parte por la decisión de los profesores Talmon y Greenfield, en parte por el aprieto de la señora Sussman, la Comisión Supervisora mostraba una cierta resolución. Quedaba, sin embargo, la inquietante cuestión planteada por el profesor Talmon: si técnica y mecánicamente Oxford University Press podría producir los volúmenes estipulados ajustándose al calendario de Strugnell. La agenda, ¿habría sido preparada tal vez sabiendo que no se podía cumplir? ¿Sería, quizá, otra táctica para demorar las cosas absolviendo al mismo tiempo de culpa al equipo internacional?

Al regresar al Reino Unido, Baigent llamó por teléfono a la editora de Strugnell en Oxford University Press. ¿Era factible el plan acordado?, preguntó. Los dieciocho volúmenes de *Discoveries in the Judaean Desert,* ¿podían ser preparados entre 1989 y 1996? Si fuera posible oír la palidez por teléfono, eso es lo que habría oído Baigent. «No parece muy probable», respondió la editora de Strugnell. Informó que acababa de celebrar una reunión con Strugnell. También acababa de recibir un fax del departamento de Antigüedades israelí. Se aceptaba, en términos generales, que «las fechas eran muy imprecisas. Cada fecha fue tomada con un grano de sal. No podríamos ocuparnos de más de dos o tres volúmenes por año, en el mejor de los casos».[26]

Baigent le dijo que tanto el departamento de Antigüedades como la «Comisión Supervisora» estaban preocupados por el cumplimiento del calendario estipulado. «Tienen razón en preocuparse por las fechas», contestó la editora de OUP.[27] Luego dijo algo que sonó muy parecido a un deseo de quitarse de encima todo el proyecto. OUP, dijo, no sentía la necesidad de exigir que se le reservase la serie completa. ¿Habría, tal vez, otras editoriales —universitarias o no— interesadas en hacer coediciones? Ni siquiera tenía la certeza de que OUP cubriese los costos de cada volumen.

Durante los últimos cuatro meses de 1990, empezaron a ocurrir, con creciente ímpetu, hechos relacionados con el equipo internacional. Las críticas de estudiosos a los que se les había denegado el acceso al material de Qumran recibían cada vez más publicidad, y aparentemente el gobierno israelí respondió a la presión que iba en aumento. Esa presión fue reforzada por un artículo publicado en noviembre en *Scientific American*, un artículo que condenaba con ferocidad las demoras y la situación general, y otorgaba a los investigadores independientes un espacio donde expresar sus quejas.

A mediados de noviembre se anunció que el gobierno israelí había nombrado a un estudioso de los rollos del mar Muerto, Emmanuel Tov, «codirector de publicaciones» del proyecto de traducción y edición del corpus completo del material de Qumran. Aparentemente esa designación se hizo sin consultar al existente director de publicaciones, John Strugnell, que según los rumores se opuso. Pero en ese momento Strugnell estaba enfermo, hospitalizado, y no se encontraba en condiciones de expresar su opinión ni, por lo que parece, de organizar una oposición seria. Además, a esas alturas, hasta antiguos colegas suyos, como Frank Cross, estaban empezando a distanciarse de él y a criticarlo públicamente.

Había también otras razones para esa sucesión de acontecimientos. A principios de noviembre, desde su centro de operaciones de la École Biblique, Strugnell había concedido un reportaje a un periodista de *Ha Aretz*, un importante periódico de Tel Aviv. El contexto preciso de sus declaraciones no resulta del todo claro por el momento, pero las propias declaraciones, tal como las reprodujo la prensa mundial, no parecen precisamente calculadas para granjearse las simpatías de las autoridades israelíes, y muestran, para un hombre de la categoría de Strugnell, lo que sólo se puede describir como una llamativa falta de tacto. Según el *New York Times* del 12 de diciembre de 1990, Strugnell —un protestante convertido al catolicismo— dijo del judaísmo: «Es una religión horrible. Es una herejía cristiana, y nosotros tenemos varias maneras de castigar a nuestros herejes». Dos días más tarde, el *Times* publicó más declaraciones de Strugnell: «Pienso que el judaísmo es una religión racista, algo muy primitivo. Lo que me preocupa del judaísmo es la propia existencia de los judíos como grupo...». Según el *Independent* de Londres, Strugnell también dijo que la «solución» —ominosa palabra— para el judaísmo era «una conversión masiva al cristianismo».

Desde luego, esos comentarios no tenían, en sí mismos, ninguna relación con la investigación de los rollos del mar Muerto, ni con la negativa a mostrar el material de Qumran a otros estudiosos ni con la demora en su publicación. Pero no hacían mucho por aumentar la credibilidad de un hombre responsable de la traducción y publicación de antiguos textos judaicos. Como era de esperar, sobrevino un gran escándalo. Ese escándalo fue cubierto por los periódicos británicos. Fue noticia de primera plana en periódicos de Israel, Francia y Estados Unidos. Los antiguos colegas de Strugnell, con la mayor elegancia pero también con la mayor prisa posible, procuraron repudiarlo. A mediados de diciembre se anunció que había sido retirado de su cargo, decisión en la que aparentemente habían coincidido sus antiguos colegas y el gobierno israelí. Demoras de publicación y problemas de salud fueron citados como factores que habían contribuido a su retiro.

Segunda parte

Los representantes del Vaticano

6

La embestida de la ciencia

Hasta ahora, este libro se ha referido a los «malos de la película» como «el equipo internacional». Pero cuando conversábamos con Robert Eisenman y con otros, ellos aludían a menudo a la École Biblique, la escuela arqueológica francodominica de Jerusalén. En realidad, se utilizaba con frecuencia, de modo indistinto, «equipo internacional» y École Biblique; y también Allegro, en sus cartas, se refería al equipo internacional como «la pandilla de la École Biblique». Nos preguntamos por qué se hacía constantemente esa asociación. ¿Por qué se trataba al equipo internacional y a la École Biblique como si fueran la misma cosa? ¿Qué relación había entre ellos? Esa relación, ¿estaba oficialmente delineada y definida? El equipo internacional, ¿era «oficialmente» adjunto de la École Biblique? ¿O las coincidencias entre ellos eran tan grandes que volvían superflua cualquier distinción? Intentamos, con algunos consejos y pistas proporcionados por Eisenman, clarificar el asunto.

Como hemos señalado, el equipo internacional fue dominado desde el principio por el padre De Vaux, entonces director de la École Biblique, y por su íntimo amigo y discípulo, el entonces padre Milik. Como se quejaba Allegro, ambos hombres se arrogaban el derecho de ser los primeros en ver todos los textos que llegaban: «Todos los fragmentos son llevados en primer lugar a De V. o a Milik, y... se guarda un completo secreto sobre su contenido hasta después de haber sido estudiados por este grupo».[1] Hasta Strugnell declaró que cuando llegaba material nuevo, Milik se precipitaba sobre él diciendo que entraba en los parámetros de su tarea particular.[2]

No resulta por tanto nada sorprendente que Milik terminase con la parte del león del material más importante, especialmente del polémico material «sectario». Facilitó la creación de ese monopolio el hecho de que residiese permanentemente en Jerusalén en esa época, junto con dos de sus incondicionales defensores, De Vaux y el padre Jean Starcky. El padre Skehan, aunque no residía de modo permanente en Jerusalén, se puso del lado de este triunvirato. Lo mismo hizo el profesor Frank Cross, a quien de todos modos le habían asignado material «bíblico» antes que «sectario». Allegro, por supuesto, desempeñaba el papel del rebelde, pero entorpecía su oposición el hecho de que residiese en Jerusalén sólo de manera intermitente. De todos los que residían en Jerusalén durante el período crucial de la excavación, la compra de material, la asignación de textos y la clasificación de fragmentos, sólo el joven John Strugnell (que de todos modos muy difícilmente hubiese desafiado a De Vaux) no era católico... y más tarde se convirtió. Todos los demás eran, de hecho, sacerdotes católicos que dependían de —y residían en— la École Biblique. Entre los demás integrantes actuales del equipo o autores relacionados con el área de estudios de Qumran que trabajan en la École, están el padre Émile Puech y el padre Jerome Murphy-O'Connor.

No fue sólo en virtud de estar en el sitio justo por lo que ese cónclave católico llegó a dominar la investigación de Qumran. Tampoco fue, por cierto, en virtud de una excepcional preeminencia en la especialidad. En realidad no faltaban investigadores por lo menos igualmente competentes y calificados que, como hemos señalado, fueron excluidos. Un factor determinante fue la propia École Biblique, que sistemáticamente se encargó de establecer para sí misma, como institución, una posición de incomparable preeminencia. La École tenía, por ejemplo, su propia publicación, *Revue Biblique,* dirigida por De Vaux, que publicó en sus páginas algunos de los más importantes e influyentes artículos iniciales sobre Qumran: artículos que llevaban el sello de la autoridad que da el conocimiento directo. Y en 1958, la École lanzó una segunda publicación, *Revue de Qumran,* dedicada exclusivamente a los rollos del mar Muerto y a temas afines. Por lo tanto, la École controlaba oficialmente los dos más destacados y prestigiosos foros de discusión de los materiales de Qumran. Los editores de la École podían aceptar o rechazar artículos según su criterio, y estaban por lo tanto en situación de ejercer una influencia decisiva sobre todo el curso de la investigación de Qumran. Esta situación se inauguró junto con el comienzo de los estudios.

Además de las publicaciones, la École creó una biblioteca especial de investigación, orientada específicamente hacia los estudios de Qumran. Se compiló un índice que documentaba cada libro, cada artículo académico, cada noticia de periódico o de revista sobre los rollos del mar Muerto publicados en cualquier parte del mundo. Todas las publicaciones sobre el tema eran reunidas y clasificadas por la biblioteca, que no estaba abierta al público en general. Aunque una porción del material secreto, no clasificado y aún no asignado se guardaba en la École, la mayor parte estaba alojada en el Museo Rockefeller. Sin embargo, el Rockefeller estaba reducido a la simple condición de «taller». La École era el «cuartel general», las «oficinas», la «escuela y el «centro neurálgico». Así, la École se las ingenió para consolidarse como el centro de facto y generalmente reconocido de todos los estudios de Qumran, el foco de toda investigación legítima y académica respetable de la especialidad. El «sello de aprobación» de la École podía, en realidad, asegurar, certificar y garantizar la reputación de un investigador. Negar esa aprobación equivalía a destruir la credibilidad del estudioso en cuestión.

Oficialmente, por supuesto, se suponía que los estudios organizados por la École eran no sectarios, independientes, imparciales. La École mostraba al mundo una fachada de «objetividad científica». Pero ¿podía en realidad esperarse semejante «objetividad» por parte de una institución dominica con intereses católicos creados que proteger? «Mi fe no tiene nada que temer de mis investigaciones», le dijo una vez De Vaux a Edmund Wilson.[3] Claro que no, pero no era ésa la verdadera cuestión. La verdadera cuestión era si sus investigaciones, y la fiabilidad de esas investigaciones, tenían algo que temer de su fe.

A medida que fuimos conociendo la situación, empezamos a preguntarnos si en verdad se estaban haciendo las preguntas correctas, si en verdad se estaban repartiendo adecuadamente las culpas. *Biblical Archaeology Review,* por ejemplo, se había centrado en apuntar al gobierno israelí como principal culpable. Pero si de algo era culpable el gobierno israelí, era de un entendible pecado de omisión. En virtud del éxito de John Allegro al persuadir al gobierno jordano de que nacionalizase el Museo Rockefeller,[4] y de las circunstancias políticas y militares —la guerra de los Seis Días y sus consecuencias—, Israel se encontró de pronto, como hecho consumado, dueño del lado oriental de la Jerusalén árabe, donde estaban situados el Museo Rockefeller y la École Biblique. Así, como «botín de guerra», los rollos del mar Muerto pasaron a ser de facto propiedad israelí. Pero Israel en ese momento luchaba por su propia supervivencia. En la confusión del momento, había asuntos más urgentes que tratar que solucionar disputas de investigadores o rectificar injusticias académicas. Tampoco podía Israel aislarse más de la escena internacional enemistándose con un grupo de investigadores prestigiosos y provocando de ese modo la reacción de la comunidad intelectual, además, tal vez, de la reacción del Vaticano. Por consiguiente, el gobierno israelí había adoptado la oportuna decisión de no hacer nada, de sancionar implícitamente el statu quo. Al equipo internacional sólo se le pidió que continuase con su trabajo.

Era más correcto, por supuesto, atribuirle la responsabilidad al propio equipo internacional, cosa que no habían vacilado en hacer varios comentaristas. Pero los motivos que se les atribuían a los integrantes del equipo ¿eran del todo exactos? ¿Se trataba sólo de lo que el *New York Times* llamaba «vanidad de los estudios», y el profesor Neusner, en *BAR,* «arrogancia y presunción»?[5] Esos factores desempeñaban sin duda un papel. Pero la verdadera cuestión era una cuestión de responsabilidad. En el fondo, ¿ante quién *respondía* el equipo? En teoría tendrían que responder ante sus pares, ante los demás estudiosos. Pero ¿era ése el caso? En realidad, el equipo internacional no parecía reconocer otra autoridad que la École Biblique. Y ¿ante quién respondía la École Biblique? Aunque él mismo no había investigado el asunto, Eisenman nos sugirió, cuando fuimos a pedirle información, que estudiásemos la relación que había entre la École y el Vaticano.

Hablamos con otros estudiosos de la especialidad, algunos de los cuales habían condenado públicamente el «escándalo». Resultó que ninguno de ellos había pensado en investigar los antecedentes de la École Biblique y sus lealtades oficiales. Sabían, por supuesto, que la École era católica, pero no sabían si tenía alguna relación directa o formal con el Vaticano. El profesor Davies, de Sheffield, por ejemplo, confesó que le despertaba curiosidad la pregunta. Ahora que lo pensaba, dijo, le llamaba la atención la frecuencia con que se protegía a la École de las críticas.[6] Según el profesor Golb, de la Universidad de Chicago, «la gente insinúa… que hay relación» entre la École y el Vaticano. «Hay muchos hechos —dijo— que encajan en la teoría [de la relación].»[7] Pero, al igual que sus colegas, no había profundizado más en el asunto.

Dada la dominación indiscutible de la École sobre la investigación de los materiales de Qumran, nos pareció de especial importancia averiguar la orientación oficial de la institución, sus actitudes, sus lealtades y ante quién respondía. Aquí, resolvimos, había algo que nosotros podíamos investigar en detalle. El resultado significó una gran revelación, no sólo para nosotros sino para otros investigadores independientes.

A fines del siglo XX uno daba más o menos por sentados los procedimientos y la metodología de la investigación histórica y arqueológica. Pero hasta mediados del siglo XIX, la investigación histórica y arqueológica, tal como la entendemos hoy, sencillamente no existía. No existían métodos o procedimientos aceptados; no existía ninguna disciplina o formación coherente; no existía verdadera conciencia de que esa investigación constituía en todos los sentidos una forma de «ciencia» que exigía el rigor, la «objetividad», el abordaje sistemático de toda ciencia. La «especialidad», en esa situación, existía no como una esfera de estudio académico formal, sino como un alegre coto de caza de eruditos —y a veces no tan eruditos— aficionados. El territorio estaba todavía demasiado inexplorado para admitir cualquier cosa que pudiese recibir el nombre de «profesionalismo».

Así, por ejemplo, a principios del siglo XIX los europeos ricos que emprendían la «gran gira» podían hurgar y revolverlo todo en busca de artefactos griegos o romanos y llevárselos al *château, schloss* o *country house.* Algunos, buscando antigüedades, se aventuraban más lejos, y cavaban agujeros en todo el fértil terreno del vasto y agonizante Imperio otomano. Esas iniciativas no equivalían a nada que pudiese llamarse arqueología, sino a cacerías de tesoros. Se consideraba menos importante el conocimiento del pasado que el botín que se le podía arrancar a ese pasado; y los fondos para el pillaje eran proporcionados por diversos museos que buscaban estatuas grandes y espectaculares para exhibirlas. La demanda pública de ese tipo de reliquias era considerable. Las multitudes acudían en tropel a los museos a ver los últimos trofeos, y la prensa popular hacía su negocio. Pero los propios trofeos servían más para inspirar la imaginación, y las conjeturas de la imaginación, que para alguna forma de método científico. *Salambó,* de Flaubert, por ejemplo, publicada en 1862, representa una extraordinaria hazaña de «arqueología literaria», un grandioso esfuerzo imaginativo por reconstruir, con meticulosa precisión científica, el esplendor de la antigua Cartago. Pero la propia ciencia aún no había alcanzado los objetivos estéticos de Flaubert. Desde luego, ningún historiador había intentado nunca utilizar datos científicos o arqueológicos para revivir tan intensamente la antigua Cartago.

Hasta mediados del siglo XIX, lo que pasaba por ser arqueología era, muy a menudo, una actividad bastante lamentable. Pinturas murales, esculturas y otros artefactos se desintegraban visiblemente ante la aturdida mirada de sus descubridores, que, por supuesto, no tenían ningún concepto real de la conservación. Estatuas de incalculable valor eran demolidas en busca de algún supuesto tesoro escondido en su interior. O se las cortaba en fragmentos para facilitar su transporte, y luego se perdían cuando los barcos que las transportaban se hundían. Si se practicaba alguna forma de excavación sistemática, a esa excavación todavía no se la había asociado con la historia, con el principio de iluminar el pasado. Los propios excavadores carecían del conocimiento, la habilidad y la tecnología para sacar provecho de sus descubrimientos.

El reconocido «padre de la arqueología moderna» fue Heinrich Schliemann (1822-1890), nacido en Alemania y naturalizado ciudadano norteamericano en 1850. Desde su juventud, Schliemann había sido un apasionado admirador de la *Ilíada* y la *Odisea* de Homero. Estaba firmemente convencido de que esas epopeyas no eran «meras fábulas», sino historia disfrazada de mito, crónicas quizá infladas hasta llevarlas a un plano legendario pero que sin embargo se referían a hechos, personas y lugares que en otra época habían existido de verdad. La guerra de Troya, insistía Schliemann ante las burlas y el escepticismo de sus contemporáneos, era un hecho de realidad histórica. Troya no era simplemente un producto de la imaginación de un poeta. Por el contrario, en otro tiempo había sido una ciudad «verdadera». Uno podía utilizar la obra de Homero como una especie de mapa. Uno podía identificar ciertos rasgos geográficos y topográficos reconocibles. Uno podía computar a qué velocidades aproximadas se viajaba en aquellos tiempos y calcular la distancia que separaba los puntos citados por Homero. De este modo, concluía Schliemann, uno podía volver a trazar el itinerario de la flota griega de la *Ilíada* y localizar el verdadero sitio histórico de Troya. Después de realizar los cálculos imprescindibles, Schliemann quedó firmemente convencido de que había encontrado «la X que señalaba el sitio».

Después de acumular una fortuna en el comercio, Schliemann se embarcó en lo que sus contemporáneos consideraban una empresa quijotesca: emprender la excavación a gran escala de la «X» que había localizado. En 1868 fue a Grecia y procedió, utilizando como guía un poema que tenía dos milenios y medio, a recorrer la supuesta ruta de la flota griega. Al llegar al que él consideró el sitio adecuado, en Turquía, empezó a cavar. Y para consternación, asombro y admiración del mundo, Schliemann descubrió Troya… o, al menos, una ciudad que se ajustaba a la descripción que Homero hacía de Troya. En realidad, Schliemann encontró varias ciudades. En cuatro campañas de excavación destapó no menos de nueve, cada una superpuesta a la que había sido su predecesora. Tampoco, después de ese espectacular éxito inicial, se limitó a Troya. Unos cuantos años más tarde, entre 1874 y 1876, excavó en Micenas, Grecia, donde sus descubrimientos fueron considerados quizá más importantes todavía que los realizados en Turquía.

Schliemann demostró triunfalmente que la arqueología podía hacer algo más que probar o refutar la validez histórica que subyace en las leyendas arcaicas. También demostró que podía agregar carne y sustancia a las a menudo escuetas y austeras crónicas del pasado: darles un contexto reconociblemente humano y social, una matriz de la vida diaria y las costumbres que le permitía a uno comprender la mentalidad y el ambiente de donde provenían. Además, demostró la aplicabilidad del método y los procedimientos científicos estrictos, de la cuidadosa observación y registro de datos. Para estudiar las nueve ciudades superpuestas de Troya, Schliemann empleó las mismas técnicas que desde hacía poco se empleaban en los estudios geológicos. Esas técnicas le permitieron llegar a una conclusión que para la mente moderna parece evidente: que a un estrato de depósitos se lo distingue de otros por la premisa básica de que el más profundo es el más antiguo. Así, Schliemann se convirtió en el pionero de la disciplina arqueológica conocida como «estratigrafía». Casi solo, revolucionó el pensamiento y la metodología arqueológicos.

Desde luego, pronto se admitió que el enfoque científico de Schliemann podría aplicarse fácilmente a la arqueología bíblica. En 1864, cuatro años antes del descubrimiento de Troya, sir Charles Wilson, entonces capitán de los Royal Engineers, había sido enviado a Jerusalén a inspeccionar la ciudad y preparar un mapa definitivo. En el curso de su trabajo, Wilson se convirtió en el primer investigador que excavaba y exploraba debajo del Templo, donde descubrió lo que se creyó que eran las caballerizas de Salomón. Sus esfuerzos lo inspiraron para ayudar a cofundar el Fondo de Exploración Palestino, cuyo patrocinador no fue otro que la propia reina Victoria. Al principio, esa organización trabajó con característica falta de coordinación. Pero en la reunión anual de 1886, Wilson anunció que «algunos de los hombres ricos de Inglaterra estarían dispuestos a seguir el ejemplo del doctor Schliemann» y aplicar su enfoque científico a un lugar bíblico específico.[8] Se le confió la empresa a un eminente arqueólogo que entonces estaba trabajando en Egipto, William Matthew Flinders Petrie. Adoptando los métodos de Schliemann, Flinders Petrie, luego de dos falsos comienzos, descubrió un montículo que contenía las ruinas de once ciudades superpuestas.

Durante su trabajo en Egipto, Flinders Petrie había desarrollado otra técnica de datación de ruinas antiguas, basada en una pauta de evolución y cambio de forma, diseño y adorno de los cacharros de uso familiar. Eso le permitió determinar una secuencia cronológica no sólo de los propios artefactos sino de los escombros que los rodeaban. El enfoque de Petrie, aunque no infalible, llevó otra manifestación de la metodología y la observación científicas al campo de la investigación arqueológica. Se convirtió en uno de los procedimientos habituales empleados por su equipo en Palestina: un equipo en el que, en 1926, ingresó el joven Gerald Lankester Harding. Como hemos señalado, Harding, con el tiempo director del departamento de Antigüedades jordano, desempeñaría un papel decisivo en las primeras excavaciones y recopilaciones de los rollos del mar Muerto.

Mientras los arqueólogos británicos que trabajaban en Egipto y Palestina seguían los pasos de Schliemann, los alemanes refinaron y ampliaron sus procedimientos. La arqueología alemana se esforzó por hacer en la realidad lo que Flaubert, en *Salambó*, había hecho en la ficción: recrear, hasta el detalle más insignificante, todo el medio ambiente y la sociedad de los que provenían artefactos arqueológicos específicos. No es necesario agregar que era un proceso lento, laborioso, que exigía mucho cuidado y una paciencia inagotable. No sólo suponía la excavación de «tesoros» o de estructuras monumentales. También suponía la excavación y reconstrucción de edificios administrativos, comerciales y residenciales. Utilizando este enfoque, Robert Koldeway, entre 1899 y 1913, excavó las ruinas de Babilonia. De su trabajo emergió un cuadro coherente y minuciosamente detallado de lo que hasta entonces había sido prácticamente una «civilización perdida».

Los adelantos arqueológicos del siglo XIX provinieron en gran parte del examen crítico que Schliemann hizo de las epopeyas de Homero, de su insistencia metodológica científica en separar el hecho de la ficción. Era, por supuesto, sólo cuestión de tiempo que se aplicase a las Sagradas Escrituras el mismo examen riguroso. El hombre que tuvo más responsabilidad en ese proceso fue el teólogo e historiador francés Ernest Renan. Nacido en 1823, Renan inició la carrera sacerdotal, matriculándose en el seminario de St.-Sulpice. Pero en 1845 renunció a esa vocación, tras haber sido inducido, por la escuela bíblica germánica, a cuestionar la verdad literal de las enseñanzas cristianas. En 1860, Renan emprendió un viaje arqueológico a Palestina y Siria. Tres años más tarde publicó su famoso (o célebre) libro *Vida de Jesús,* que fue traducido al inglés al año siguiente. El libro de Renan intentaba desmitificar el cristianismo. Describía a Jesús como «un hombre incomparable», pero hombre al fin —un personaje eminentemente mortal y no divino—, y formulaba una jerarquía de valores que hoy llamaríamos una forma de «humanismo secular». Renan no era un oscuro académico ni un dudoso sensacionalista. Por el contrario, era una de las figuras intelectuales más estimadas y prestigiosas de su época. Por consiguiente, *Vida de Jesús* produjo uno de los vuelcos más grandes de la historia del pensamiento del siglo XIX. Quedó entre la media docena de libros de mayor éxito de todo el siglo, y desde entonces no ha dejado de circular. Para las «clases educadas» de la época, Renan fue un nombre tan conocido como lo pueden ser hoy Freud o Jung; y, al no haber televisión, quizá se lo leyó mucho más. De un solo plumazo, *Vida de Jesús* cambió de manera decisiva las actitudes hacia el conocimiento bíblico. Y durante sus siguientes treinta años de vida, Renan seguiría siendo una espina en el flanco de la Iglesia, publicando ulteriores obras sobre los apóstoles, sobre Pablo y sobre el cristianismo primitivo en el contexto del pensamiento y la cultura romanos. Escribió dos series épicas de textos, *Histoire des origines du christianisme* (1863-1883) e *Historia del pueblo de Israel* (1887-1893). No es una exageración decir que Renan liberó de la botella a un genio que el cristianismo no ha podido desde entonces recobrar o domesticar.

Al mismo tiempo, desde luego, Roma recibía también bofetadas desde otras partes. Cuatro años antes de *Vida de Jesús*, Charles Darwin había publicado *El origen de las especies,* al que había agregado en 1871 *El origen del hombre,* obra de orientación más teológica que cuestionaba la versión bíblica de la creación. Después de Darwin vino la gran era del agnosticismo inglés, ejemplificado por Thomas Huxley y Herbert Spencer. Filósofos influyentes y muy leídos —Schopenhauer, por ejemplo, y en especial Nietzsche— desafiaban, e incluso demolían blasfemamente, los supuestos éticos y teológicos convencionales cristianos. Bajo la doctrina de «*l'art pour l'art*», las artes se consolidaban como una religión independiente, ocupando el territorio sagrado al que cada vez más la religión organizada parecía haber renunciado. Bayreuth se convirtió, en realidad, en el templo de un nuevo culto, de un nuevo credo; y los europeos cultos consideraban que era tan aceptable ser «wagneriano» como ser cristiano.

La Iglesia también sufría ataques políticos ininterrumpidos. En 1870-1872, la demoledora victoria de Prusia en su guerra contra Francia y la creación del nuevo Imperio germano originaron, por primera vez en la historia moderna, una potencia militar suprema en Europa que no debía ninguna lealtad a Roma. Lo poco que el nuevo imperio tenía de cristiano era luterano; pero la Iglesia luterana era en realidad poco más que una rama del Ministerio de la Guerra. Y lo más traumático de todo, el ejército partisano de Garibaldi había logrado, en 1870, la unificación de Italia: había capturado Roma, había arrebatado los Estados Pontificios y todos los demás territorios de la Iglesia y reducido el catolicismo a la condición de potencia no secular.

Asediada por las embestidas de la ciencia, de la filosofía, de las artes y de fuerzas políticas seculares, Roma se veía más afectada que nunca desde los comienzos de la Reforma luterana tres siglos y medio antes. Respondió con una serie de medidas defensivas desesperadas. Buscó —en vano, se supo— la lealtad política de fuerzas católicas, o nominalmente católicas, como el Imperio de los Habsburgo. El 18 de julio de 1870, después del voto del Concilio Vaticano I, el papa Pío IX —caracterizado por Metternich como «cálido de corazón, débil de carácter y totalmente falto de sentido común»[9]— promulgó el dogma de la infalibilidad papal.[10] Y para contrarrestar los estragos causados a las Escrituras por Renan y la escuela bíblica alemana, la Iglesia

empezó a equipar sus propios cuadros con meticulosos eruditos: «tropas de asalto» intelectuales, de élite, que supuestamente
se enfrentarían a los adversarios del catolicismo en su propio
terreno. Así surgió el Movimiento Modernista Católico.

Los modernistas estaban originalmente destinados a desplegar
el rigor y la precisión de la metodología germánica no para cuestionar las Sagradas Escrituras sino para respaldarlas. Una generación de clérigos expertos fue laboriosamente adiestrada y preparada para dotar a la Iglesia de una especie de fuerza expedicionaria, un cuerpo formado específicamente para defender la
verdad literal de la Biblia con toda la artillería pesada del más
moderno arsenal crítico doctrinario. Pero, para disgusto y mor-
tificación de Roma, el programa se le volvió en contra. Cuanto
más se esforzaba por armar a los clérigos más jóvenes con las
herramientas indispensables para combatir en el polémico rue-
do moderno, más empezaban a desertar esos mismos clérigos
de la causa para la que habían sido reclutados. El examen crítico de la Biblia revelaba una multitud de inconsistencias, discre-
pancias e implicaciones que eran decididamente perjudiciales
para el dogma romano. Los propios modernistas empezaron en
seguida a subvertir lo que supuestamente debían defender.

Así, por ejemplo, Alfred Loisy, uno de los más eminentes y
prestigiosos modernistas, se preguntó públicamente cómo, a la luz
de los recientes estudios de la historia y la arqueología bíblicas,
podían justificarse todavía muchas de las doctrinas de la Iglesia.
«Jesús proclamó el advenimiento del Reino —declaró Loisy—,
pero lo que vino fue la Iglesia.»[11] Loisy sostenía que muchos
aspectos del dogma se habían cristalizado como reacciones históricamente condicionadas ante hechos específicos, en lugares y
épocas específicos. Por consiguiente, no había que verlos como

verdades fijas e inmutables sino, en el mejor de los casos, como símbolos. Según Loisy, ya no se podían sostener principios básicos de la doctrina cristiana como el parto virginal de María y la divinidad de Jesús.

Roma, al intentar desempeñar el papel de Frankenstein, había creado un monstruo en su propio laboratorio. En 1903, poco antes de su muerte, el papa León XIII creó la Comisión Bíblica Pontificia, para supervisar y controlar los estudios católicos de las Sagradas Escrituras. Más tarde, ese mismo año, Pío X, sucesor de León XIII, puso las obras de Loisy en el Índice de libros prohibidos del Santo Oficio. En 1904 el nuevo papa promulgó dos encíclicas que se oponían a todo estudio que cuestionase los orígenes y la historia primitiva del cristianismo. Todos los maestros católicos sospechosos de «tendencias modernistas» fueron sumariamente despedidos de sus puestos.

Pero los modernistas, que constituían el enclave más culto, más erudito y articulado de la Iglesia, contraatacaron sin vacilar. Los apoyaron pensadores eminentes, distinguidas figuras culturales y literarias. En Italia, una de esas figuras fue Antonio Fogazzaro. En 1896, Fogazzaro había sido elegido senador. Estaba también considerado como «el principal católico laico de su época» y, al menos para sus contemporáneos, como el más grande novelista que había dado Italia desde Manzoni. En *Il santo*, publicado en 1905, Fogazzaro escribió: «La Iglesia católica, que se llama a sí misma la fuente de la verdad, se opone hoy a la búsqueda de la verdad cuando sus cimientos, los libros sagrados, las fórmulas de sus dogmas, su supuesta infalibilidad, pasan a ser objetos de estudio. Para nosotros, eso significa que ya no tiene fe en sí misma».[12]

No hace falta decir que la obra de Fogazzaro fue rápidamente puesta en el Índice. Y la campaña de la Iglesia contra el movimiento que había promovido y alimentado se intensificó.

En julio de 1907, el Santo Oficio publicó un decreto condenando oficialmente los esfuerzos modernistas por cuestionar la doctrina católica, la autoridad papal y la veracidad histórica de los textos bíblicos. Menos de dos meses más tarde, en septiembre, el modernismo fue en efecto declarado una herejía, y se prohibió formalmente el movimiento. El número de libros puestos en el Índice creció brusca y espectacularmente. Se estableció una censura mucho más rigurosa. Comisarios clericales controlaban la enseñanza con una rigidez doctrinal desconocida desde la Edad Media. Finalmente, en 1910, se emitió un decreto que exigía a todos los católicos dedicados a la enseñanza o a la predicación realizar un juramento por el que renunciaban a «todos los errores del modernismo». Varios escritores modernistas fueron excomulgados. Hasta se prohibió que los estudiantes de seminarios y de colegios teológicos leyesen periódicos.

Pero en la década de 1880 todo esto quedaba todavía en el futuro. Entre los jóvenes clérigos modernistas de la década de 1880 reinaba una ingenua credulidad y optimismo, una fervorosa convicción de que la investigación metodológica tanto histórica como arqueológica habría de confirmar, antes que contradecir, la verdad literal de las Sagradas Escrituras. La École Biblique et Archéologique Française de Jérusalem —que más tarde dominaría el estudio de los manuscritos del mar Muerto— tenía sus raíces en la primera generación del modernismo, antes de que la Iglesia comprendiese cuán cerca había estado de subvertirse. Se originó en 1882, cuando un monje dominico francés que había ido en peregrinación a Jerusalén resolvió fundar allí una misión dominica, que consistía en una iglesia y un monasterio. Escogió un lugar en la carretera de Nablus, donde las excavaciones habían descubierto los restos de una antigua iglesia. Según la tradición, era exactamente allí donde había sido lapidado san Esteban, considerado el primer mártir cristiano.

Roma no sólo aprobó la idea sino que la adornó y la agrandó. El papa León XIII sugirió que también se crease allí una escuela bíblica. Esa escuela fue fundada en 1890 por el padre Albert Lagrange y abrió en 1892, con alojamiento para quince estudiantes residentes. Esa instalación fue una de las diversas instituciones creadas en la época para dotar a los especialistas católicos de la pericia académica necesaria para defender su fe de la amenaza que planteaban los progresos en la investigación histórica y arqueológica.

El padre Lagrange había nacido en 1855. Después de estudiar leyes, había obtenido su doctorado en 1878 e ingresado luego en el seminario de St.-Sulpice, centro de los estudios modernistas de la época. En 1879 se había convertido en dominico. Sin embargo, el 6 de octubre de 1880, bajo la Tercera República francesa, todas las órdenes religiosas fueron desterradas de Francia. El veinteañero Lagrange fue entonces a Salamanca, donde estudió hebreo y enseñó Historia de la Iglesia y Filosofía. Fue en Salamanca donde se ordenó sacerdote, el día de san Dagoberto (23 de diciembre) de 1883. En 1888 fue enviado a la Universidad de Viena a estudiar lenguas orientales. Dos años más tarde, el 10 de marzo de 1890, a los treinta y cinco años de edad, llegó a la nueva casa dominica de San Esteban en Jerusalén, y allí, el 15 de diciembre, fundó una escuela bíblica. La escuela se llamó al principio École Pratique d'Études Bibliques. Lagrange creó para ella una publicación propia, *Revue Biblique,* que empezó a aparecer en 1892 y lo sigue haciendo hoy. Mediante ese órgano y, desde luego, mediante el programa de estudios, intentó conferir a la nueva institución una actitud hacia la investigación histórica y arqueológica que conviene resumir con sus propias palabras. Según el padre Lagrange, «las diversas etapas de la historia religiosa de la humanidad forman un *récit,* una historia que es directa y sobrenaturalmente guiada para llegar a la etapa definitiva y última: la era mesiánica inaugurada por Jesucristo».[13] El Antiguo Testamento era «un grupo de libros que indicaban un registro de las diversas etapas de una tradición oral que Dios utilizaba y guiaba... en la preparación para la era definitiva del Nuevo Testamento».[14] La orientación era muy clara. En la medida en que Lagrange emplease la metodología moderna, lo haría para «probar» lo que él, a priori, había decidido ya que era verdad, es decir, la veracidad literal de las Escrituras. Y la naturaleza «definitiva» del Nuevo Testamento y los acontecimientos que historiaba lo volvía efectivamente territorio prohibido para el escrutinio académico.

En 1890, cuando Lagrange fundó la École Biblique, el modernismo todavía no había sido desacreditado. Pero en 1902 su desprestigio oficial ya era serio. Ese año, como hemos señalado, el papa León XIII creó la Comisión Bíblica Pontificia para supervisar y controlar el estudio católico de las Escrituras. El mismo año, Lagrange regresó a Francia a enseñar en Toulouse, donde lo acusaron de modernista y encontró una furiosa oposición. En esa época, la mera insinuación de investigación histórica y arqueológica bastaba para que lo estigmatizaran a uno.

Sin embargo, el propio papa reconoció que la fe de Lagrange estaba todavía intacta, y que su corazón, al menos por lo que se refería a la Iglesia, estaba donde debía estar. Y por cierto, la mayor parte de la obra de Lagrange consistía en una refutación sistemática de Alfred Loisy y de otros modernistas. Lagrange fue por lo tanto designado miembro, o «asesor», de la Comisión Bíblica Pontificia, y su publicación, *Revue Biblique,* se convirtió en el órgano oficial de la Comisión. Ese acuerdo rigió hasta 1908, cuando la Comisión lanzó una publicación propia, el *Acta Apostolicae Sedis.*

Desde más abajo en la jerarquía eclesiástica, continuaban las acusaciones de modernismo. Tan desmoralizadoras eran esas acusaciones que Lagrange, en 1907, renunció temporalmente a sus estudios del Antiguo Testamento. En 1912 decidió abandonar del todo los estudios bíblicos e irse de Jerusalén. Como era de esperar, lo hicieron regresar a Francia. Pero de nuevo el papa se solidarizó con él, lo envió de vuelta a su puesto en Jerusalén y le ordenó que continuase con su trabajo. La École Biblique, creada originalmente como un foro del modernismo, era ahora un baluarte en su contra.

En el equipo original de especialistas reunido por el padre De Vaux en 1953 estaba el difunto monseñor Patrick Skehan. El padre Skehan era el director del departamento de Lenguas y Literaturas Semíticas y Egipcias en la Catholic University de Washington. También fue, más tarde, miembro de la Comisión Bíblica Pontificia. Y en 1955 era el director del Albright Institute en Jerusalén. Desde ese cargo, fue providencial su intervención en las maniobras políticas que establecieron la dominación de la École Biblique en el estudio de los rollos del mar Muerto. En 1956, desempeñó un papel fundamental en la organización de la carta al *Times* calculada para aislar y desacreditar a John Allegro.[15]

El padre Skehan era uno de los pocos estudiosos a los que se les había confiado el acceso a los propios rollos. Sus actitudes dan una idea de la orientación de los especialistas católicos relacionados con la École Biblique. Escribiendo en 1966, el padre Skehan declaró que el Antiguo Testamento no era «un dibujo en miniatura de la historia y la prehistoria de la raza humana... A su debido tiempo vino Nuestro Señor; y está entre los principales deberes del estudioso del Antiguo Testamento rastrear en la historia sagrada la evolución de la disposición a ser consciente de Cristo cuando él viniese...».[16] En otras palabras, la principal responsabilidad de todo estudioso bíblico es descubrir en el Antiguo Testamento supuestas anticipaciones de la doctrina cristiana aceptada. Visto de cualquier otro modo, el Antiguo Testamento quizá tenga poca relación y escaso valor. Es ésta una curiosa definición de «estudio desapasionado». Pero el padre Skehan fue todavía más explícito:

> Parecería que en estos tiempos les incumbe a los estudiosos bíblicos... indicar... lo mejor posible las líneas generales del proceso mediante el cual Dios dirigió, como seguramente lo hizo, la edad de piedra, la edad del bronce, y a un antiguo hombre pagano hasta darle la capacidad de estar a la altura, hasta cierto punto, del hecho social que es la Iglesia cristiana.[17]

El padre Skehan, por supuesto, no mostraba ningún interés verdadero en el «estudio desapasionado». En realidad lo consideraba decididamente peligroso, pues pensaba que «los estudios realizados desde una perspectiva que pone en primer plano consideraciones literarias e histórico-críticas, por lo general en manos de vulgarizadores, llevan a la simplificación excesiva, a la exageración o al descuido de temas más profundos».[18] Por último, la obra del estudioso bíblico debía ser guiada y determinada por la doctrina de la Iglesia y «estar sujeta siempre al soberano derecho de la Santa Madre Iglesia a ver en definitiva qué es lo que en realidad concuerda con las enseñanzas que ha recibido de Cristo».[19]

Las consecuencias de todo esto son asombrosas. Todo examen e investigación, demuestre lo que demuestre, *debe* ser subordinado y acomodado al corpus existente de enseñanzas católicas oficiales. En otras palabras, debe ser corregido o modificado o distorsionado hasta ajustarlo al criterio establecido. ¿Y qué pasaría si sale algo a la luz que no se puede ajustar a ese criterio?

170

De las manifestaciones del padre Skehan surge con claridad la respuesta a esa pregunta. Todo lo que no se puede subordinar o acomodar a la doctrina existente *debe*, necesariamente, ser suprimido.

La postura del padre Skehan no era única, por supuesto. De ella se hizo eco el propio papa Pío XII, que sostuvo «que el exegeta bíblico tiene una función y una responsabilidad que cumplir en temas de importancia para la Iglesia».[20] En cuanto a la École Biblique y a su investigación de los rollos del mar Muerto, Skehan escribió:

> ¿No hay... elementos providenciales también en el curioso hecho de que Tierra Santa es el lugar de la Tierra más conveniente como laboratorio para el estudio continuo de la vida humana, donde no faltan períodos importantes...? Creo que sí hay esos elementos...
>
> ... Por lo tanto, me parece que hay un valor religioso último que todavía no podemos medir, pero que cuenta con el apoyo de la Providencia, en el hecho de que Père Lagrange haya fundado en tierra palestina un instituto...[21]

Durante años, a la mayoría de los investigadores independientes no se les ocurrió que la École Biblique contase con semejante mandato divino, ni que el Vaticano viese en el tema tantos espejismos. Por el contrario, la École aparecía como una institución académica imparcial dedicada, entre otras cosas, a reunir, ordenar, investigar, traducir y esclarecer los rollos del mar Muerto, no para suprimirlos o para transformarlos en propaganda cristiana. Así, por ejemplo, un investigador o un graduado en Gran Bretaña o Estados Unidos o en cualquier otro lugar, después de haber demostrado cierta credibilidad académica mediante una tesis o una publicación en uno u otro ámbito de estudios bíblicos, solicitaba ver el material de Qumran. No tenía ningún motivo para esperar un desaire: suponía que los rollos estaban a disposición, para su estudio, de quien hubiese obtenido credenciales académicas legítimas. Pero en todos los casos que conocemos, las solicitudes fueron rechazadas sumariamente, sin disculpas y sin explicaciones, y con la inevitable connotación de que el solicitante de algún modo no reunía las condiciones necesarias.

Tal fue el caso, para dar un solo ejemplo, del profesor Norman Golb, de la Universidad de Chicago. El profesor Golb había hecho su tesis doctoral sobre Qumran y materiales relacionados con Qumran encontrados en El Cairo. Después de acumular años de experiencia en la especialidad, se embarcó en un proyecto de investigación para revisar la datación paleográfica de los rollos, que había sido establecida por el profesor Cross, del equipo internacional, y que, según Golb, podía mejorarse. Para confirmar su tesis, Golb necesitaba, por supuesto, ver ciertos textos originales, pues no bastaba con examinar facsímiles fotográficos. En 1970 estaba en Jerusalén y le escribió a De Vaux, entonces director de la École Biblique y del equipo internacional, solicitándole ver los rollos y explicándole que necesitaba hacer eso para convalidar un proyecto de investigación que ya había ocupado años de su vida. Tres días más tarde le respondió De Vaux, señalando que no se podía conceder esa solicitud sin «el permiso explícito del estudioso que está a cargo de su edición».[22] El estudioso en cuestión era el entonces padre Milik, quien, como sabía muy bien De Vaux, no estaba dispuesto a permitir que nadie viese nada. Después de todo el tiempo y esfuerzo invertidos, Golb se vio obligado a abandonar el proyecto. «Desde entonces —nos dijo— he tenido buenas razones para dudar de todas las dataciones de textos realizadas por Cross mediante la paleografía.»[23]

Por otra parte, se ponen fragmentos de material de Qumran a disposición de investigadores afiliados a la propia École, de jóvenes estudiosos y protegidos del equipo internacional, de graduados que están bajo la tutela de uno u otro integrante del equipo y que han dado muestras fehacientes de acatar la «línea partidaria» oficial. Así, por ejemplo, Eugene Ulrich, de Notre-Dame, estudiante de Cross, «heredó» los materiales asignados originalmente al padre Patrick Skehan. También parece haber heredado algo de la actitud de Skehan hacia otros estudiosos. Cuando se le preguntó por qué no se hacían ediciones fotográficas facsimilares, respondió que «la inmensa mayoría de las personas que utilizarían esas ediciones, incluyendo al profesor universitario medio, casi no pueden juzgar de manera competente lecturas difíciles».[24]

A estudiosos independientes del Reino Unido, Estados Unidos y otros países les ha resultado imposible obtener acceso a los manuscritos de Qumran todavía inéditos. Para los investigadores israelíes tal acceso ha sido inconcebible. Como hemos señalado, el padre De Vaux, antiguo miembro de la notoria Action Française, era francamente antisemita. Hasta hoy, los integrantes del equipo internacional parecen seguir siendo hostiles a Israel, aunque se supone, en teoría, que es un enclave neutral de imparcialidad académica, un refugio de las divisiones políticas y religiosas que desgarran la moderna Jerusalén. Cuando se le preguntó por qué no había ningún investigador de la Universidad de Tel Aviv trabajando en la publicación de los rollos, Strugnell respondió: «Buscamos calidad en los estudios de Qumran, cosa que ahí no se consigue».[25] Con su característica —y autoacusatoria— elocuencia, el difunto padre Skehan expresó eficazmente los prejuicios antiisraelíes por parte de él y de sus colegas en una carta citada por *Jerusalem Post Magazine:*

Me siento en la obligación de decirles… que yo bajo ningún concepto concedería, a través de ningún funcionario israelí, ningún permiso para disponer, para el fin que sea y con el alcance que sea, de nada que esté guardado en el Museo Arqueológico Palestino. No reconozco al Estado de Israel ni a sus funcionarios ningún derecho con respecto al Museo y a su contenido.[26]

Como hemos señalado, comparte esta actitud el ex padre Milik. Ni él ni otro de sus colegas, el difunto padre Starcky, volvieron a Jerusalén después de la guerra de 1967, cuando los rollos pasaron a manos israelíes. Pero, desde luego, esa posición no hace más que imitar la del propio Vaticano, que todavía no ha reconocido al Estado de Israel. Uno siente, por lo tanto, la necesidad de preguntarse si aquel prejuicio simplemente coincidía con la política oficial de la Iglesia, o si era formalmente dictado por la jerarquía eclesiástica.

7

La Inquisición hoy

Como antídoto para que no se siguiese propagando la «infección» del modernismo, el papa León XIII, en 1903, había creado la Comisión Bíblica Pontificia para supervisar y controlar el progreso (o falta de progreso) de las investigaciones católicas bíblicas. La Comisión constaba al comienzo de media docena o más de cardenales nombrados por el papa y varios «asesores», todos considerados expertos en sus respectivos campos de investigación y estudio. Según la *New Catholic Encyclopaedia,* la función oficial de la Comisión era (y lo es todavía) «luchar... con el mayor cuidado posible, para que las palabras de Dios... sean protegidas no sólo del más ligero error sino hasta de toda opinión imprudente».[1] La Comisión también se comprometía a llevar a los estudiosos a «luchar para salvaguardar la autoridad de las Escrituras y a promover su correcta interpretación».[2]

Como hemos señalado, el padre Lagrange, fundador de la École Biblique, fue uno de los primeros integrantes de la Comisión Bíblica Pontificia. La publicación de la École Biblique, *Revue Biblique,* también fue, hasta 1908, el órgano oficial de la Comisión. Dada la estrecha relación que hay entre las dos instituciones, resulta claro que la École Biblique original era parte del aparato propagandístico de la Comisión: un instrumento para promulgar la doctrina cristiana disfrazada de investigación histórica y arqueológica, o para imponer la adhesión de la investigación histórica y arqueológica a los principios de la doctrina cristiana.

Uno podría esperar que hubiese cambiado esa situación durante el último medio siglo, especialmente en los años posteriores al Concilio Vaticano II de comienzos de la década de los sesenta. La verdad es que nada ha cambiado. La École Biblique mantiene hoy con la Comisión Bíblica Pontificia una relación tan estrecha como en el pasado. Los grados en la École, por ejemplo, los concede específicamente la Comisión. La mayoría de los graduados de la École son colocados por la Comisión como profesores en seminarios y en otras instituciones católicas. De los diecinueve «asesores» oficiales con que cuenta hoy la Comisión, varios tienen influencia para determinar qué se ha de informar al público en general acerca de los rollos del mar Muerto. Por ejemplo, el padre Jean-Luc Vesco, actual director de la École Biblique y miembro de la junta editorial de la *Revue Biblique,* es también miembro de la Comisión Bíblica Pontificia. Lo mismo ocurre con por lo menos otro integrante de la junta editorial de la revista, José Loza. Y lo mismo con un eminente escritor especializado en los rollos, un jesuita llamado Joseph Fitzmyer, que ha compilado la concordancia oficial de gran parte del material de Qumran.[3]

En 1956, el nombre del padre Roland de Vaux, director de la École Biblique, apareció por primera vez en la lista de «asesores» de la Comisión.[4] Había sido nombrado el año anterior, en 1955, y siguió como «asesor» hasta su muerte en 1971. Es interesante ver en qué momento nombran a De Vaux. Conviene recordar que en 1955 todavía se estaba comprando y ordenando gran parte del decisivo y polémico material «sectario» de

176

la cueva 4. En diciembre de ese año, el Vaticano puso dinero para comprar una cantidad de fragmentos importantes. También en 1955, se abrió el «Rollo de cobre» en Manchester, bajo los auspicios de John Allegro, y el propio Allegro estaba empezando a hablar en público de una manera que podía llegar a ser molesta. Entonces el Vaticano comprendió, por primera vez, la clase de problemas que quizá tendría que afrontar en el futuro, relacionados con los materiales de Qumran que estaban saliendo a la luz. Es casi seguro que la jerarquía eclesiástica vio la necesidad de algún tipo de «cadena de mando» o, por lo menos, «cadena de responsabilidad», mediante la cual ejercer algún grado de control sobre la investigación de Qumran. En todo caso es significativo, o hasta sorprende, que desde 1956 todos los directores de la École Biblique hayan sido también integrantes de la Comisión Bíblica Pontificia. Cuando De Vaux murió, en 1971, la lista de «asesores» de la Comisión fue actualizada para incluir el nombre de su sucesor en la École, el padre Pierre Benoit.[5] Cuando Benoit murió en 1987, el nuevo director, Jean-Luc Vesco, se convirtió a su vez en «asesor» de la Comisión.[6]

Aún hoy, la Comisión Bíblica Pontificia sigue supervisando y controlando todos los estudios bíblicos realizados bajo los auspicios de la Iglesia católica. También publica decretos oficiales sobre «la manera correcta de enseñar… las Escrituras».[7] En 1907 el papa Pío X hizo obligatoria la observancia de esos decretos. Así, por ejemplo, la Comisión «estableció», por decreto, que Moisés era el autor literal del Pentateuco. En 1909 otro decreto similar aseguró la exactitud literal e histórica de los tres primeros capítulos del Génesis. En tiempos más recientes, el 21 de abril de 1964, la Comisión emitió un decreto que regía los estudios bíblicos en general y, más específicamente, la «verdad histórica de los Evangelios». El decreto era inequívoco, y señalaba que «en todo momento el intérprete debe abrigar un espíritu de fácil obediencia a la autoridad docente de la Iglesia».[8] Declaraba, además, que los encargados de «asociaciones bíblicas» están obligados a «observar, de manera inviolable, las leyes ya establecidas por la Comisión Bíblica Pontificia».[9] Cualquier especialista que trabaje bajo la tutela de la Comisión —y eso incluye, por supuesto, a los integrantes de la École Biblique— queda por lo tanto sujeto a los decretos de la Comisión. Sean cuales sean sus conclusiones, sean cuales sean las revelaciones fruto de sus investigación, no puede, ni al escribir ni al enseñar, contradecir la autoridad doctrinal de la Comisión.

El presidente de la Comisión Bíblica Pontificia es el cardenal Joseph Ratzinger.* El cardenal Ratzinger preside también otra institución católica, la Congregación para la Doctrina de la Fe. Esta denominación es bastante nueva, pues data de 1965, y quizá no diga nada a la mayoría de los profanos; pero es una institución con un largo linaje. Tiene detrás, en realidad, una larga y resonante historia, que se remonta al siglo XIII. En 1542 empezó a conocerse oficialmente como el Santo Oficio. Antes de eso, se la llamaba la Santa Inquisición. El cardenal Ratzinger es, en realidad, el moderno Gran Inquisidor de la Iglesia.

La cabeza oficial de la Congregación para la Doctrina de la Fe es siempre el papa reinante, y a la cabeza ejecutiva de la Congregación se la llama secretario, aunque en otros tiempos recibía el nombre de Gran Inquisidor. De todos los departamentos de la curia, el de la Congregación para la Doctrina de la Fe es el más poderoso. Ratzinger es quizá, de todos los cardenales de

---

* El cardenal Joseph Ratzinger es actualmente el papa Benedicto XVI. (*N. del E.*)

la curia, el que más cerca está del papa Juan Pablo II. Los dos tienen, por cierto, muchas actitudes en común. Ambos desean restaurar muchos valores pre-Vaticano II. Ambos tienen aversión a los teólogos. Ratzinger ve a los teólogos como si hubieran abierto la Iglesia a influencias seculares corrosivas. Hombre profundamente pesimista, siente que la Iglesia se está «hundiendo», y que sólo la supresión de toda forma de disenso puede asegurar su supervivencia como fe unificada. A los que no comparten su pesimismo los considera «ciegos o ilusos».[10]

Como la Inquisición del pasado, la Congregación para la Doctrina de la Fe es en gran medida un tribunal. Tiene sus propios jueces, y al principal se lo llama el «Enjuiciador». Asisten al «Enjuiciador» un «Comisario» y dos monjes dominicos. Esas personas tienen la tarea específica de preparar las «investigaciones» que la Congregación decide realizar. Esas investigaciones tienen casi siempre que ver con el incumplimiento de la doctrina por parte de eclesiásticos, o con cualquier otra cosa que pueda amenazar la unidad de la Iglesia. Como en la Edad Media, las investigaciones se realizan en total secreto.

Hasta 1971 se suponía que la Comisión Bíblica Pontificia y la Congregación para la Doctrina de la Fe eran organizaciones distintas. Pero en realidad la distinción entre ellas era poco más que nominal. Las dos organizaciones se superponían en múltiples aspectos, desde sus funciones hasta los integrantes de su junta de gobierno. En 1969, por ejemplo, ocho de los doce cardenales que presidían la Congregación también presidían la Comisión.[11] Varios religiosos actuaban como «asesores» de ambas organizaciones. Por fin, el 27 de junio de 1971, el papa Pablo VI, en un esfuerzo por controlar la burocracia, amalgamó la Comisión y la Congregación en virtualmente todo menos el nombre. Ambas fueron alojadas en las mismas oficinas, en la misma dirección: el Palacio de la Congregación, en la plaza del Santo Oficio de

Roma. Ambas fueron puestas bajo la dirección del mismo cardenal. Desde el 29 de noviembre de 1981, ese cardenal es Joseph Ratzinger.

Numerosos sacerdotes, predicadores, maestros y escritores contemporáneos han sido amordazados, expulsados o privados de sus puestos por el cuerpo que preside Ratzinger. Entre las víctimas se cuentan algunos de los más distinguidos e inteligentes teólogos de la Iglesia actual. Uno de ellos fue el padre Edward Schillebeeckx, de la Universidad de Nigmegen, en Holanda. En 1974, Schillebeeckx había publicado un libro, *Jesus: An Experiment in Christology*. En esa obra aparecía, a los ojos de los adversarios, cuestionando la verdad literal de ciertos dogmas, como la Resurrección y el parto virginal de María. En diciembre de 1979, Schillebeeckx fue llevado ante un tribunal de la Congregación para la Doctrina de la Fe, en el que uno de sus jueces lo acusó públicamente de herejía. Sobrevivió a esa investigación del tribunal, pero en 1983 debió presentarse otra vez ante un tribunal de la Congregación, esta vez por su último libro, *El ministerio eclesial: responsables en la comunidad cristiana*.

¿En qué consistían las transgresiones de Schillebeeckx? Aunque sin demasiado énfasis, había cuestionado la posición de la Iglesia con respecto al celibato. Había apoyado con argumentos la ordenación de mujeres. Y lo más serio de todo, había sugerido que la Iglesia debía «cambiar con los tiempos» antes que quedarse encadenada a doctrinas inmutablemente fijas.[12] La Iglesia, sostenía, debía responder a las necesidades de los fieles, y evolucionar con ellas, en vez de imponerles códigos draconianos. En resumen, había abogado por un enfoque pastoral dinámico, opuesto al favorecido por el papa Juan Pablo II y el cardenal Ratzinger. Schillebeeckx volvió a sobrevivir a la investigación y a los interrogatorios de la Congregación. Pero hasta hoy sigue sometido a una rigurosa vigilancia, y se controla cuidadosamente cada cosa que dice o escribe. No hace falta decir que ese control ejercerá una profunda influencia inhibidora.

Un caso más revelador es el del eminente teólogo suizo doctor Hans Küng, ex director del departamento de Teología de la Universidad de Tubinga. Küng estaba considerado como uno de los escritores católicos más brillantes, más influyentes y de mayor actualidad de nuestra época: un hombre que, siguiendo los pasos del papa Juan XXIII, parecía ofrecer una nueva dirección a la Iglesia, una nueva humanidad, una nueva flexibilidad y adaptabilidad. Pero Küng también era polémico. En su libro *Infallible?*, publicado en Alemania en 1970 y en inglés al año siguiente, cuestionó la doctrina de la infalibilidad papal, que, conviene recordar, no había existido nunca hasta 1870 y había sido impuesta por un voto. «Nadie es infalible —escribió Küng— sino Dios.»[13] Además, «la tradicional doctrina de la infalibilidad en la Iglesia... se apoya en cimientos que no podemos considerar seguros».[14] Küng también reconocía la distinción entre teología e historia, y la propensión de la primera a hacerse pasar por la segunda. Atacó los sofismas de «estudiosos» como el cardenal Jean Danielou, quien, en 1957, había publicado *The Dead Sea Scrolls and Primitive Christianity,* ante todo una obra de propaganda teológica: «Teólogos como Danielou... le dan ahora un aura de seudoerudición al papel de Gran Inquisidor, y son nombrados cardenales de la Santa Iglesia romana, cuyas expectativas satisfacen».[15]

Tras la elección de Juan Pablo II, Küng criticó la rigidez del nuevo pontífice en cuanto a la moral y los dogmas. «¿Se le permitirá al teólogo católico... —dijo— hacer preguntas críticas...?»[16] ¿Estaría Juan Pablo II verdaderamente libre, se preguntó Küng, del culto a la personalidad que había acosado a papas anteriores? Y ¿no estaría demasiado preocupado por la doctrina, a expensas del «mensaje liberador de Cristo»?

¿Pueden el papa y la Iglesia hablar de manera creíble a la conciencia del hombre actual si no se produce al mismo tiempo un autocrítico examen de conciencia por parte de la Iglesia y su conducción...?[17]

La franqueza de Küng lo transformaba, por supuesto, en un blanco irresistible de los tribunales inquisitoriales de la Congregación para la Doctrina de la Fe. Después de evaluar sus afirmaciones, el tribunal pronunció su sentencia. El 18 de diciembre de 1979, el papa, siguiendo la recomendación formal de la Congregación, despojó a Küng de su puesto y lo declaró incapacitado para enseñar la doctrina católica. Se le informó de que había dejado de ser teólogo católico y que tenía prohibido escribir o publicar. El propio Küng resumió acertadamente lo que le había pasado: «He sido condenado por un pontífice que ha rechazado mi teología sin haber leído nunca uno de mis libros y que siempre se ha negado a verme. La verdad es que Roma no espera el diálogo sino la sumisión».[18]

Bajo la dirección del cardenal Ratzinger, la Congregación, durante la última década, se ha vuelto cada vez más obstinada, intransigente y reaccionaria. Ratzinger critica con vehemencia todos los cambios introducidos por la Iglesia desde el Concilio Vaticano II de 1962-1965. Las enseñanzas de la Iglesia, sostiene, están siendo «manchadas» por las dudas y los cuestionamientos. Según un comentarista, Ratzinger busca «un retorno al fundamentalismo católico... y a la reafirmación de la verdad literal del dogma papal».[19] Desde la Congregación para la Doctrina de la Fe, las actitudes de Ratzinger determinan las actitudes de la Comisión Bíblica Pontificia, que también preside, y se filtran hasta la École Biblique.

Durante 1990, esas actitudes sirvieron para que la Congregación ocupara un lugar importante en las noticias. En mayo, la Congregación emitió un borrador preliminar del nuevo, revisado y actualizado Catecismo Universal de la Iglesia Católica: la formulación oficial de los principios en los que todos los católicos están obligados formalmente a creer. Sin ningún asomo de flexibilidad, el nuevo Catecismo condena decididamente, junto con otro catálogo de cosas, el divorcio, la homosexualidad, la masturbación y las relaciones sexuales pre o extramatrimoniales. Establece, como principios básicos de la fe católica, la infalibilidad papal, la Inmaculada Concepción y la Asunción de la Virgen María, además de la «Autoridad Universal de la Iglesia Católica». En un pasaje especialmente dogmático, el nuevo Catecismo declara que «la tarea de dar una auténtica interpretación de la Palabra de Dios… ha sido confiada sólo al viviente oficio docente de la Iglesia».[20]

En junio apareció un segundo documento, publicado por la Congregación para la Doctrina de la Fe y escrito por el propio cardenal Ratzinger. Ese documento se refiere específicamente a las funciones y a las obligaciones del teólogo, término destinado a abarcar tanto al historiador bíblico como al arqueólogo. Según esc documento, aprobado y ratificado por el papa, los teólogos católicos no tienen derecho a disentir de las enseñanzas establecidas por la Iglesia. En realidad se promueve (o degrada) el propio disenso a la categoría de «pecado»: «Sucumbir a la tentación del disenso… [permite] infidelidad al Espíritu Santo…».[21] Por lo tanto, si un teólogo empieza a cuestionar la doctrina eclesiástica, mediante una hábil manipulación psicológica se lo hace sentir moralmente corrupto. Toda propensión a cuestionar se castiga haciéndola recaer sobre el cuestionador transformada en culpa: algo en lo que la Iglesia ha traficado con gran provecho.

En el mismo documento, el cardenal Ratzinger afirma:

> La libertad del acto de fe no puede justificar el derecho a disentir. Esta libertad no indica libertad con respecto a la verdad, sino

la libre determinación de la persona de conformidad con sus obligaciones morales a aceptar la verdad.[22]

En otras palabras, uno es libre de aceptar las enseñanzas de la Iglesia, pero no de cuestionarlas o rechazarlas. La libertad sólo se puede manifestar o expresar mediante la sumisión. Es una curiosa definición de libertad.

Tales restricciones ya son suficientemente monstruosas cuando se imponen sólo a los católicos: monstruosas por el daño psicológico y emocional que causarán, por la culpa, la intolerancia y el fanatismo que fomentarán, por los horizontes de conocimiento y de comprensión que cerrarán. No obstante, si están confinadas a un credo, se aplican sólo a aquellos que voluntariamente se someten a ellas, y la población no católica del mundo es libre de no hacerles caso. Pero los rollos del mar Muerto no son artículos de fe, sino documentos de importancia histórica y arqueológica que pertenecen en verdad no a la Iglesia católica sino a toda la humanidad. Resulta muy preocupante y perturbador pensar que, si el cardenal Ratzinger se sale con la suya, todo lo que aprendamos sobre los textos de Qumran quedará sujeto al aparato de censura de la Congregación para la Doctrina de la Fe: nos lo dará la Inquisición, filtrado y corregido.

Dada esa obligatoria lealtad hacia la Congregación, uno tiene motivos para pensar si sencillamente se puede confiar en la École Biblique. Aunque el gobierno israelí le apretase los tornillos y le ordenase publicar inmediatamente todo el material de Qumran, ¿cómo podríamos estar seguros de que manuscritos potencialmente comprometedores para la Iglesia verían alguna vez la luz del día? En este libro, quisiéramos plantear públicamente algunas preguntas básicas al padre Jean-Luc Vesco, actual director de la École Biblique:

- Si la École Biblique responde ante la Comisión Bíblica Pontificia y la Congregación para la Doctrina de la Fe, ¿cuáles son sus responsabilidades ante el mundo académico?
- ¿Cómo puede una institución académica acreditada funcionar bajo la tensión de lealtades tan potencialmente divididas, incluso mutuamente hostiles?
- Y ¿qué haría exactamente la École Biblique si, entre los materiales de Qumran todavía inéditos o quizá aún no descubiertos, apareciese algo perjudicial para la doctrina de la Iglesia?

Tercera parte

Los rollos del mar Muerto

8

El dilema de la ortodoxia cristiana

Existe acuerdo prácticamente unánime entre todas las partes involucradas —fuera, por supuesto, de los propios integrantes del equipo internacional y de la École Biblique— en que la historia del estudio de los rollos del mar Muerto constituye un «escándalo». Y pareciera que no queda mucha duda de que algo irregular —ilícito, tal vez, pero sin sanción moral o académica— se esconde detrás de las demoras, las dilaciones, las ambigüedades, las restricciones del material. Esa irregularidad puede, hasta cierto punto, deberse a motivos simplemente venales: a envidias y rivalidades académicas, y a la protección de intereses creados. A las reputaciones, después de todo, se las hace o se las deshace, y no existe en el mundo académico moneda más valiosa que la reputación. Por lo tanto, los riesgos, al menos para los «de dentro», son altos.

Pero serían altos en cualquier esfera donde la falta de testimonios directos, fiables, tuviese que ser reparada con la investigación histórica y arqueológica. Serían altos si, por ejemplo, saliera de pronto a la luz un corpus de documentos perteneciente a la Inglaterra arturiana. Pero ¿se ocultaría el material como ocurre con los rollos del mar Muerto? Y ¿encontraría uno en el fondo, dominando todo como un árbitro supremo, la sombría presencia de una institución eclesiástica como la Congregación para la Doctrina de la Fe? Los rollos de Nag Hammadi son un buen ejemplo. Sin duda ofrecieron amplia oportunidad de que apareciesen motivos venales. Esos motivos, en alguna medida, deben de haber aparecido. Pero la Iglesia no tuvo oportunidad de establecer un control sobre los textos encontrados en Nag Hammadi. Y, no obstante los motivos venales, el material de Nag Hammadi llegó rápidamente a la imprenta y al dominio público.

El compromiso de alto nivel que mantiene la Iglesia con el estudio de los manuscritos del mar Muerto tiene inevitablemente que despertar un grave elemento de sospecha. ¿Se puede ignorar la posibilidad de una relación causal entre ese compromiso y el desastre en que se ha convertido la investigación de los materiales de Qumran? Uno se ve obligado a preguntarse (como han hecho muchos profanos bien informados) si no estarán en riesgo algunos otros intereses creados, intereses creados más grandes que las reputaciones de estudiosos individuales: los intereses creados del cristianismo en su conjunto, por ejemplo, y de la doctrina cristiana, al menos como la presentan la Iglesia y sus tradiciones. Desde el descubrimiento de los rollos del mar Muerto, una sola e insidiosa pregunta ha estado rondando la imaginación, generando excitación, angustia y, tal vez, terror. Esos textos, salidos de tan cerca de «la fuente», y que (a diferencia del Nuevo Testamento) nunca habían sido corregidos ni tocados, ¿podrían arrojar una nueva y significativa luz sobre los orígenes del cristianismo, sobre la llamada «Iglesia primitiva» en Jerusalén y quizá hasta sobre el propio Jesús? ¿Podrían contener algo comprometedor, algo que cuestionase y quizá hasta refutase las tradiciones establecidas?

Por cierto, la interpretación oficial se aseguró de que eso no ocurriese. No existe, desde luego, nada que sugiera una falsificación deliberada o sistemática de los hechos por parte del equipo internacional. Pero las convicciones más intensas y personales de De Vaux estaban profundamente comprometidas, y deben de haber ejercido alguna influencia. La clave para determinar la importancia de los rollos, y su relación o falta de relación con el cristianismo, radicaba, por supuesto, en su datación. ¿Eran pre o poscristianos? ¿Hasta qué punto coincidían con las actividades de Jesús, alrededor de 30 d. C.? ¿Y con los viajes y las epístolas de Pablo, aproximadamente entre 40 y 65 d. C.? ¿Y con la composición de los Evangelios, entre 70 y 95 d. C.? Cualquiera que fuese la fecha que se les adjudicase, eran una posible fuente de dificultades para el cristianismo, pero el grado de esas dificultades variaría. Si, por ejemplo, se podían fechar esos rollos como muy anteriores a la era cristiana, podían comprometer la originalidad y singularidad de Jesús: podían mostrar que algunas de sus palabras y conceptos no eran enteramente suyos sino que provenían de una corriente de pensamiento, enseñanza y tradición ya establecida y que estaba «en el aire». Pero si los rollos databan de la época de Jesús, o poco después, las dificultades podían ser aún mayores. Se los podría utilizar para sostener que el Maestro de Justicia que figura en ellos era el propio Jesús, y que por lo tanto los contemporáneos no veían a Jesús como un ser divino. Además, los rollos contenían o sugerían algunas premisas contrarias a imágenes posteriores del «cristianismo primitivo». Había, por ejemplo, manifestaciones de un nacionalismo militante, mesiánico, que antes sólo se asociaba con los zelotes, cuando se suponía que Jesús era apolítico y le daba al César lo que era del César. Hasta podría resultar que Jesús nunca había soñado con fundar una nueva religión ni con quebrantar la ley judaica.

Los indicios se pueden interpretar de varias maneras plausibles, algunas de las cuales son menos comprometedoras para el cristianismo que otras. Dadas las circunstancias, no es nada sorprendente que De Vaux hubiese favorecido y promulgado las interpretaciones menos comprometedoras. Así, aunque nunca se dijo de manera explícita, prevaleció la necesidad de leer o interpretar las pruebas de acuerdo con ciertos principios rectores. Por ejemplo, hasta donde fuese posible había que mantener los rollos y a sus autores desligados del «cristianismo primitivo» —tal como se lo describe en el Nuevo Testamento— y de la corriente principal del judaísmo del siglo I, del que nació el «cristianismo primitivo». Fue por adhesión a esos principios por lo que se creó la ortodoxia de la interpretación y se originó el consenso académico.

Por lo tanto, las conclusiones a las que llegó el equipo del padre De Vaux en su interpretación de los rollos se ajustaban a ciertos principios generales, que pueden resumirse de la siguiente manera:

1. Se vieron los textos de Qumran como pertenecientes a una época muy anterior a la era cristiana.
2. Se consideró a los rollos como obra de una comunidad sola y aislada, una «secta» ortodoxa en la periferia del judaísmo, divorciada de las principales corrientes de pensamiento social, político y religioso de la época. En especial, esa comunidad estaba divorciada del nacionalismo revolucionario y mesiánico, ejemplificado por los defensores de Masada.
3. La comunidad de Qumran debe de haber sido destruida durante la sublevación general en Judea en 66-73 d. C., y dejó todos sus documentos ocultos, por seguridad, en cuevas cercanas.
4. Las creencias de la comunidad de Qumran fueron presentadas como totalmente diferentes del cristianismo; y el

16. El padre Jean Starcky celebrando misa en las ruinas de Qumran antes de iniciar las excavaciones del día.

17. Los miembros del equipo internacional en el Museo Rockefeller de Jerusalén, mientras trabajaban en los rollos hallados en la cueva 4. En el centro, con barba, está el padre De Vaux, el padre Milik a su derecha y el padre Starcky a su izquierda. John Allegro aparece sentado en la parte derecha de la imagen.

18. Los miembros del equipo internacional trabajando en los fragmentos en la «rollería». De izquierda a derecha, el padre Patrick Skehan, John Strugnell y John Allegro.

19. De izquierda a derecha, John Strugnell, Frank Cross, el padre Milik, John Allegro y el padre Starcky.

20. John Allegro y John Strugnell trabajando en la «rollería».

21. De izquierda a derecha, John Strugnell, John Allegro, el padre Skehan, el doctor Claus-Hunno Hunzinger y el padre Milik.

22. John Allegro trabajando en el «Comentario de Nahum» en la «rollería».

23. El padre Milik, con el doctor Hunzinger y el padre Benoit, mientras estudiaban algunos de los fragmentos de rollos recién comprados en enero de 1956, los cuales provenían seguramente de la cueva 11.

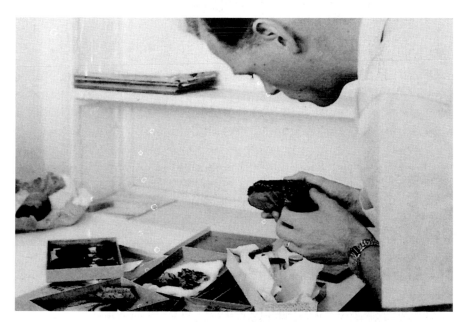

24. El doctor Hunzinger en enero de 1956 sosteniendo entre sus manos el «Rollo de los Salmos», hallado en la cueva 11 de Qumran. Ese rollo no se publicó hasta 1965.

25. Fragmentos de rollos tal y como los trajo el beduino que los descubrió en enero de 1956.

26. El «Rollo de los Salmos», proveniente de la cueva 11, antes de ser desenrollado.

27. Un sello hallado en las ruinas de Qumran en el que, curiosamente, el nombre del propietario, «Josefo», está escrito en griego y no en hebreo o arameo.

28. Terrazas de marga en Qumran. La fotografía se hizo desde las ruinas mirando en dirección oeste hacia las colinas de Judea. La cueva 5 aparece en el extremo izquierdo y en seguida, a la derecha, están las dos aberturas de la cueva 4. Se puede ver la entrada original a esta última justo encima de la abertura situada a mano derecha.

29. Las ruinas de Qumran. Se ven las cuevas 4 y 5 al final del risco erosionado más próximo.

30. El interior de la cueva 4 en Qumran, donde se descubrió el mayor número de fragmentos en 1952. Se llegaron a recuperar fragmentos de hasta ochocientos rollos diferentes.

Maestro de Justicia, al no ser presentado como un ser divino, no podía equipararse con Jesús.

5. Como Juan el Bautista estaba demasiado cerca de las enseñanzas de la comunidad de Qumran, se sostuvo que no era realmente «cristiano» en el verdadero sentido de la palabra, sino «meramente» un precursor.

Hay, sin embargo, numerosos puntos donde los textos de Qumran y la comunidad de donde salieron tenían su paralelo en los textos cristianos primitivos y en la llamada «Iglesia primitiva». Pronto serán evidentes varios de esos paralelos.

Primero, un ritual similar al del bautismo, uno de los sacramentos centrales del cristianismo, regía para la comunidad de Qumran. Según el texto del mar Muerto conocido como «La regla de la comunidad», el nuevo adherente «será limpiado de todos sus pecados por el espíritu de santidad que lo unirá a su verdad… Y cuando su carne sea rociada con agua purificadora y santificada con agua limpiadora, quedará limpia por la humilde sumisión de su alma a todos los preceptos de Dios».[1]

Segundo, en los Hechos de los Apóstoles se dice que los integrantes de la «Iglesia primitiva» compartían todo: «Todos los creyentes vivían unidos y tenían todo en común; vendían sus posesiones y sus bienes y repartían el precio entre todos, según la necesidad de cada uno. Acudían al Templo todos los días con perseverancia y con un mismo espíritu…».[2] El primer estatuto de la «Regla de la comunidad» de Qumran afirma: «Todos… traerán todo su conocimiento, sus fuerzas y sus posesiones a la Comunidad…».[3] Según otro estatuto: «Comerán juntos y rezarán juntos…».[4] Y otro dice del nuevo adherente que «su propiedad será integrada y él ofrecerá su consejo y su juicio a la Comunidad».[5]

En Hechos 5:1-11 se cuenta la historia de un tal Ananás y su mujer, que retienen el producto de la venta de una propiedad que supuestamente tendrían que haber donado a la «Iglesia primitiva» en Jerusalén. Ambos son fulminados por un vengativo poder divino. En Qumran, el castigo por esa transgresión era bastante menos severo: consistía, según «La regla de la comunidad», en seis meses de penitencia.

Tercero, según los Hechos, la dirección de la «Iglesia primitiva» de Jerusalén consta de doce apóstoles. Entre esos apóstoles, según Gálatas, tres —Santiago («el Hermano del Señor»), Juan y Pedro— ejercen una especial autoridad. Según la «Regla de la comunidad», Qumran estaba gobernada por un «Consejo» compuesto por doce personas. También se destaca a tres «sacerdotes», aunque el texto no clarifica si esos tres están incluidos en los doce del «Consejo» o hay que contarlos aparte.[6]

Cuarto, y más importante de todo, tanto la comunidad de Qumran como la «Iglesia primitiva» tenían una orientación específicamente mesiánica, dominada por el inminente advenimiento de por lo menos un nuevo «mesías». Ambas postulaban una intensa y carismática figura central, cuya personalidad los vivificaba y cuyas enseñanzas formaban los cimientos de sus creencias. En la «Iglesia primitiva» esa figura era, por supuesto, Jesús. En los textos de Qumran la figura se conoce como el Maestro de Justicia. Por momentos, al referirse al Maestro de Justicia, los textos de Qumran casi parecen estar hablando de Jesús; eso, en realidad, han sugerido varios estudiosos. Por cierto, no se representa al Maestro de Justicia como un ser divino; pero tampoco se representó de ese modo a Jesús hasta algún tiempo después de su muerte.

Si los textos de Qumran y los textos de la «Iglesia primitiva» tienen ciertas ideas, conceptos o principios en común, también son notablemente parecidos en cuanto a las imágenes y a la fraseología. «Bienaventurados los mansos —dice Jesús, por ejemplo, en la línea tal vez más famosa del Sermón de la Montaña—, porque ellos poseerán en herencia la tierra.» (Mateo, 5:4). Esta afirmación procede de Salmos 37:11: «Mas poseerán la tierra los humildes, y gozarán de inmensa paz». El mismo salmo tenía un interés especial para la comunidad de Qumran. En los rollos del mar Muerto hay un comentario sobre su significado: «Interpretado, se refiere a la Congregación de los Pobres...».[7] La «Congregación de los Pobres» (o los «mansos») era uno de los nombres que utilizaban los integrantes de la comunidad para referirse a ella. Éste no es el único paralelo: «Bienaventurados los pobres de espíritu, porque de ellos es el Reino de los Cielos», predica Jesús (Mateo 5:3); el «Rollo de la guerra», de la cueva 1, dice: «Entre los pobres de espíritu hay un poder...».[8] En realidad, todo el Evangelio de Mateo, y especialmente los capítulos 10 y 18, contiene metáforas y terminología a veces casi intercambiables con las de «La regla de la comunidad». En Mateo 5:48, por ejemplo, Jesús llama la atención sobre el concepto de perfección: «Vosotros, pues, sed perfectos como es perfecto vuestro Padre celestial». La «Regla de la comunidad» habla de aquellos «que caminan por el sendero de la perfección como si los mandara Dios».[9] No habrá, afirma el texto, «piedad para los que se aparten del camino…, no habrá consuelo… hasta que su camino sea perfecto».[10] En Mateo 21:42, Jesús invoca a Isaías 28:16 y se hace eco del Salmo 118:22: «La piedra que los constructores desecharon en piedra de clave se ha convertido». La «Regla de la comunidad» invoca la misma referencia, al afirmar que «el Consejo de la Comunidad… será esa probada pared, esa preciosa piedra angular».[11]

Si los rollos de Qumran y los Evangelios se hacen eco unos de otros, esos ecos son todavía más evidentes entre los rollos y los textos paulinos: los Hechos de los Apóstoles y las epístolas de Pablo. El concepto de «santidad», por ejemplo, y por supuesto la propia palabra «santo» son muy comunes en el cristianismo más tardío, pero sorprendentes en el contexto de los rollos del mar Muerto. No obstante, según la primera línea de «La regla de la comunidad, «el Maestro enseñará a los santos a vivir de acuerdo con el Libro de la Regla de la Comunidad...».[12] Pablo, en su Epístola a los Romanos (15:25-7), usa la misma terminología de la «Iglesia primitiva»: «Mas ahora voy a Jerusalén a ministrar a los santos».

En verdad, Pablo utiliza con profusión términos e imágenes de Qumran. Uno de los textos de Qumran, por ejemplo, habla de «todos aquellos que observan la Ley en la Casa de Judá, a quienes Dios librará... a causa de sus padecimientos y a causa de su fe en el Maestro de Justicia».[13] Pablo, por supuesto, atribuye un poder redentor similar a la fe en Jesús. La justicia de Dios, dice en su Epístola a los Romanos (3:21-3), llega «por la fe en Jesucristo». A los Gálatas (2:16-17) declara que «el hombre no es justificado por las obras de la ley, sino por la fe en Jesucristo». Queda claro que Pablo está familiarizado con las metáforas, los giros, la retórica utilizada por la comunidad de Qumran en su interpretación de los textos del Antiguo Testamento. Pero, como veremos, fuerza esta familiaridad al servicio de un propósito muy diferente.

En esta última cita de su Epístola a los Gálatas, Pablo no atribuye un significado desmedido a la Ley. Pero en los textos de Qumran la Ley es de capital importancia. La «Regla de la comunidad» comienza así: «El Maestro enseñará a los santos a vivir de acuerdo con el Libro de la Regla de la Comunidad, para que puedan buscar a Dios... y hacer ante Él lo que es bueno y justo, como Él ordenó mediante Moisés y todos Sus servidores los Profetas...».[14] Más adelante, la «Regla de la comunidad» establece que todo el que «transgrede una palabra de la Ley de Moisés, o cualquier otro punto, será expulsado»[15] y que la Ley durará «mientras dure el dominio de Satanás».[16] En su rigurosa observancia de la Ley, Jesús, sorprendentemente, está mucho más cerca de los textos de Qumran que de Pablo. En el Sermón de la Montaña (Mateo 5:17-19), Jesús deja bien clara su postura, postura que luego traicionaría Pablo:

> No penséis que he venido a abolir la Ley y los Profetas. No he venido a abolir, sino a dar cumplimiento. Sí, os lo aseguro: el cielo y la tierra pasarán antes que pase una i o una tilde de la Ley sin que todo suceda. Por lo tanto, el que traspase uno de estos mandamientos más pequeños y así lo enseñe a los hombres, será el más pequeño en el Reino de los Cielos…

Si la observancia de la Ley por parte de Jesús coincide con la de la comunidad de Qumran, lo mismo ocurre con su elección de la fecha de la Última Cena. Durante siglos, los comentaristas bíblicos se han sentido desconcertados por los relatos aparentemente contradictorios de los Evangelios. En Mateo (26:17-19) se describe la Última Cena como una comida de Pascua, y Jesús es crucificado al día siguiente. Pero en el Evangelio de Juan (13:1 y 18:28) se dice que ocurre *antes* de la Pascua. Algunos especialistas han tratado de salvar la contradicción reconociendo que la Última Cena es realmente una fiesta de Pascua, pero una fiesta de Pascua celebrada de acuerdo con un calendario diferente. La comunidad de Qumran utilizaba precisamente un calendario como ése: un calendario solar, en contraste con el calendario lunar utilizado por los sacerdotes del Templo.[17] En cada calendario, la Pascua caía en una fecha diferente; y Jesús, no hay duda, utilizaba el mismo calendario que la comunidad de Qumran.

Por cierto, la comunidad de Qumran celebraba una fiesta que suena muy parecida, en sus características rituales, a la Última Cena que describen los Evangelios. La «Regla de la comunidad» establece que «cuando ha quedado preparada la mesa... el Sacerdote será el primero en extender la mano y bendecir los primeros frutos del pan y el nuevo vino».[18] Y otro texto de Qumran, la «Regla mesiánica», agrega: «Se reunirán en la mesa común, a comer y a beber nuevo vino..., que ningún hombre extienda la mano sobre los primeros frutos del pan y el vino antes que el Sacerdote..., luego, el Mesías de Israel extenderá la mano sobre el pan».[19]

Este texto fue suficiente para convencer incluso a Roma. Según el cardenal Jean Danielou, en un libro que llevaba el «nihil obstat» del Vaticano, «Cristo debe de haber celebrado la Última Cena la víspera de Pascua según el calendario esenio».[20]

Uno se imagina la reacción del padre De Vaux y de su equipo cuando descubrieron los, según parecía, extraordinarios paralelos entre los textos de Qumran y lo que se conocía del «cristianismo primitivo». Hasta entonces se había creído que las enseñanzas de Jesús eran únicas: es verdad que utilizaba fuentes del Antiguo Testamento, pero tejía esas referencias creando un mensaje, un evangelio, una declaración de «buenas nuevas» que nunca se habían pronunciado en el mundo. Pero ahora habían salido a la luz ecos de ese mensaje, y quizá hasta del propio drama de Jesús, entre una colección de antiguos pergaminos conservados en el desierto de Judea.

Para un historiador agnóstico, o hasta para un cristiano no dogmático, ese descubrimiento habría sido muy excitante. Quizá uno tocaría con cierto temor sagrado esos documentos que pertenecían nada menos que a la época en que Jesús y sus discípulos andaban por las arenas de la antigua Palestina, caminando entre Galilea y Judea. Uno, sin duda, y con algo de estremecimiento, se habría sentido más cerca del propio Jesús. Los someros detalles del drama y del medio ambiente en que se movía Jesús se habrían librado de la letra impresa a la que habían estado confinados durante veinte siglos: habrían adquirido densidad, textura, solidez. Los rollos del mar Muerto no eran como un libro moderno que expone una tesis polémica; ofrecerían pruebas directas, sostenidas por los robustos puntales de la ciencia y la erudición del siglo XX. Hasta para un no creyente se habría planteado una cuestión de responsabilidad moral. Por muy grande que fuese su escepticismo, ¿podría él, despreocupadamente y de un solo plumazo, socavar la fe a la que se aferraban millones buscando alivio y consuelo? De Vaux y sus colegas, al trabajar como representantes de la Iglesia católica, debían de sentirse como si estuvieran manejando el equivalente espiritual y religioso de la dinamita: algo que podría llegar a demoler todo el edificio de la enseñanza y la fe cristianas.

9

Los rollos

No es posible ni oportuno hacer en este libro una lista de todos los textos que se sabe han sido encontrados en Qumran, ni siquiera de los que han sido traducidos y publicados. Muchos de ellos tiene sólo interés para los especialistas. La mayoría de ellos consiste sólo en pequeños fragmentos, cuyo contexto y significación no pueden ser reconstruidos. Una cantidad considerable son comentarios sobre diversos libros del Antiguo Testamento, lo mismo que de otras obras judaicas conocidas como apócrifos o seudoepígrafos. Pero conviene a estas alturas señalar algunos de los documentos de Qumran que contienen material de especial interés, y dos en particular que no sólo resultarán muy reveladores, sino también muy polémicos.

El «Rollo de cobre»

Encontrado en la cueva de Qumran designada con el número 3, el «Rollo de cobre» simplemente enumera, en el tono aburrido de un inventario, sesenta y cuatro lugares donde se afirma que ha sido ocultado un tesoro de oro, plata y vasijas de uso religioso. Muchos de los sitios están en la misma Jerusalén, algunos de ellos debajo del Templo o contiguos a él. Otros están en el campo circundante, quizá tan lejos como la propia Qumran. Si las cifras del rollo son correctas, el peso total de los diversos y dispersos escondites asciende a sesenta y cinco toneladas de plata y veintiséis toneladas de oro que, a precios de hoy, valdrían unos treinta millones de libras esterlinas. No es una suma tan pasmosa, después de todo —un galeón español hundido, por ejemplo, valdría mucho más—, pero pocos la despreciarían; y la importancia religiosa y simbólica de semejante tesoro lo pondría más allá de todo valor monetario. Aunque no se dijo cuando se dio a publicidad el contenido del rollo, el texto establece claramente que el tesoro provenía del Templo, de donde fue sacado y ocultado, presumiblemente para protegerlo de los invasores romanos. Uno puede por lo tanto concluir que el «Rollo de cobre» data de la época de la invasión romana de 68 d. C. Como hemos señalado, ciertos integrantes del equipo internacional, como el profesor Cross y el ex padre Milik, consideraban que el tesoro era totalmente ficticio. Sin embargo, la mayoría de los investigadores independientes coinciden ahora en que el tesoro existió de verdad, aunque nunca se han podido encontrar los sitios donde estaba depositado. Las direcciones, sitios y marcas que se mencionan están indicados por nombres locales que se han perdido hace mucho tiempo; y la configuración general de la zona, a lo largo de dos mil años e incontables guerras, ha cambiado tanto que resulta irreconocible.

Pero en 1988 se realizó un descubrimiento un poco al norte de la cueva donde fue encontrado el «Rollo de cobre». Allí, en otra cueva, aproximadamente a un metro de profundidad, fue exhumado un pequeño jarro que databa de la época de Herodes y sus inmediatos sucesores. Es evidente que la jarra estaba considerada como algo muy valioso, y había sido escondida con mucho cuidado, envuelta en una capa protectora de fibras de palma. Resultó que contenía un aceite rojo y espeso diferente de todos los aceites conocidos actualmente. Se cree que ese aceite es aceite de bálsamo, un precioso producto que, según se cuenta, se fabricaba cerca, en Jericó, y se utilizaba tradicionalmente para ungir a los legítimos reyes de Israel.[1] Pero no se puede verificar esto de manera concluyente, porque el bálsamo es un árbol que se extinguió hace quince siglos.

Si el aceite es en verdad aceite de bálsamo, quizá forme parte del tesoro estipulado en el «Rollo de cobre». De todos modos, es un producto absurdamente costoso para que lo hubiese utilizado una comunidad de ascetas supuestamente aislados en el desierto. Pero como hemos señalado, una de las características del «Rollo de cobre» es que demuestra que Qumran, después de todo, no estaba tan aislada. Por el contrario, parece establecer vínculos entre la comunidad de Qumran y facciones relacionadas con el Templo en Jerusalén.

La «Regla de la comunidad»

Encontrado en la cueva 1 de Qumran, el rollo de la «Regla de la comunidad» bosqueja, como hemos dicho, los rituales y las reglas que gobiernan la vida en la comunidad del desierto. Establece una jerarquía de autoridad para sus habitantes. Dicta instrucciones para el Maestro de la comunidad y para los diversos funcionarios subordinados a él. También especifica los principios de conducta y los castigos por la violación de esos principios. Por ejemplo: «Quien haya mentido deliberadamente hará penitencia durante seis meses».[2] El texto comienza enunciando las bases sobre las que la comunidad se define y distingue a sí misma. Todos los integrantes deben celebrar una «alianza ante Dios, por la que se comprometen a obedecer todos Sus mandamientos»,[3] y el que practique esa obediencia será «lavado de todos sus pecados».⁴ Se le otorga a la observancia de la Ley una posición suprema. Entre los diversos términos utilizados por la comunidad para designarse a sí misma, encontramos «Guardianes de la Alianza»⁵ y los que tienen «celo por la Ley».⁶

Entre los rituales estipulados, está el de la limpieza y purificación mediante el bautismo: no una vez sino, aparentemente, todos los días. También se especifican oraciones diarias, al alba y al crepúsculo, que incluyen recitaciones de la Ley. Y habla de una «Comida de la Congregación»⁷ ritualmente purificada: una comida muy parecida, como lo atestiguan otros rollos, a la «Última Cena» de la llamada «Iglesia primitiva».

La «Regla de la comunidad» también habla del «Consejo» de la Comunidad, integrado por doce hombres y, quizá, por otros tres sacerdotes. Ya hemos hablado de los interesantes ecos de la imagen de la «piedra de clave» o «piedra angular» respecto del Consejo de la Comunidad. Pero el rollo especifica además que el Consejo «preservará la fe en la tierra con firmeza y mansedumbre y expiará el pecado practicando la justicia y sufriendo los dolores de la aflicción».⁸

En su afán de distanciar a la comunidad de Qumran de Jesús y su séquito, los estudiosos que promueven el consenso del equipo internacional recalcan que el concepto de expiación no figura en las enseñanzas de Qumran: que Jesús se diferencia del Maestro de Justicia de Qumran en gran medida a causa de su doctrina de la expiación. Pero la «Regla de la comunidad» demuestra que la expiación figuraba en Qumran con igual prominencia que en Jesús y sus discípulos en la llamada «Iglesia primitiva».

Por último, la «Regla de la comunidad» presenta al mesías, o tal vez los mesías, en plural. Los integrantes de la comunidad que «caminan por el sendero de la perfección» están obligados a observar celosamente la Ley «hasta la llegada del profeta y los mesías de Aarón e Israel».⁹ Se interpreta por lo general esta referencia como una alusión a dos mesías diferentes, dos figuras igualmente regias, una que desciende de la línea de Aarón y otra de la línea oficial de Israel, esto es, la línea de David y Salomón. Pero la referencia puede también indicar una dinastía de mesías únicos que descienden de ambas líneas y las unen. En el contexto de la época, por supuesto, «mesías» no significa lo que luego llegó a significar en la tradición cristiana. Significa nada más que «el ungido», lo que denota consagración por el aceite. Pareciera que en la tradición israelita tanto los reyes como los sacerdotes —en realidad cualquier pretendiente al más alto cargo— eran ungidos y, por lo tanto, mesías.

El «Rollo de la guerra»

Copias del «Rollo de la guerra» fueron encontradas en las cuevas 1 y 4 de Qumran. En un primer nivel, el «Rollo de la guerra» es un manual muy específico de estrategia y táctica, pensado obviamente para unas circunstancias, un lugar y un tiempo específicos. Así, por ejemplo: «También se colocarán siete escuadrones de jinetes a la derecha y a la izquierda de la formación; sus tropas quedarán de este lado...».[10] Pero en otro nivel, el texto constituye una exhortación y propaganda profética, dirigidas a levantar la moral contra el enemigo invasor, los *kittim* o romanos. El jefe supremo de Israel contra los *kittim* recibe inequívocamente el nombre de «mesías», aunque algunos comentaristas han tratado de disfrazar o disimular esta nomenclatura refiriéndose a él como «Tu ungido».[11] Se afirma que el advenimiento del mesías ha sido profetizado en Números 24:17, donde se dice que «de Jacob avanza una estrella, un cetro surge de Israel». La «estrella» se convierte entonces en un apodo del mesías, el regio guerrero sacerdote-rey que llevará las fuerzas de Israel al triunfo. Como ha subrayado Eisenman, esta profecía que vincula la figura del mesías con la imagen de la estrella aparece en otros sitios de la literatura de Qumran y tiene una importancia crucial. También es significativo que citen la misma profecía fuentes completamente independientes tanto de Qumran como del Nuevo Testamento: historiadores y cronistas de la Roma del siglo I como Josefo, Tácito y Suetonio. Y Simón bar Kokba, instigador de la segunda rebelión contra los romanos entre 132 y 135 d. C., se hacía llamar «Hijo de la Estrella».

El «Rollo de la guerra» da una dimensión metafísica y teológica a la lucha contra los *kittim* al mostrarla como un choque entre los «Hijos de la Luz» y los «Hijos de las Tinieblas». Pero lo que es todavía más importante: el rollo contiene una pista esencial para establecer su propia época y cronología. Al hablar de los *kittim*, el texto hace referencia muy explícita a su «rey». Los *kittim* de los que habla no pueden ser, entonces, soldados de la Roma republicana, que invadió Palestina en 63 a. C. y no tenía monarca. Por el contrario, tendrían que ser los soldados de la Roma imperial, que la invadió tras el levantamiento de 66 d. C., aunque, por supuesto, las tropas de ocupación habían estado presentes en Palestina desde la imposición de prefectos o procuradores imperiales romanos en 6 d. C. Queda entonces claro que el «Rollo de la guerra» debe ser visto en el contexto no de tiempos precristianos sino del siglo I. Como veremos, la evidencia interna de la cronología —que los partidarios del consenso tratan de ignorar— aparece desarrollada de modo todavía más persuasivo en otro de los textos de Qumran, el decisivo «Comentario de Habacuc».

El «Rollo del Templo»

Se cree que el «Rollo del Templo» fue encontrado en la cueva 11, aunque eso no se ha podido determinar con certeza. Como su nombre indica, el rollo se ocupa, al menos en parte, del Templo de Jerusalén, del diseño, mobiliario, instalaciones y accesorios de su estructura. También da algunos detalles específicos de rituales practicados en el Templo. Pero, al mismo tiempo, el nombre otorgado al rollo por Yigael Yadin es algo engañoso.

En realidad, el «Rollo del Templo» es una especie de Torá, o Libro de la Ley: una especie de Torá alternativa utilizada por la comunidad de Qumran y otras facciones en diferentes lugares de Palestina. La Torá «oficial» del judaísmo comprende los primeros cinco libros del Antiguo Testamento: Génesis, Éxodo, Levítico, Números y Deuteronomio, considerados los libros de leyes recibidos por Moisés en el monte Sinaí, y cuya autoría se atribuye tradicionalmente al propio Moisés. El «Rollo del Templo» constituye, de algún modo, un sexto Libro de la Ley.

Las leyes que contiene no se limitan a los ritos de adoración y práctica en el Templo. Hay también leyes relacionadas con asuntos más generales, como la purificación ritual, el matrimonio y las costumbres sexuales. Lo más importante e interesante de todo, hay leyes que rigen la institución de la monarquía en Israel: el carácter, el comportamiento, la conducta y las obligaciones del rey. Está, por ejemplo, estrictamente prohibido que el rey sea un extranjero. Al rey se le prohíbe tener más de una mujer. Y, al igual que los demás judíos, tiene prohibido casarse con su hermana, su tía, la mujer de su hermano o su sobrina.[12]

No hay nada nuevo ni sorprendente en la mayoría de estos tabúes. Se los encuentra en Levítico 18-20 del Antiguo Testamento. Pero uno de ellos —el que prohíbe que el rey se case con su sobrina— es nuevo. Sólo aparece en otro sitio, en otro de los rollos del mar Muerto, el «Documento de Damasco». Como ha señalado Eisenman, esta limitación ofrece una importante pista sobre la fecha tanto del «Rollo del Templo» como del «Documento de Damasco» y, por extensión, naturalmente, de todos los demás manuscritos del mar Muerto. Como hemos dicho, el equipo internacional considera que los rollos del mar Muerto son precristianos, y que datan de la era de los reyes macabeos de Israel. Pero no existe ninguna prueba de que los reyes macabeos —o cualquier otro rey israelita anterior a ellos— se hubiesen casado con sobrinas o hubiesen sido criticados por hacerlo.[13] Aparentemente no existía ese problema. O el casamiento con una sobrina era aceptado o nadie lo había practicado. En cualquiera de los dos casos, no estaba prohibido.

Pero la situación cambió dramáticamente con el ascenso de Herodes y sus descendientes. En primer lugar, Herodes era, según el criterio judaico de la época, un extranjero, de raza árabe de Idumea, la región al sur de Judea. En segundo lugar, los reyes herodianos acostumbraban a casarse con sus sobrinas. Y las princesas herodianas se casaban habitualmente con sus tíos. Berenice, hermana del rey Agripa II (48-53 d. C.), se casó con su tío, por ejemplo. Herodías, hermana de Agripa I (37-44 d. C.), fue aún más lejos, al casarse sucesivamente con dos tíos. Por lo tanto, los reparos del «Rollo del Templo» tienen especial relación con un período muy específico, y constituyen una crítica directa a la dinastía herodiana: una dinastía de reyes títeres y extranjeros, impuestos por la fuerza a Israel y sostenidos en el poder por la Roma imperial.

En suma, la evidencia del «Rollo del Templo» contradice el consenso del equipo internacional en tres aspectos principales:

1. Según el consenso, la comunidad de Qumran no tenía relación ni interés en el Templo ni en el judaísmo «oficial» de la época. Pero al igual que el «Rollo de cobre», el «Rollo del Templo» demuestra que la comunidad de Qumran sí estaba preocupada por los asuntos del Templo y por la teocracia gobernante.

2. Según el consenso, los supuestos «esenios» de Qumran estaban en buenas relaciones con Herodes. Sin embargo, el «Rollo del Templo» se toma la molestia de incluir ciertos reparos específicos: reparos pensados para condenar a Herodes y su dinastía.[14] Esos reparos carecerían de sentido en cualquier otro contexto.

3. Según el consenso, el propio «Rollo del Templo», lo mismo que todos los demás textos de Qumran, data de tiempos precristianos. Pero la evidencia interna del rollo apunta a cuestiones que sólo serían pertinentes durante el período herodiano: es decir, durante el siglo I de la era cristiana.

El «Documento de Damasco»

El mundo sabía del «Documento de Damasco» desde mucho antes del descubrimiento de los rollos del mar Muerto en Qumran. Pero al no disponer de un contexto, los estudiosos no sabían cómo tomarlo. Hacia fines del siglo XIX, se descubrió que el desván de una vieja sinagoga de El Cairo contenía una *guenizá* —un depósito para guardar textos estropeados o redundantes— que databa del siglo IX d. C. En 1896, unos cuantos fragmentos de esa *guenizá* fueron confiados a un tal Solomon Schecter, un profesor de la Universidad de Cambridge que estaba en ese momento en El Cairo. Resultó que un fragmento contenía la versión hebrea original de un texto que durante mil años sólo había sido conocido en traducciones secundarias. Eso incitó a Schecter a profundizar su investigación. En diciembre de 1896, juntó todo el contenido de la *guenizá* —164 cajas de manuscritos en las que iban 100.000 piezas— y se lo llevó consigo a Cambridge. De esa mezcolanza de material salieron dos versiones de lo que se conocería como el «Documento de Damasco». Las versiones de la *guenizá* de El Cairo eran, por supuesto, copias posteriores de una obra mucho más antigua. Los textos eran incompletos, carecían de finales y quizá de porciones grandes en el medio; el orden de los textos estaba revuelto y el desarrollo lógico de sus temas era confuso. Pero hasta de esa manera embrollada el «Documento de Damasco» era provocativo, potencialmente explosivo. Schecter lo publicó por primera vez en 1910. En 1913, R. H. Charles lo reeditó en su compilación de *The Apocrypha and Pseudoepigrapha of the Old Testament.*

Cuando Eisenman recibió, y entregó a *Biblical Archaeology Review,* la lista de ordenador que inventariaba todo el material de Qumran en manos del equipo internacional, figuraban, entre los manuscritos, versiones y/o fragmentos adicionales del «Documento de Damasco». Al haber sido encontrados en Qumran, eran evidentemente mucho más antiguos que los de la *guenizá* de El Cairo, y quizá más completos. Fueron los paralelos de Qumran y los fragmentos del «Documento de Damasco» lo que Eisenman y Philip Davies de Sheffield pidieron ver en su carta formal a Strugnell, precipitando así la amarga y vengativa controversia de 1989. ¿Por qué ese documento era semejante manzana de la discordia?

El «Documento de Damasco» habla en primer lugar de un grupo de judíos que, a diferencia de sus correligionarios, permanecieron fieles a la ley. Entre ellos apareció un Maestro de Justicia. Como Moisés, los llevó al desierto, a un lugar llamado «Damasco», donde establecieron una renovada «Alianza» con Dios. Numerosas referencias textuales confirman que esa Alianza es la misma que cita la «Regla de la comunidad» de Qumran. Y es evidente —ningún especialista lo discute— que el «Documento de Damasco» habla de la misma comunidad que los otros rollos de Qumran. Sin embargo, se dice que la comunidad está situada en «Damasco».

Resulta claro, por el contexto del documento, que el lugar del desierto llamado «Damasco» no puede de ninguna manera ser la ciudad romanizada de Siria. El sitio de Damasco, ¿podría en realidad haber sido Qumran? No se sabe bien por qué el nombre del lugar fue enmascarado de esa manera, aunque la simple autopreservación, dictada por la confusión que siguió a la sublevación de 66 d. C., podría ser suficiente explicación, y Qumran en ese tiempo carecía de nombre. De todos modos, no parece una coincidencia que, según la lista impresa del equipo internacional, se hayan encontrado no menos de diez copias o fragmentos del «Documento de Damasco» en las cuevas de Qumran.[15]

Al igual que la «Regla de la comunidad», el «Documento de Damasco» incluye una lista de reglas. Algunas de esas reglas son idénticas a las de la «Regla de la comunidad». Pero hay además algunas otras, que vale la pena tener en cuenta. Una se refiere al matrimonio y a los hijos, lo que prueba que los integrantes de la comunidad de Qumran no eran, como sostenía el padre De Vaux, «esenios» célibes. Una segunda se refiere —aunque de pasada, como si lo supiera todo el mundo— a las comunidades afiliadas diseminadas por toda Palestina. En otras palabras, Qumran no estaba tan aislada del mundo de su tiempo como sostenía De Vaux.

El «Documento de Damasco» truena contra tres delitos en particular, delitos que, se dice, cunden entre los enemigos del «Justo», los que han abrazado la «Nueva Alianza». Se identifican esos delitos como la riqueza, la profanación del Templo (acusación planteada también por el «Rollo del Templo») y una definición muy limitada de la fornicación: tomar más de una mujer o casarse con la sobrina. Como ha demostrado Eisenman, el «Documento de Damasco» se hace eco del «Rollo del Templo», al referirse a asuntos de interés reservado al período de la dinastía herodiana.[16] Y se hace eco, como veremos, de una disputa en la comunidad que tiene un papel más importante en otro de los rollos del mar Muerto, el «Comentario de Habacuc». Esta disputa involucra a un hombre nombrado como «el Mentiroso», que deserta de la comunidad y se convierte en su enemigo. El «Documento de Damasco» condena a los «que entran en la Nueva Alianza en la tierra de Damasco, y que de nuevo la traicionan y se van».[17] Poco más adelante, el documento habla de los «que desertaron pasando al bando del Mentiroso».[18]

El «Documento de Damasco» también se hace eco de la «Regla de la comunidad» y del «Rollo de la guerra» al hablar de una figura mesiánica (o tal vez de dos figuras) que llegará a «Damasco»: un profeta o «Intérprete de la Ley» llamado «la Estrella» y un príncipe de la línea de David llamado «el Cetro».[19] En otras cinco ocasiones, el manuscrito se centra en una única figura, «el Mesías de Aarón e Israel».[20]

Más adelante exploraremos el significado de esta figura mesiánica. Por el momento, vale la pena considerar las consecuencias de que se utilice «Damasco» como denominación de Qumran. A la mayoría de los cristianos, por supuesto, «Damasco» les resulta conocida por el capítulo 9 de los Hechos de los Apóstoles, donde se supone que se refiere a la ciudad romanizada de Siria, la actual capital del país. Es en el camino a Damasco donde Saulo de Tarso, en uno de los pasajes más conocidos y más esenciales del Nuevo Testamento, experimenta su conversión en Pablo.[21]

Según Hechos 9, Saulo es una especie de inquisidor y ejecutor, enviado por el sumo sacerdote del Templo de Jerusalén a reprimir la comunidad de judíos herejes —esto es, «cristianos primitivos»— que residían en Damasco. El clero colabora con los romanos de la ocupación, y Saulo es uno de sus instrumentos. En Jerusalén ya se dice que ha participado activamente en ataques contra la «Iglesia primitiva». En realidad, si damos crédito a los Hechos, participa personalmente en los sucesos que rodean la lapidación del hombre identificado como Esteban, considerado por la ulterior tradición como el primer mártir cristiano. Él mismo admite que ha perseguido a sus víctimas «hasta la muerte».

Incitado por ese fervor fanático, Saulo parte hacia Damasco, con el propósito de descubrir integrantes fugitivos de la «Iglesia primitiva» instalados en ese lugar. Lo acompaña una banda de hombres presumiblemente armados; y él lleva órdenes de arresto que le ha dado el sumo sacerdote de Jerusalén.

Siria, en esa época, no formaba parte de Israel, sino que era una provincia romana distinta, gobernada por un legado romano, sin vinculación administrativa ni política con Palestina. ¿Cómo podía, entonces, tener valor allí la orden del sumo sacerdote? No es muy probable que el Imperio romano hubiese autorizado la formación espontánea de «escuadrones de la muerte» para que anduviesen pasando de un territorio a otro dentro de sus dominios, practicando arrestos, perpetrando crímenes y amenazando la precaria estabilidad del orden cívico. Según la política oficial, eran toleradas todas las religiones, siempre que no representasen un desafío a la autoridad secular o a la estructura social. Un «escuadrón de la muerte» con base en Jerusalén que operase en Siria habría justificado alguna rápida y horrible represalia de la administración romana: represalia que ningún sumo sacerdote, cuyo puesto dependía de la aprobación romana, se atrevería a provocar. Dadas esas circunstancias, ¿cómo pudo Saulo de Tarso, armado con órdenes de arresto del sumo sacerdote, realizar su expedición punitiva a Damasco, suponiendo que «Damasco» fuera en verdad la ciudad de Siria?

Pero si se entiende que «Damasco» es Qumran, la expedición de Saulo cobra de pronto un perfecto sentido histórico. A diferencia de Siria, Qumran *quedaba* en territorio donde tenían legítimo valor las órdenes del sumo sacerdote. Sería del todo posible que el sumo sacerdote de Jerusalén enviase a sus «ejecutores» a extirpar a los judíos herejes de Qumran, a sólo treinta kilómetros de distancia, cerca de Jericó. Esa acción se habría ajustado totalmente a la política romana, que se cuidaba de no inmiscuirse en asuntos puramente internos. Los judíos, en otras palabras, tenían total libertad para acosar y perseguir a otros judíos dentro de sus dominios mientras esas actividades no afectasen a la administración romana. Y como el sumo sacerdote era un títere de Roma, sus esfuerzos por extirpar correligionarios rebeldes serían tanto más bienvenidos.

Sin embargo, a pesar de su plausibilidad histórica, esta explicación plantea algunos problemas difíciles. Según el consenso del equipo internacional, la comunidad de Qumran estaba formada por sectarios judaicos: los llamados «esenios», una secta pacifista y ascética que no tenía relación ni con el cristianismo primitivo ni con la «corriente principal» del judaísmo de la época. No obstante, Saulo, según los Hechos, parte hacia Damasco a perseguir miembros de la «Iglesia primitiva». Aparece aquí, entonces, un provocativo reto tanto para la tradición cristiana como para los partidarios del consenso, que cuidadosamente han eludido enfrentar el asunto. O algunos miembros de la «Iglesia primitiva» estaban refugiados en la comunidad de Qumran... o la «Iglesia primitiva» y la comunidad de Qumran eran la misma cosa. De todas formas, el «Documento de Damasco» indica que no se pueden alejar los rollos del mar Muerto de los orígenes del cristianismo.

El «Comentario de Habacuc»

Encontrado en la cueva 1 de Qumran, el *Habacuc Pesher* o «Comentario de Habacuc» representa tal vez la aproximación más estrecha, en todo el corpus de manuscritos del mar Muerto conocidos, a una crónica de la comunidad o, al menos, a algunas situaciones importantes de su historia. Se centra ante todo en la misma disputa que describe el «Documento de Damasco». Esa disputa, que rayaba en un incipiente cisma, parece haber sido un suceso traumático en la vida de la comunidad de Qumran. Figura no sólo en el «Documento de Damasco» y el «Comentario de Habacuc», sino en otros cuatro textos de Qumran; y parece que hay referencias a ella en cuatro manuscritos más.[22]

Al igual que el «Documento de Damasco», el «Comentario de Habacuc» relata cómo ciertos integrantes de la comunidad, inicuamente instigados por una figura identificada como el Mentiroso, se separan, rompen la Nueva Alianza y dejan de observar la Ley. Esto precipita un conflicto entre ellos y el jefe de la comunidad, el Maestro de Justicia. También se menciona a un infame adversario conocido como «el Sacerdote Malvado». Los partidarios del consenso han tendido por lo general a considerar al Mentiroso y al Sacerdote Malvado como dos motes diferentes para la misma persona. Pero hace poco, Eisenman ha demostrado de manera convincente que el Mentiroso y el Sacerdote Malvado son dos personajes bien distintos.[23] Ha dejado bien sentado que el Mentiroso, a diferencia del Sacerdote Malvado, surge *dentro* de la comunidad de Qumran. Tras ser admitido por la comunidad y aceptado como miembro de cierta reputación, deserta. Por lo tanto no es solamente un adversario, sino un traidor. Por contraste, el Sacerdote Malvado es alguien de fuera, un representante del clero del Templo. Aunque es un adversario, no es traidor. Lo que lo hace importante para nuestros propósitos es la pista que nos proporciona para dar una fecha a los sucesos relatados en el «Comentario de Habacuc». Si el Sacerdote Malvado es un integrante del *establishment* del Templo, significa que el Templo sigue en pie y el *establishment* intacto. En otras palabras, las actividades del

Sacerdote Malvado *preceden* a la destrucción del Templo por las tropas romanas.

Como en el «Rollo de la guerra», pero de manera todavía más explícita, aparecen referencias que no pueden estar dirigidas a la Roma republicana sino a la Roma imperial: es decir, la Roma del siglo I d. C. El «Comentario de Habacuc», por ejemplo, se refiere a una práctica específica: las tropas romanas victoriosas hacen ofrendas rituales a sus estandartes. Josefo ofrece pruebas escritas de esta práctica en la época de la caída del Templo en 70 d. C.[24] Y es, en realidad, una práctica que no tendría sentido en tiempos de la República, cuando las tropas victoriosas habrían ofrecido sacrificios a sus dioses. Sólo con la creación del imperio, cuando se otorgaba al propio emperador el rango de divinidad, transformándolo en el dios supremo de sus súbditos, estarían engalanados los estandartes de sus soldados con su imagen, o símbolo, o monograma. Entonces el «Comentario de Habacuc», al igual que el «Rollo de la guerra», el «Rollo del Templo» y el «Documento de Damasco», apunta específicamente a la época herodiana.

10

Ciencia al servicio de la fe

Según el consenso del equipo internacional, los sucesos históricos reflejados en *todos* los más importantes manuscritos del mar Muerto ocurrieron en tiempos macabeos: entre mediados del siglo II a. C. y mediados del siglo I a. C. Al Sacerdote Malvado que persigue, enjuicia y tal vez mata al Maestro de Justicia lo identifican por lo general como Jonatán Macabeo, o quizá su hermano Simón, quienes disfrutaron de puestos de importancia durante esa época; y la invasión del ejército extranjero se supone que es la lanzada por los romanos bajo Pompeyo en 63 a. C.[1] El fondo histórico de los rollos es entonces alejado a la seguridad de tiempos precristianos, donde por lo tanto pierde toda posibilidad de cuestionar las enseñanzas y la tradición del Nuevo Testamento.

Pero aunque algunos de los manuscritos del mar Muerto se refieren sin duda a tiempos precristianos, es un lamentable error —para algunos tal vez sea una ofuscación deliberada— concluir que ocurre eso con todos. Pompeyo, que invadió Tierra Santa en 63 a. C., era, por supuesto, contemporáneo de Julio César. En tiempos de Pompeyo y César, Roma era todavía una república; se convirtió en imperio en 27 a. C., con el hijo adoptivo de César,

Octavio, que adoptó el título imperial de Augusto. Si la invasión romana a la que se refieren los rollos fuera la de Pompeyo, habría sido obra de los ejércitos de la Roma republicana. Pero la «Regla de la guerra» habla de un «rey» o «monarca» de los invasores. Y el «Comentario de Habacuc» es todavía más explícito en su referencia a los invasores victoriosos que hacen sacrificios a sus estandartes. Parecería entonces evidente que la invasión en cuestión fue la de la Roma imperial: la invasión provocada por la rebelión de 66 d. C.

El profesor Godfrey Driver, de Oxford, encontró numerosas referencias textuales dentro de los rollos que ofrecían pistas acerca de su fecha de composición. Centrándose en particular en el «Comentario de Habacuc», llegó a la conclusión de que los invasores no podían ser otros que «las legiones romanas en tiempos de la sublevación de 66 d. C.». Esa conclusión, agregaba, «queda fuera de toda duda por la referencia al sacrificio a los estandartes militares».[2] Sin embargo, sus afirmaciones provocaron un cruel ataque del padre De Vaux, que reconoció que ese razonamiento llevaba inexorablemente a la conclusión de que «el fondo histórico de los rollos es por lo tanto la guerra contra Roma».[3] Eso, por supuesto, De Vaux no lo podía aceptar. Pero al mismo tiempo no podía refutar una evidencia tan precisa. Se las ingenió entonces para rechazar la evidencia y atacar sólo la tesis general de Driver: «Driver ha partido de la idea preconcebida de que todos los rollos son poscristianos, y que esta idea se basa en el engañoso testimonio de la ortografía, el lenguaje y el vocabulario».[4] Era tarea de historiadores profesionales, declaró, «decidir si la abigarrada historia [de Driver]... tiene suficiente fundamento en los textos».[5] Resulta interesante que De Vaux, que enseñaba historia bíblica en la École Biblique, se echase encima de pronto (al menos cuando tenía que contestarle al profesor Driver) un manto de falsa modestia y no se atreviese a considerarse un historiador, refugiándose detrás de los supuestos baluartes de la arqueología y la paleografía.[6] En realidad, los datos arqueológicos refuerzan los indicios cronológicos proporcionados por los datos internos de los propios rollos. Los indicios externos coinciden con los indicios internos: el consenso parece no darse cuenta todavía. A veces eso ha llevado a un embarazoso *faux pas*.

Recordaremos que De Vaux emprendió una excavación preliminar de las ruinas de Qumran en 1951. Sus descubrimientos fueron suficientemente importantes como para justificar una iniciativa más ambiciosa. Pero vino un período de lasitud, y no se realizó ninguna excavación de gran alcance hasta 1953. Luego hubo excavaciones anuales hasta 1956; y en 1958 se excavó también en Ein Feshka, un sitio conexo a poco más de un kilómetro hacia el sur. En su afán de alejar a la comunidad de Qumran de toda relación con el cristianismo primitivo, De Vaux se apresuró a publicar sus conclusiones sobre la fecha de los manuscritos. En algunos casos ni siquiera esperó a tener el apoyo de pruebas arqueológicas. Ya en 1954 el profesor jesuita Robert North descubrió no menos de cuatro casos en los que De Vaux había tenido que retractarse de las fechas propuestas. A North también le pareció deplorable que, en un asunto tan importante, no se hubiese recurrido a especialistas «independientes de la influencia de De Vaux» para pedirles sus conclusiones.[7] Pero De Vaux no acostumbraba a pedir opiniones que pudiesen entrar en conflicto con las propias y ayudasen a ver el material de una manera más polémica. Tampoco se afanaba mucho por anunciar sus errores cuando los cometía. Aunque rápido para publicar y publicitar conclusiones que confirmaban sus tesis, era notablemente lento para retractarse cuando se demostraba que eran erróneas.

Un elemento importante para De Vaux era una gruesa capa de ceniza que cubría los alrededores de las ruinas. Esa capa de ceniza atestiguaba sin duda alguna forma de incendio, que evidentemente había causado una considerable destrucción. En realidad, debido a ese incendio Qumran había estado parcialmente (si no del todo) abandonada durante algunos años. Un estudio de las monedas encontradas en el lugar demostró que el incendio había ocurrido hacia comienzos del reinado de Herodes el Grande, que ocupó el trono desde 37 a. C. hasta 4 d. C. La misma información indicaba que la reconstrucción había comenzado bajo el régimen del hijo de Herodes, Arquelao, que gobernó (no como rey sino como etnarca) entre 4 a. C. y 6 d. C.

Según la tesis de De Vaux, la comunidad de Qumran estaba integrada por «esenios» supuestamente apacibles, ascéticos y amantes de la paz, en buenas relaciones con Herodes y con todos los demás. Si ése hubiera sido el caso, el incendio que destruyó la comunidad no tendría que haber sido producido por alguna intención humana deliberada —un hecho de guerra, por ejemplo—, sino por un accidente o un desastre natural. Por suerte para De Vaux, se descubrió una grieta grande que atravesaba una cisterna. Aunque investigadores independientes no encontraron indicios de que esa grieta pasase de la cisterna, De Vaux aseguró que la había rastreado a través de todas las ruinas, a través de toda la comunidad de Qumran.[8] Aunque eso fuese cierto, concluyeron varios expertos, quizá se lo podría atribuir a la erosión.[9] Pero para De Vaux la grieta, tal como se la veía, parecía el resultado de uno de los muchos terremotos que había sufrido la región a lo largo de los siglos. En otras palabras, en vez de tratar de identificar la causa de la grieta, De Vaux se puso a hurgar en busca de un posible terremoto. Dio la casualidad de que existía constancia de un terremoto más o menos conveniente. Josefo habla de uno que ocurrió hacia el comienzo del reinado de Herodes, en 31 a. C. Eso, concluyó De Vaux, había provocado el incendio que obligó a abandonar la comunidad. No se molestó en explicar por qué la reconstrucción tardó un cuarto de siglo en comenzar, para ser realizada de pronto con notable rapidez.

Robert Eisenman señala el manejo notablemente preciso del tiempo en la demora de la reconstrucción, que coincide perfectamente con el reinado de Herodes. Apenas murió Herodes comenzó la reconstrucción, y parte de esa reconstrucción consistió en el fortalecimiento de las torres defensivas y en la creación de una muralla. Parece claro que, por algún motivo que De Vaux decidió no averiguar, nadie se atrevió a reconstruir Qumran mientras Herodes permaneciese en el trono. Pero ¿por qué ocurriría eso si la comunidad mantenía con Herodes relaciones tan amistosas como sostenía De Vaux, y si la destrucción de la comunidad se debió a un terremoto? Parece mucho más probable que la comunidad fuese destruida de manera deliberada, por orden de Herodes, y que la reconstrucción *no pudo* empezar antes de su muerte. Pero ¿por qué habría de ordenar Herodes la destrucción de una comunidad tan apacible, tan universalmente amada, tan divorciada de la actividad política?

De manera voluntaria o por negligencia, De Vaux siguió inconsciente de esas cuestiones. Pero llegó un momento en que la lógica que utilizaba para apoyar su hipotético terremoto resultó demasiado forzada hasta para su más incondicional apoyo, el entonces padre Milik. En 1975, refiriéndose al fuego y al supuesto terremoto, Milik escribió:

> Los indicios arqueológicos de Qumran no son inequívocos en cuanto a esos dos sucesos... La gruesa capa de cenizas hace pensar en una conflagración muy violenta, que se explica como resultado de un intento consciente de quemar todo el edificio; las cenizas quizá muestran, entonces, los rastros de una destrucción intencional de Qumran.[10]

No se puede determinar con certeza si el fuego fue causado por un terremoto o por intervención humana deliberada. Desde luego, los indicios apoyan menos a De Vaux que a Milik y a Eisenman, que en esta única ocasión están de acuerdo. Sin embargo, muchos partidarios del consenso siguen invocando el terremoto, que todavía figura con regularidad metronómica en sus textos.

Pero en otro caso fue aún más evidente la mala interpretación —o, para ser caritativos, el ilusionismo— que De Vaux hace de los indicios disponibles. Al comienzo de las excavaciones encontró una moneda muy oxidada en la que, según dijo, «creía» discernir las insignias de la décima legión romana.[11] Dando a entender que citaba a Josefo, dijo también que la décima legión había conquistado Jericó, a doce kilómetros de distancia, en junio de 68 d. C. Todo parecía encajar perfectamente. Partiendo de esa moneda, De Vaux sostuvo que Qumran debía de haber sido destruida por la décima legión en 68 d. C. «Ningún manuscrito de las cuevas —declaró más tarde, poniéndose dogmático mientras se apoyaba en datos discutibles— puede scr posterior a junio de 68 d. C.»[12]

De Vaux había relatado su descubrimiento de la moneda en 1954, en *Revue Biblique*. Repitió la historia cinco años más tarde, en la misma publicación.[13] El «hecho» de la moneda, y la categórica datación que había realizado con ella como prueba, quedaron por lo tanto incorporados al corpus establecido de indicios rutinariamente invocados por los partidarios del consenso. Así, por ejemplo, Frank Cross podía escribir que la moneda estampada con las insignias de la décima legión constituía una «inexorable confirmación».[14]

Sin embargo, De Vaux había cometido dos extraños errores. En primer lugar, había logrado de algún modo leer mal a Josefo y atribuirle exactamente lo opuesto de lo que dice en realidad. Josefo, categóricamente, *no* afirma que la décima legión capturó

Jericó en 68 d. C. Como demostró el profesor Cecil Roth, de las tres legiones romanas que había en la vecindad, sólo la décima no estaba involucrada en la conquista de Jericó.[15] La décima legión se había quedado a una considerable distancia hacia el norte, defendiendo el lado septentrional del valle del Jordán. En segundo lugar, la moneda que había encontrado De Vaux resultó que no pertenecía a la décima ni a ninguna otra legión. Aunque muy dañada y oxidada, al ser estudiada por expertos resultó proceder de Ashkelon y datar de 72 o 73 d. C.

Había aquí un error garrafal que él no podía soslayar. De Vaux no tenía más remedio que publicar una retractación formal. Sin embargo, esa retractación apareció como una nota al pie en su obra *L'archéologie et les manuscrits de la mer Morte*, publicada en francés en 1961 y en traducción inglesa en 1973. «Fue inoportuno mencionarla —dice De Vaux lacónicamente—, porque esa moneda no existe.»[16]

En general, De Vaux tendía a ser descaradamente arrogante en sus conclusiones acerca de las monedas. Cuando encontraba alguna que no se ajustaba a sus teorías, simplemente la descartaba. Así, por ejemplo, encontró una que databa del período comprendido entre 138 y 161 d. C. y le quitó toda importancia con el comentario de que «la debe de haber perdido algún transeúnte».[17] Del mismo modo, naturalmente, una moneda más antigua, con la que trataba de establecer la época y la cronología para los estudios de Qumran, también podía haber sido perdida por un transeúnte; pero De Vaux no parece haber considerado esa posibilidad.

De las pruebas arqueológicas encontradas en Qumran, las monedas han sido especialmente importantes para el equipo internacional y los partidos de su consenso. En efecto, fue sobre la base de estos indicios por lo que dedujeron la duración de la comunidad; y fue mediante la interpretación de esos indicios como establecieron las fechas y la cronología. Sin embargo, antes de Eisenman nadie se había molestado en cuestionar esa mala interpretación. Roth y Driver, como hemos visto, habían intentado establecer una cronología basándose en la evidencia *interna* de los propios rollos. De Vaux y el equipo internacional pudieron desacreditarlos invocando simplemente la evidencia externa supuestamente proporcionada por las monedas. De que esa evidencia había sido falsamente interpretada, nadie se dio cuenta. Eisenman reconoció que Roth y Driver, razonando sobre la base de la evidencia interna, habían en realidad estado en lo cierto. Pero, para probarlo, tenía primero que demostrar la interpretación errónea de la evidencia externa. Empezó con la distribución de las monedas, señalando que revelaban dos períodos de máxima actividad.

Unas 450 monedas de bronce fueron descubiertas en Qumran durante las excavaciones. Abarcaban un lapso de unos dos siglos y medio, desde 135 a. C. hasta 136 d. C. En la siguiente relación están agrupadas según los reinados en los que fueron acuñadas:

1 moneda de 135-140 a. C.
1 moneda de 104 a. C.
143 monedas de 103-76 a. C.
1 moneda de 76-67 a. C.
5 monedas de 67-40 a. C.
4 monedas de 40-37 a. C.
10 monedas de 37-4 a. C.
16 monedas de 4 a. C.-6 d. C.
91 monedas de 6-41 d. C. (época de los procuradores).
78 monedas de 37-44 d. C. (reinado de Agripa I).

2 monedas romanas de 54-58 d. C.

83 monedas de 67 d. C. (segundo año de la sublevación).

5 monedas de 68 d. C. (tercer año de la sublevación).

6 monedas más de la revolución, demasiado oxidadas para poder identificarlas con mayor precisión.

13 monedas romanas de 67-68 d. C.

1 moneda romana de 69-79 d. C.

2 monedas de 72-73 d. C.

4 monedas de 72-81 d. C.

1 moneda romana de 87 d. C.

3 monedas romanas de 98-117 d. C.

6 monedas de 132-136 d. C. (sublevación de Simón bar Kokba).[18]

La distribución de las monedas parecería indicar dos períodos en los que la comunidad de Qumran fue más activa: entre 103 y 76 a. C. y entre 6 y 67 d. C. Hay un total de 143 monedas del primer período y 254 del segundo. Para los partidarios del consenso, esto no encajaba en sus teorías tan limpiamente como quisieran. Según su lectura de los rollos, el personaje que más se ajustaba al papel del Sacerdote Malvado era el sumo sacerdote Jonatán, que vivió entre 160 y 142 a. C.: medio siglo *antes* de la primera concentración de monedas. Para apoyar su tesis, el padre De Vaux necesitaba una fecha muy antigua para la fundación de la comunidad de Qumran. Se vio por lo tanto obligado a sostener que la solitaria moneda acuñada entre 135 y 104 a. C. servía para corroborar su tesis, aunque el sentido común indicaba que la comunidad databa de entre 103 y 76 a. C., el período del que hay una concentración de 143 monedas. Lo más probable es que la moneda más antigua, sobre la que De Vaux basa su argumento, simplemente haya quedado en circulación durante algunos años después de haber sido acuñada.

De Vaux atribuía un significado especial a la desaparición de monedas judaicas después de 68 d. C. y a las diecinueve monedas romanas posteriores a ese año. Eso, sostenía, «prueba» que Qumran fue destruida en 68 d. C.; las monedas romanas, afirmaba, indicaban que las ruinas fueron «ocupadas» por un destacamento de tropas romanas. Sobre esa base, procedió a asignar una fecha definitiva a la deposición de los propios rollos: «Nuestra conclusión: ninguno de los manuscritos que pertenecen a la comunidad es posterior a la destrucción de Hirbet Qumran en 68 d. C.».[19]

La falsedad de este razonamiento es evidente. En primer lugar, se han encontrado monedas que datan de la época de la sublevación de Simón bar Kokba, entre 132 y 136 d. C. En segundo lugar, las monedas sólo indican que la gente andaba por Qumran y se le caían; no indican nada, en uno u otro sentido, sobre la deposición de los manuscritos, que podrían haber sido enterrados en Qumran hasta en la época de Bar Kokba. Y por último, no es muy sorprendente que las monedas posteriores a 68 d. C. fuesen romanas. En los años siguientes a la sublevación, las monedas romanas eran las *únicas* que circulaban en Judea. Si la situación era ésa, no hacía falta que las dejasen caer solamente los romanos.

En cuanto a las conclusiones que se pueden extraer de la arqueología de De Vaux, Eisenman es categórico. Si algo prueba, afirma, es precisamente lo opuesto de lo que De Vaux deduce: prueba que la última fecha en que los rollos fueron depositados en Qumran no es 68 d. C., sino 136 d. C. Cualquier momento anterior a esa fecha estaría en todo de acuerdo con los indicios arqueológicos.[20] Tampoco tiene razón el consenso, agrega Eisenman, al suponer que la destrucción de los principales edificios de Qumran significó necesariamente la destrucción del lugar.[21] Existen, en realidad, indicios de que hubo por lo menos una reconstrucción superficial o rudimentaria, que incluyó un «tosco canal» para llevar agua a la cisterna. De Vaux, de modo poco convincente, afirmó que eso era obra de la guarnición romana que supuestamente, basándose en el dato de las monedas, había ocupado el lugar.[22] Pero el profesor Driver señaló que la absoluta tosquedad de la reconstrucción no hace pensar en una obra romana.[23] De Vaux sostuvo que su teoría, al ajustarse a la presunta destrucción de Qumran en 68 d. C., concordaba con *les données d'histoire,* los «hechos reconocidos y aceptados de la historia»…, «olvidando —como observó secamente el profesor Driver— que los registros históricos no dicen nada de la destrucción de Qumran por los romanos en 68 d. C.». Driver concluyó, en pocas palabras, que *«les données d'histoire* son ficción histórica».[24]

Existe otra prueba arqueológica decisiva que se opone diametralmente al consenso. El propio De Vaux evitó cuidadosa y justificadamente referirse a las ruinas de Qumran como «monasterio». Como explicó, «nunca utilicé la palabra al escribir acerca de las excavaciones de Qumran, precisamente porque representa una inferencia que la arqueología, por sí sola, no podía garantizar».[25] A pesar de ello queda claro que consideraba Qumran como una especie de monasterio. Lo refleja su uso desinhibido de términos monásticos como «scriptorium» y «refectorio» para describir algunas de las estructuras. Y si el propio De Vaux tenía algunas reservas en cuanto a llamar «monasterio» a Qumran, no ocurría lo mismo con otros partidarios del consenso. En su libro sobre los rollos del mar Muerto, por ejemplo, el cardenal Danielou parlotea alegremente acerca de los «monjes de Qumran», y hasta llega a afirmar que «se puede considerar el monacato de Qumran como la fuente del monacato cristiano».[26]

Lo que De Vaux, sus colegas y los partidarios del consenso decidieron constantemente pasar por alto fue el carácter clara e inequívocamente militar de algunas de las ruinas. Hoy en día, cuando uno visita Qumran, lo primero que inevitablemente llama la atención son los restos de una considerable torre defensiva, con murallas de algunas decenas de centímetros de espesor y una sola entrada en el segundo piso. Menos evidente, pero al otro lado de un pasadizo, frente a la torre, hay otra estructura cuya función quizá no resulte clara inmediatamente. En realidad es lo que queda de una fragua sólidamente construida: una fragua que contaba con su propio suministro de agua para templar las herramientas y las armas fabricadas allí dentro. No es entonces nada sorprendente que la fragua resulte algo embarazosa para los estudiosos del equipo internacional que se aferran a la imagen de unos «esenios» apacibles y pacifistas. Por lo tanto, De Vaux se escabulló del tema con toda la velocidad que le permitieron la lengua y la pluma:

> Hay un taller que comprende un horno sobre el que había una zona enyesada con un conducto de desagüe. La instalación implica que el tipo de trabajo que se realizaba allí exigía un fuego grande además de una abundante provisión de agua. No me aventuro a definir su propósito con mayor precisión.[27]

Que es como no aventurarse a definir el propósito de los cartuchos vacíos y los proyectiles de plomo fríos esparcidos alrededor de OK Corral en Tombstone, Arizona. El profesor Cross, siguiendo los pasos de De Vaux pero incapaz de incurrir en la misma falsedad, se refiere a «lo que parece haber sido una forja».[28]

En realidad, se han encontrado flechas *dentro* de las ruinas de Qumran; y aunque uno podría sostener que fueron perdidas por los romanos atacantes, es, como afirmó el profesor Driver, «igualmente probable que hubiesen pertenecido a los ocupantes»...,[29] si no más probable aún. En general, el carácter militar de las ruinas es tan notorio que otro investigador independiente, el profesor Golb, de la Universidad de Chicago, ha llegado a verlas como una instalación *totalmente* marcial.[30] Según Golb, los rollos no fueron nunca compuestos ni copiados en Qumran, sino llevados allí desde Jerusalén, específicamente para su protección. «Ningún fragmento de pergamino o de papiro —ha señalado Golb— fue encontrado nunca en los escombros... ni herramientas de los escribas...»[31]

Aparte de las monedas y de las ruinas físicas, las pruebas más importantes utilizadas por el equipo internacional para fechar los manuscritos del mar Muerto procedían de la tenue ciencia de la paleografía. La paleografía es el estudio comparativo de la caligrafía antigua. Suponiendo una progresión estrictamente cronológica y lineal de la evolución de la escritura, esta ciencia procura explorar los desarrollos de la forma específica de las letras, para asignar así fechas a un manuscrito entero. Uno podría encontrar, por ejemplo, una vieja carta o algún otro documento en el desván. Basándose no en el contenido sino solamente en la escritura, uno podría deducir que pertenece al siglo XVII y no al XVIII. Hasta ahí, uno estaría practicando una especie de paleografía amateur. No hace falta decir que el procedimiento, aunque se realice con el mayor rigor científico, dista mucho de ser decisivo. Cuando se lo aplica a los textos de Qumran, deja mucho que desear, y a veces se acerca al ridículo. Sin embargo, De Vaux invocó la paleografía como otra evidencia externa, para desacreditar las conclusiones, basadas en la evidencia interna, de Roth y Driver. Eran por lo tanto las supuestas pruebas paleográficas relacionadas con Qumran lo que Eisenman tenía que demoler a continuación.

La paleografía, según Frank Cross, del equipo internacional, «es tal vez el medio más preciso y objetivo para determinar la época de un manuscrito». Y explica:

> Debemos abordar los problemas relacionados con la interpretación histórica de nuestros textos determinando en primer lugar el período de tiempo asignado por la información arqueológica, por los indicios paleográficos y por otros métodos más objetivos, antes de aplicar las técnicas más subjetivas de la crítica interna.[32]

Cross no se molesta en aclarar por qué los indicios internos tendrían necesariamente que ser más «subjetivos» que los de la arqueología y la paleografía. En realidad, su afirmación revela, irreflexivamente, por qué los partidarios del consenso consideran tan importante la paleografía: se la puede utilizar para contrarrestar los indicios internos de los documentos: indicios que sólo tienen sentido en el contexto del siglo I d. C.

El trabajo paleográfico más importante realizado en los rollos del mar Muerto fue hecho por el profesor Solomon Birnbaum, de la University of London's School of Oriental Studies. Los esfuerzos de Birnbaum merecieron la plena aprobación del profesor Cross, que los saludó como «un monumental intento de ocuparse de todos los períodos de escritura hebrea».[33] Tratando de frenar las copiosas críticas que recibía la exégesis de Birnbaum, Cross pidió a sus lectores que recordasen «que fue escrita por un paleógrafo profesional irritado hasta el límite por los ataques liliputienses de los no especialistas».[34] Tal era la intensidad de las injurias académicas generadas por la cuestión de las pruebas paleográficas.

El método de Birnbaum es extravagante para no decir más, y recuerda menos el método científico con el que intenta dignificarlo que, digamos, los infiernos de la numerología. Así, por ejemplo, presupone —y todo su procedimiento ulterior se apoya nada más que en esa presuposición no confirmada— que todo el espectro de textos descubiertos en Qumran se extiende precisamente desde 300 a. C. hasta 68 d. C. Por ejemplo, toma un texto de Samuel encontrado en la cueva 4 de Qumran. Después de registrar metódicamente el texto, cita cuarenta y cinco especímenes de un rasgo caligráfico particular, once especímenes de otro. *«Mit der Dummheit* —observó Schiller—, *kämpfen Götter selbst vergeben.*»* Por razones que hasta a los dioses les deben de parecer alucinantes, Birnbaum procede entonces a plantear una ecuación: 56 es a 11 como 368 es a x (donde 368 es la cantidad de años que abarcan los textos, y x la fecha que espera asignarle al texto en cuestión). El valor de x —calculado, legítimamente, en términos puramente matemáticos— es 72, que entonces habrá que restar a 300 a. C., el punto de partida hipotético de Birnbaum. Llega a 228 a. C.; «el resultado —declara, de manera triunfal— será algo así como la fecha absoluta» del manuscrito de Samuel.[35] Hablar de «algo así como» y de «fecha absoluta» es como hablar de «una fecha relativamente absoluta». Pero fuera de esos solecismos estilísticos, el método de Birnbaum, como dice Eisenman, «es, desde luego, absurdo».[36] No obstante, Birnbaum empleó su técnica, tal como era, para establecer «fechas absolutas» de todos los textos descubiertos en Qumran. Lo más alarmante de todo es que los partidarios del consenso todavía aceptan esas «fechas absolutas» como inimpugnables.

El profesor Philip Davies, de Sheffield, afirma que «la mayoría de las personas que se toman el tiempo de estudiar el tema admiten que el uso de la paleografía en los textos de Qumran

---

* Contra la estupidez, los propios dioses luchan en vano. *(N. del E.)*

no es científico», y agrega que «se ha intentado ofrecer una precisión de fechas que es ridícula».[37] Eisenman es bastante más duro, y describe los esfuerzos de Birnbaum como «lo que en cualquier otro campo serían los métodos más seudocientíficos e infantiles».[38] Para ilustrar esto, ofrece el siguiente ejemplo.[39]

Supongamos que dos escribas de diferentes edades están copiando el mismo texto al mismo tiempo, y el escriba más joven se formó más recientemente en una escuela de escribas más moderna. Supongamos que el escriba más viejo utiliza deliberadamente una caligrafía estilizada que aprendió en su juventud. Supongamos que uno o ambos escribas, por respeto a la tradición o al carácter santificado de su actividad, buscase deliberadamente imitar el estilo de unos siglos antes: al igual que ciertos documentos de hoy, tales como diplomas o certificados de premios, que se realizan en caligrafía arcaica. ¿Qué fecha se asignaría definitivamente a sus transcripciones?

En sus supuestos paleográficos, Birnbaum pasó por alto un hecho especialmente importante. Si un documento está hecho solamente para transmitir información, con toda probabilidad reflejará las técnicas más modernas. Ésas son, por ejemplo, las técnicas empleadas por los periódicos actuales (menos, hasta hace poco, en Inglaterra). Pero todo indica que los manuscritos del mar Muerto no fueron hechos nada más que para transmitir información. Todo indica que tenían además una función ritual o semirritual, y fueron preparados amorosamente para conservar un elemento de tradición. Es por lo tanto muy probable que escribas posteriores intentasen deliberadamente reproducir el estilo de sus predecesores. En efecto, a lo largo de la historia escrita los escribas han sido siempre conservadores. Así, por ejemplo, los manuscritos iluminados de la Edad Media trataban de reflejar un tono sagrado de antigüedad, no los últimos progresos tecnológicos. Muchas Biblias modernas están reproducidas en tipografía «anticuada». Uno no esperaría encontrar una moderna Torá judía hecha con el estilo o la técnica que se utiliza para estampar un eslogan en una camiseta.

Sobre la caligrafía de los rollos del mar Muerto, Eisenman concluye que «representan una multitud de diferentes estilos de escritura de personas que trabajan más o menos en la misma época dentro del mismo marco, y no nos dicen nada en absoluto acerca de la cronología».[40] Cecil Roth, de Oxford, fue, si cabe, todavía más categórico: «A propósito, por ejemplo, de la historia inglesa, aunque existen muchos manuscritos fechados que cubren toda la Edad Media, resulta imposible fijar con precisión, dentro del intervalo de una generación, la fecha de un documento, *basándose nada más que en la paleografía*». Advertía que había aparecido «un nuevo dogmatismo» en el campo de la paleografía, y que «sin un punto fijo que sirva como base, ya se espera que aceptemos como criterio histórico una datación precisa de esos hasta ahora desconocidos manuscritos». Incluso, en su exasperación ante la complacencia y la intransigencia del equipo internacional, debió echar mano al poco académico recurso de las mayúsculas:

DEBEMOS CONSIGNAR AQUÍ DE UNA VEZ POR TODAS QUE LA LLAMADA EVIDENCIA PALEOGRÁFICA ES TOTALMENTE INADMISIBLE EN ESTA DISCUSIÓN.[41]

11

Los esenios

El lector estará ahora familiarizado con las conclusiones que propone el consenso del equipo internacional y, tal como lo ha expresado en sus publicaciones, de la École Biblique, y también con el proceso mediante el cual se llegó a esas conclusiones. Es ahora tiempo de volver a la evidencia y ver si son posibles algunas conclusiones alternativas. Para eso, es necesario plantear de nuevo algunas cuestiones básicas. ¿Quiénes *eran*, exactamente, los esquivos y misteriosos habitantes de Qumran, que fundaron su comunidad, transcribieron y depositaron sus textos sagrados y luego, aparentemente, desaparecieron del escenario de la historia? ¿Eran verdaderamente esenios? Y si lo eran, ¿qué significa exactamente esa palabra?

Las imágenes tradicionales de los esenios nos llegan a través de Plinio, Filón y Josefo, que los describieron como una secta o subsecta del judaísmo del siglo I.[1] Plinio, como hemos visto, describió a los esenios como ermitaños célibes, que viven sin «otra compañía que las palmeras» en una zona que podría ser interpretada como Qumran.* Josefo, de quien se hace eco Filón,

---

* Véase p. 50.

amplía este retrato. Según Josefo, los esenios son célibes…, aunque, agrega, casi como una ocurrencia tardía, «hay una segunda clase de esenios» que sí se casan.[2] Los esenios desprecian el placer y la riqueza. Todos sus bienes son comunes, y los que se unen a ellos deben renunciar a la propiedad privada. Eligen a sus propios jefes entre ellos mismos. Están establecidos en todas las ciudades de Palestina, lo mismo que en comunidades aisladas, pero hasta en las zonas urbanas se mantienen aparte.

Josefo describe a los esenios como algo parecido a una orden monástica o a una antigua escuela mistérica. Los postulantes a entrar en sus filas son sometidos a un período de prueba de tres años, el equivalente de un noviciado. Sólo después de haber cumplido de manera satisfactoria ese aprendizaje, se acepta oficialmente al candidato. Los esenios formados rezan antes del alba, luego trabajan durante cinco horas, tras lo cual se ponen un taparrabos limpio y se bañan: un ritual de purificación que repiten todos los días. Ya purificados, se reúnen en una sala «común» especial y comparten una sencilla comida comunal. Al revés de lo que se creyó luego erróneamente, Josefo no describe a los esenios como vegetarianos. Se dice que comen carne.

Los esenios, dice Josefo, conocen mucho los libros del Antiguo Testamento y las enseñanzas de los profetas. Están capacitados para las artes de la adivinación, y pueden predecir el futuro al estudiar los textos sagrados conjuntamente con ciertos ritos de purificación. En la doctrina de los esenios, según Josefo, el alma es inmortal, pero está atrapada en la prisión mortal y corruptible del cuerpo. Al morir, el alma se libera y sube volando con gran alegría. Josefo compara las enseñanzas esenias con las de «los griegos». En otra parte se vuelve más explícito, y las compara con los principios de las escuelas pitagóricas.[3]

Josefo menciona la observancia, por parte de los esenios, de la Ley de Moisés: «Lo que más reverencian después de Dios es al Legislador, y blasfemar contra él es una ofensa capital».[4] Pero en general se describe a los esenios como pacifistas, y en buenas relaciones con la autoridad establecida. Por cierto, se dice que cuentan con un especial apoyo de Herodes, que «seguía honrando a todos los esenios»;[5] «Herodes tenía de esos esenios un muy alto concepto y mejor opinión de la que necesitaba su naturaleza mortal...».[6] Pero en un momento dado Josefo se contradice, o quizá baja la guardia. Los esenios, dice:

> Desprecian el peligro y dominan el dolor por pura voluntad: a la muerte, si llega con honor, la valoran más que a la vida sin fin. Su espíritu fue sometido a las mayores pruebas en la guerra contra los romanos, que los atormentaban y los retorcían, los quemaban y los rompían, sometidos a todas las torturas que se han inventado para hacerlos blasfemar contra el Legislador o comer alguna comida prohibida.[7]

En esta referencia, que desentona con todo lo demás que dice Josefo, los esenios empiezan a sonar sospechosamente parecidos a los belicosos defensores de Masada, los zelotes o sicarios.

Con la excepción de esta referencia, el relato de Josefo habría de moldear las imágenes populares de los esenios durante más de dos mil años. Y cuando la *Aufklärung,* la llamada «Ilustración», empezó a alentar un examen «liberal» de la tradición cristiana, los comentaristas empezaron a relacionar esa tradición con los esenios de Josefo. Así, en 1770, un personaje como Federico el Grande escribió de manera definitiva que «Jesús era realmente un esenio; estaba empapado de ética esenia».[8] Afirmaciones de ese tipo, aparentemente tan escandalosas, circularon cada vez con mayor frecuencia durante la segunda mitad del siguiente siglo, y en 1863 Renan publicó su famosa *Vida de Jesús,* en la que sugería que el cristianismo era «un esenismo que en gran medida ha triunfado».[9]

Hacia fines del siglo XIX, el renacimiento del interés por el pensamiento esotérico consolidó la asociación del cristianismo con los esenios. La teosofía, a través de las enseñanzas de H. P. Blavatsky, postulaba a Jesús como un mago o maestro que encarnaba elementos tanto de la tradición esenia como de la gnóstica. Una discípula de Blavatsky, Anna Kingsford, desarrolló el concepto de «cristianismo esotérico». Esto involucraba también a la alquimia y representaba a Jesús como un taumaturgo gnóstico que, antes de su misión pública, había vivido y estudiado con los esenios. En 1889, esas ideas fueron trasplantadas al continente a través de un libro llamado *Los grandes iniciados,* del teósofo francés Édouard Schuré. El misterio que rodeaba a los esenios había empezado a asociarlos con la curación, a atribuirles una formación médica especial y a representarlos como un equivalente judaico de los terapeutas griegos. Otra obra influyente, *The Crucifixion by an Eye-Witness,* que apareció en alemán hacia fines del siglo XIX y en inglés en 1907, pretendía ser un texto antiguo genuino redactado por un escriba esenio. Se representaba a Jesús como hijo de María y de un maestro esenio innominado; el fondo de conocimientos médicos esenios secretos le permitía a Jesús no sólo sobrevivir a la Crucifixión sino aparecer luego ante sus discípulos como si se hubiese «levantado de entre los muertos». George Moore seguramente se inspiró en este libro cuando, en 1916, publicó *The Brook Kerith* y escandalizó a los lectores cristianos del mundo de habla inglesa. Moore también presenta a Jesús como un protegido del pensamiento esenio, que sobrevive a la Crucifixión y se retira a una comunidad esenia en las cercanías de Qumran. Allí, años más tarde, es visitado por un fanático llamado Pablo que, sin querer, ha promulgado una extraña versión mitologizada de su carrera y, en ese proceso, lo ha ascendido a la categoría de dios.

Los esenios representados en *The Brook Kerith* derivan en el fondo de los esenios «estereotipados» de Plinio, Josefo y Filón, dotados ahora de un carácter místico que los volvía atractivos para los escritores de orientación esotérica de fines del siglo XIX y principios del XX. En la medida en que los lectores cultos sabían algo de los esenios, ésa era la imagen predominante que tenían de ellos. Y hasta conservaron esa imagen algunos comentaristas más críticos, como Robert Graves, que en otros aspectos trató de desmitificar los orígenes cristianos.

Cuando salieron a la luz los manuscritos del mar Muerto, no parecían contener, al menos en la superficie, nada que entrase en conflicto con la imagen imperante de los esenios. Era entonces natural que se los asociase con la idea conocida.

Ya en 1947, cuando vio por primera vez los textos de Qumran, el profesor Sukenik había sugerido el carácter esenio de sus autores. El padre De Vaux y su equipo también invocaron la imagen tradicional de los esenios. Como hemos advertido, De Vaux identificó en seguida a Qumran con la colonia esenia mencionada por Plinio. «La comunidad de Qumran —coincidió el profesor Cross— era una colonia esenia.»[10] Pronto se consideró un *hecho* admitido y aceptado que los rollos del mar Muerto eran de autoría esenia, y que los esenios eran del tipo conocido: pacifistas, ascéticos, célibes, divorciados de la actividad pública y ante todo política.

La comunidad de Qumran, sostienen los partidarios del consenso, se asentó sobre los restos de una fortaleza israelita abandonada del siglo VI a. C. Los autores de los rollos llegaron al lugar alrededor de 134 a. C., y los edificios principales fueron construidos alrededor de 100 a. C. y después: una cronología segura y nada conflictivamente precristiana. Se dice que la comunidad prosperó hasta que fue diezmada por un terremoto seguido de un incendio, en 31 a. C. Durante el reinado de Herodes el Grande (37-4 a. C.), Qumran fue abandonada y luego, durante el reinado del sucesor de Herodes, las ruinas fueron ocupadas de nuevo y se emprendió su reconstrucción. Según el consenso, Qumran floreció luego como un enclave quietista, políticamente neutral e independiente hasta que la destruyeron los romanos en 68 d. C., durante la guerra que también incluyó el saqueo de Jerusalén. Después de eso, el sitio fue ocupado por una guarnición romana hasta fines del siglo I. Cuando Palestina se sublevó de nuevo, entre 132 y 135 d. C., Qumran estaba habitada por «intrusos» rebeldes.[11] Era un marco hipotético muy ingenioso, adecuadamente formulado, que desactivaba eficazmente todo lo que pudiesen tener de potencial explosivo los rollos del mar Muerto. Pero no se ha hecho caso de la evidencia cuando la conveniencia y la estabilidad de la teología cristiana así lo dictaban.

Hay una contradicción, aparte de la cuestión geográfica, cuando De Vaux afirma que el pasaje de Plinio que citamos en la página 50 se refiere a Qumran: una contradicción relacionada con la datación de los rollos. Plinio se refiere, en ese pasaje, a la situación *después* de la destrucción de Jerusalén. El propio pasaje indica que En-Guedí fue también destruida, cosa que de verdad ocurrió. Sin embargo, se describe a la comunidad esenia como todavía intacta, y hasta recibiendo a una «multitud de refugiados». Ahora bien, hasta De Vaux reconoció que Qumran, al igual que Jerusalén y En-Guedí, fue destruida durante la sublevación de 66-73 d. C. Por lo tanto parecería aún más improbable que la comunidad esenia de Plinio fuese realmente Qumran. Más aún, la comunidad de Plinio, tal como él la describe, no contiene mujeres, y entre las tumbas de Qumran hay tumbas de mujeres. También es posible, desde luego, que los ocupantes de Qumran fuesen esenios, si no de la comunidad de Plinio, tal vez de alguna otra. Pero en ese caso los rollos del mar Muerto mostrarían cuán mal informado estaba Plinio acerca de los esenios.

El vocablo «esenio» es griego. Lo emplean sólo autores clásicos —Josefo, Filón y Plinio—, y en griego se escribe *essenoi* o *essaioi*. Por lo tanto, si los habitantes de Qumran fuesen realmente esenios, uno esperaría que «esenio» fuese una traducción o transliteración griega de alguna palabra hebrea o aramea que los integrantes de la comunidad de Qumran utilizaban para referirse a sí mismos.

La descripción que los autores clásicos hacen de los esenios no coincide con la vida o el pensamiento de la comunidad que revelan tanto la evidencia externa de la arqueología como la evidencia interna de los propios textos. Josefo, Filón y Plinio ofrecen retratos de los esenios que a menudo son totalmente inconciliables con el testimonio de las ruinas de Qumran y de los rollos del mar Muerto. Las pruebas encontradas en Qumran, tanto internas como externas, contradicen reiteradamente esas descripciones. Hemos citado ya algunas de las contradicciones, pero vale la pena repasar las más importantes.

1. Josefo reconoce que hay «otra clase» de esenios que sí se casan, pero eso, indica, es atípico.[12] En general, dice Josefo, haciéndose eco de Filón y de Plinio, los esenios son célibes. Pero se han encontrado tumbas de mujeres y de niños entre las excavadas en Qumran. Y la «Regla de la comunidad» contiene normas que rigen los matrimonios y la crianza de los niños.

2. Ninguno de los autores clásicos menciona nada que sugiera que los esenios utilizaban una forma especial de calen-

dario. Y la comunidad de Qumran tenía un calendario único, basado en el sol, y no el calendario judaico convencional, basado en la luna. Si los miembros de la comunidad de Qumran fuesen verdaderamente esenios, una característica tan notable sin duda habría merecido alguna referencia.

3. Según Filón, los esenios se diferenciaban de otras formas de judaísmo antiguo en que no tenían el culto de los sacrificios animales.[13] Sin embargo, el «Rollo del Templo» da instrucciones precisas para esos sacrificios. Y en las ruinas de Qumran aparecieron huesos de animales cuidadosamente colocados en vasijas, o cubiertos por vasijas, y enterrados en el suelo debajo de una delgada capa de tierra.[14] Según De Vaux, esos huesos podrían ser restos de comidas rituales. Claro que sí. Pero también podrían ser restos de sacrificios animales, tal como se estipula en el «Rollo del Templo».

4. Los autores clásicos utilizan el vocablo «esenio» para referirse a lo que describen como una subdivisión mayor del judaísmo, junto con los fariseos y los saduceos. Sin embargo, el término «esenio» no aparece por ninguna parte en los rollos del mar Muerto.

5. Josefo declara que los esenios están en buenos términos con Herodes el Grande, quien, según él, «tenía de esos esenios un muy alto concepto y mejor opinión de la que necesitaba su naturaleza mortal».[15] No obstante, la literatura de Qumran indica una hostilidad militante hacia las autoridades no judaicas en general, y hacia Herodes y su dinastía en particular. Además, Qumran parece haber sido abandonado y deshabitado durante algunos años precisamente debido a la persecución de Herodes.

6. Según los autores clásicos, los esenios eran pacifistas. Filón señala, específicamente, que entre sus integrantes no había

fabricantes de armas ni de corazas.[16] Josefo hace una categórica distinción entre los no violentos esenios y los belicosamente mesiánicos y nacionalistas zelotes. Pero las ruinas de Qumran incluyen una fortificación de naturaleza manifiestamente militar, y lo que «sólo se puede describir como una forja».[17] En cuanto a la literatura de Qumran, es extremadamente marcial, como lo demuestran textos como el «Rollo de la guerra». Por cierto, el carácter belicoso de esos textos parecería tener menos en común con lo que Josefo dice de los esenios que con lo que él y otros dicen de los llamados zelotes: precisamente lo que Roth y Driver consideraban que eran los integrantes de la comunidad de Qumran, provocando la furia de De Vaux y del equipo internacional.

La comunidad de Qumran escribía principalmente no en griego, sino en arameo y hebreo. En cuanto al arameo y al hebreo, hasta ahora no se ha encontrado una etimología aceptada de los orígenes del vocablo «esenio». Incluso los autores clásicos estaban desorientados en cuanto a sus raíces. Filón, por ejemplo, sugirió que, en su opinión, el término provenía de la palabra griega para «santo», *oseeos*, y que los esenios eran por lo tanto los *Oseeotes* o «Santos».[18]

Una teoría ha tenido cierta aceptación entre ciertos especialistas modernos, ante todo Geza Vermes, de la Oxford University. Según Vermes, el término «esenio» deriva de la palabra aramea *assayya*, que significa «curadores».[19] Esto ha fomentado en algunos sitios una imagen de los esenios como médicos, un equivalente judaico de los ascéticos alejandrinos conocidos como los «Therapeutae». Pero la palabra *assayya* no aparece en ningún lugar dentro del corpus de la literatura de Qumran; tampoco hay referencias a la curación, a actividades médicas o a trabajos terapéuticos. Pensar entonces que «esenio» proviene de *assayya* no es más que una conjetura; sólo habría motivos para admitirla si no existiese ninguna otra opción.

En realidad *hay* otra opción: no sólo una posibilidad sino una probabilidad. Aunque los integrantes de la comunidad de Qumran no se dan nunca a sí mismos el nombre de «esenios» o *assayya*, sí emplean otra cantidad de vocablos hebreos y arameos. Por esas palabras, queda claro que la comunidad no tenía para sí misma un nombre único y definitivo. Los integrantes sí tenían un concepto muy característico y único de sí mismos, y ese concepto se refleja en una diversidad de nombres y denominaciones.[20] El concepto se basa, fundamentalmente, en la importantísima «Alianza», que suponía un juramento formal de obediencia, total y eterna, a la Ley de Moisés. Los autores de los rollos del mar Muerto hablan entonces de sí mismos como «los Guardianes de la Alianza». Como sinónimos de «Alianza» y «Ley» utilizaban a menudo las mismas palabras que figuran tan destacadamente en el taoísmo: «camino», «obra» u «obras» (*ma'asim* en hebreo). Hablan, por ejemplo, de «lo Perfecto del Camino», o del «Camino de la Perfecta Justicia»,[21] donde «camino» significa «la obra de la Ley» o «la manera en que funciona la Ley», «la manera en que obra la Ley». Variaciones de esos temas recorren todos los rollos del mar Muerto para referirse a la comunidad de Qumran y a sus miembros.

En el «Comentario de Habacuc», Eisenman, siguiendo esa línea de pensamiento, encontró una variación especialmente importante: la *Osei ha-Torah*, que se traduce como «los Hacedores de la Ley».[22] Esa expresión parecería ser el origen de la palabra «esenio», pues la forma colectiva de *Osei ha-Torah* es *osim*. La comunidad de Qumran habría entonces constituido, colectivamente, «los *osim*». En realidad, parece que así se los conocía. Un autor cristiano de la primera época, Epifanio, habla de una supuesta secta judaica «hereje» que en otros tiempos había ocupado una zona alrededor del mar Muerto. Esa secta, dice, se llamaba los «osenios».[23] Se puede concluir, con bastante seguridad, que los «esenios», los «osenios» de Epifanio y los *osim* de la comunidad de Qumran eran todos los mismos.

Por lo tanto, se puede pensar en los autores de los rollos del mar Muerto como «esenios», pero no en el sentido definido y descrito por Josefo, Filón y Plinio. Los relatos de los cronistas clásicos resultan demasiado circunscritos. También han impedido que muchos estudiosos modernos estableciesen las necesarias conexiones: quizá, en algunos casos, porque no se consideraba conveniente. Pero si se *hacen* las conexiones, aparece un cuadro diferente, más amplio: un cuadro en el que expresiones como «esenio» y «la comunidad de Qumran» resultan intercambiables con otras. Eisenman resume acertadamente la situación:

> Por desgracia para las premisas de la moderna investigación, términos como *Ebionim, Nozrim, Hassidim, Zaddikim…* resultan ser variaciones del mismo tema. La incapacidad para referirse a metáforas cambiables… ha sido un visible fallo de la crítica.[24]

De eso, precisamente, es de lo que nos estamos ocupando: metáforas cambiables, una variedad de diferentes denominaciones para denotar el mismo pueblo o las mismas facciones. Ya en 1969 un reconocido experto en el tema, el profesor Matthew Black, de la St. Andrews University, Escocia, instó a reconocer ese hecho. La palabra «esenio» era aceptable, escribió el profesor Black,

> … con la condición de que no definamos al esenismo demasiado estrechamente, por ejemplo, equiparándolo exclusivamente con el grupo del mar Muerto, sino que estemos preparados para

entender la palabra como una descripción general de ese amplio movimiento inconformista anti-Jerusalén, antifariseo de la época. Fue de un judaísmo de ese «tipo esenio» de donde descendió el cristianismo.[25]

Apoya la aseveración del profesor Black la obra de Epifanio, el autor cristiano de la primera época que habló de los «osenios». Epifanio afirma que los «cristianos» originales en Judea, generalmente llamados «nazorenos» (como en los Hechos de los Apóstoles), eran conocidos como «jasenos». Esos «cristianos» o «jasenos» se habrían ajustado con precisión a la fraseología del profesor Black: un «amplio movimiento inconformista anti-Jerusalén, antifariseo». Pero existe otra conexión aún más decisiva.

Entre los términos que utilizaba la comunidad de Qumran para referirse a sí misma estaba «Guardianes de la Alianza», que aparece en el original hebreo como *Nozrei ha-Brit*. De ese término deriva la palabra *nozrim*, una de las primeras denominaciones hebreas de la secta conocida luego como «cristianos».[26] El nombre árabe moderno de los cristianos, *nasrani*, procede de la misma fuente. Lo mismo la palabra «nazoreo» o «nazareno», que, por supuesto, era el nombre que utilizaban los «cristianos primitivos» para referirse a sí mismos tanto en los Evangelios como en los Hechos de los Apóstoles. Eso, al revés de lo que supone la tradición posterior, no tiene nada que ver con la presunta crianza de Jesús en Nazaret, que, según todas las evidencias (o la falta de ellas), ni siquiera existía en esa época. En realidad, parece que fue la perplejidad de los primeros comentaristas que encontraban esa palabra desconocida, «nazareno», lo que los llevó a la conclusión de que la familia de Jesús procedía de Nazaret, que para entonces había aparecido en el mapa.

En resumen, los «esenios» que figuran en textos clásicos, los «osenios» mencionados por Epifanio y los *osim*, la comunidad de Qumran, son lo mismo. Lo son también los «jasenos», como llama Epifanio a los «cristianos primitivos». Lo son también los *Nozrei ha-Brit*, los *nozrim*, los *nasrani* y los «nazorenos». Partiendo de esta etimología, resulta evidente que hablamos del «amplio movimiento» del profesor Black, caracterizado, como dice Eisenman, por la metáfora cambiante, una variedad de denominaciones ligeramente diferentes utilizadas por las mismas personas, que cambian con el tiempo, la traducción y la transliteración, que evolucionan como «césar», que luego es «káiser» y «zar».

Parecería entonces que la comunidad de Qumran equivalía a la «Iglesia primitiva» basada en Jerusalén: los «nazarenos» que seguían a Santiago, «el hermano del Señor».[27] En efecto, el «Comentario de Habacuc» afirma explícitamente que el grupo que gobernaba a Qumran, el «Consejo de la Comunidad», estaba instalado en esa época en Jerusalén.[28] Y en Hechos 9:2 se habla específicamente de los integrantes de la «Iglesia primitiva» como «seguidores del Camino», frase idéntica a las utilizadas en Qumran.

12

Los Hechos de los Apóstoles

Fuera de los propios Evangelios, el libro más importante del Nuevo Testamento es Hechos de los Apóstoles. Para el historiador, en realidad, Hechos puede ser aún más importante. Como todos los documentos históricos que provienen de una fuente partidista, hay que manejarlo con escepticismo y cautela. Uno debe también saber para quién fue escrito el texto, a quién puede haber servido, y con qué propósito. Pero es Hechos, mucho más que los Evangelios, lo que ha constituido hasta ahora el relato aparentemente definitivo de los primeros años del «cristianismo primitivo». Desde luego, parecería que Hechos contiene mucha información básica que no resulta fácil encontrar en otros sitios. Sólo hasta ahí, es un texto seminal.

Por lo general se reconoce que los Evangelios no son fiables como documentos históricos. El de Marcos, el primero de ellos, fue compuesto no antes de la sublevación de 66 d. C., probablemente más tarde. Los cuatro Evangelios tratan de evocar un período que precede largamente su propia composición: tal vez hasta en sesenta o setenta años. Rozan superficialmente el telón de fondo histórico, y se centran especialmente en la muy mitificada figura de Jesús y en sus enseñanzas. Son en el fondo textos poéticos y piadosos, y ni siquiera pretenden ser crónicas.

Hechos es una obra de un tipo muy diferente. Por supuesto, no se lo puede tomar como un documento totalmente histórico. Es ante todo muy parcial. Lucas, el autor del texto, trabajaba evidentemente con varias fuentes, y corregía y rehacía el material para adaptarlo a sus intenciones. Han sido pocos los esfuerzos por unificar las manifestaciones doctrinales o el estilo literario. Hasta los historiadores de la Iglesia admiten que la cronología es confusa; el autor no ha tenido experiencia directa de muchos de los sucesos que describe, y se ve obligado a imponerles su propio orden. Así, ciertos sucesos independientes son fundidos en un suceso solo, mientras que sucesos únicos son mostrados como más de un suceso. Esos problemas se agudizan ante todo en aquellos pasajes del texto que hablan de sucesos anteriores a la llegada de Pablo. Además, parecería que Hechos, al igual que los Evangelios, fue compilado selectivamente y muy manoseado por ulteriores editores.

Sin embargo, Hechos, a diferencia de los Evangelios, aspira a ser una especie de crónica de un largo y continuo período de tiempo. Constituye, también a diferencia de los Evangelios, un esfuerzo por llevar un registro histórico y, al menos en ciertos pasajes, por mostrar que ha sido escrito por alguien que tiene una experiencia directa, o casi directa, de los hechos que describe. Aunque existe parcialidad, esa parcialidad es muy personal; y eso, hasta cierto punto, le permite al comentarista moderno leer entre líneas.

La historia que se narra en Hechos comienza poco después de la Crucifixión —a la que generalmente se atribuye como fecha 30 d. C., pero que puede haber ocurrido tan tarde como en 36 d. C.— y termina entre 64 y 67 d. C. La mayoría de los estudiosos creen que la propia narración fue compuesta, o copiada, entre 70 y 95 d. C. De modo que Hechos es más o menos contemporáneo de algunos de los Evangelios, si no de todos. Quizá es anterior a los cuatro. Casi con seguridad precede al llamado Evangelio de Juan, al menos en la forma en que ese texto ha llegado hasta nosotros.

El autor de Hechos es un griego culto que se identifica como Lucas. No se puede demostrar con certeza que sea el mismo «Lucas, el médico querido» mencionado como amigo íntimo de Pablo en Colosenses 4:14, aunque la mayoría de los especialistas en el Nuevo Testamento están dispuestos a admitir que sí lo es. Los estudiosos modernos también coinciden en que sin duda parece idéntico al autor del Evangelio de Lucas. En efecto, Hechos es a veces considerado como la «segunda mitad» del Evangelio de Lucas. Ambos están dirigidos a un interlocutor desconocido llamado «Teófilo». Como ambos fueron escritos en griego, muchas palabras y nombres han sido traducidos a ese idioma, y en varios casos han sido alterados los matices, y hasta el sentido de los vocablos originales en hebreo o arameo. En todo caso, tanto Hechos como el Evangelio de Lucas fueron escritos expresamente para un público griego, un público muy diferente de aquel al que estaban dirigidos los rollos de Qumran.

Aunque centrado principalmente en Pablo, que monopoliza la última parte de la narración, Hechos es también la historia de las relaciones de Pablo con la comunidad de Jerusalén integrada por los discípulos más cercanos de Jesús bajo el liderazgo de Santiago, «el hermano del Señor»: el enclave o la facción que sólo más tarde recibiría el nombre de primeros cristianos y que ahora se conoce como Iglesia original o primitiva. Sin embargo, al relatar la relación de Pablo con esa comunidad, Hechos ofrece sólo el punto de vista de Pablo. Hechos es esencialmente un documento de cristianismo paulino (o «normativo», como se lo considera ahora). Pablo, en otras palabras, es siempre el héroe; quienquiera que se le oponga, sean las autoridades o incluso Santiago, recibe automáticamente el papel de villano.

Hechos comienza poco después de que Jesús —a quien se menciona como «el nazoreno» (en griego *nazoraion*)— ha desaparecido del escenario. La narración describe la organización y el desarrollo de la comunidad de la «Iglesia primitiva» en Jerusalén y su creciente fricción con las autoridades. La comunidad aparece intensamente evocada en Hechos 2:44-6: «Todos los creyentes vivían unidos y tenían todo en común; vendían sus posesiones y sus bienes y repartían el precio entre todos, según la necesidad de cada uno. Acudían al Templo todos los días con perseverancia y con el mismo espíritu, partían el pan por las casas...». (Vale la pena señalar de paso esta adhesión al Templo. Jesús y sus discípulos más cercanos son presentados generalmente como hostiles al Templo, donde, según los Evangelios, Jesús volcó las mesas de los cambistas y ofendió apasionadamente al clero.)

Hechos 6:8 presenta la figura conocida como Esteban, el primer «mártir cristiano» oficial, que es arrestado y sentenciado a muerte por lapidación. En su propia defensa, Esteban se refiere al asesinato de los que profetizaron el advenimiento del «Justo». Esa terminología es, específica y únicamente, de carácter qumraniano. El «Justo» aparece repetidas veces en los rollos del mar Muerto como *Zaddik*.[1] El «Maestro de Justicia» de los rollos, *Moreh ha Zedek*, viene de la misma raíz. Y cuando el historiador Josefo habla de un maestro, aparentemente llamado «Sadoq» o «Zadok», jefe de un grupo mesiánico y antirromano judaico, también parecería ser una mala traducción griega de «el Justo».[2] Tal como aparece en Hechos, entonces, Esteban utiliza una nomenclatura única y específicamente característica de Qumran.

No es ésa la única preocupación qumraniana que figura en las palabras de Esteban. En su defensa, nombra a sus perseguidores (Hechos 7:53): «Vosotros, que recibisteis la Ley por mediación de ángeles y no la habéis guardado». Tal como lo muestra Hechos, Esteban está obviamente resuelto a observar la Ley. Aparece aquí, de nuevo, un conflicto con las tradiciones ortodoxas y aceptadas. Según la ulterior tradición cristiana, eran los judíos de esa época los que hacían de la Ley un fetiche austero y puritano. Se representa a los «cristianos primitivos», al menos desde el punto de vista de ese rigor, como «disidentes» o «renegados», que abogan por una nueva libertad y flexibilidad, desafiando las costumbres y las convenciones. Sin embargo, es Esteban, el primer «mártir cristiano», quien aparece como defensor de la Ley, mientras que sus perseguidores son acusados de negligencia.

Carece de sentido que Esteban, un autoproclamado partidario de la Ley, sea asesinado por judíos como él, que ensalzan la misma Ley. Pero ¿y si esos otros judíos actuaban en nombre de un clero que había llegado a un acuerdo con las autoridades romanas? ¿Si eran, en realidad, colaboradores que, como muchos franceses durante la ocupación alemana, por ejemplo, sólo querían «una vida tranquila», y temían que la presencia entre ellos de un agitador o un luchador de la resistencia pudiese conducir a represalias?[3] La «Iglesia primitiva» de la que es miembro Esteban recalca constantemente su propia ortodoxia, su celosa observancia de la Ley. Son sus perseguidores los que se las ingenian para mantenerse en buenas relaciones con Roma, faltando así a la Ley o, en términos qumranianos, transgrediendo la Ley, traicionando la Ley.[4] En ese contexto, tiene sentido que Esteban los denuncie, como tiene sentido que ellos lo maten. Y como veremos, Santiago —Santiago «el Justo», el *Zaddik* o «Justo», el «hermano del Señor», quien mejor ejemplifica la rigurosa observancia de la Ley— sufrirá luego, según la ulterior tradición cristiana, el mismo destino que Esteban.

Según Hechos, es en la muerte de Esteban donde Pablo —entonces llamado Saulo de Tarso— hace su presentación. Se dice que cuidó las ropas de los asesinos de Esteban, aunque quizá tuvo un papel más activo. En Hechos 8:1 se nos dice que Saulo «aprobaba su muerte». Y luego, en Hechos 9:21, Saulo es acusado precisamente de preparar el tipo de ataque sobre la «Iglesia primitiva» que culminó con la muerte de Esteban. En esa etapa de su vida, Saulo es por cierto fervoroso, hasta fanático, en su enemistad hacia la «Iglesia primitiva». Según Hechos 8:3, «hacía estragos en la Iglesia; entraba en las casas, se llevaba por la fuerza a hombres y mujeres, y los metía en la cárcel». En esa época hacía, por supuesto, de sirviente del clero prorromano.

Hechos 9 nos cuenta la conversión de Saulo. Poco después de la muerte de Esteban, parte hacia Damasco para buscar allí miembros de la «Iglesia primitiva». Lo acompaña su escuadrón de la muerte y lleva órdenes de prisión de su amo, el sumo sacerdote. Como hemos señalado, esta expedición quizá no haya sido a territorio sirio, sino al Damasco que figura en el «Documento de Damasco».[5]

Mientras está en camino, Saulo sufre una experiencia traumática que los comentaristas han interpretado como algo que podía ser desde una insolación hasta un ataque epiléptico o una revelación mística (Hechos 9:1-19, 22:6-16). Una «luz venida del cielo» supuestamente lo derriba del caballo y «una voz» que no se sabe de dónde sale le dice: «Saulo, Saulo, ¿por qué me persigues?». Saulo le pide a la voz que se identifique. «Yo soy Jesús —responde la voz—, a quien tú persigues.» La voz le ordena que siga hacia Damasco, donde le dirán lo que tendrá que hacer. Cuando pasa esa visitación y Saulo se recupera, descubre que ha quedado temporalmente ciego. En Damasco le devolverá la vista un integrante de la «Iglesia primitiva», y él se dejará bautizar.

Un psicólogo moderno no vería nada especialmente insólito en la aventura de Saulo. Puede, por cierto, haber sido producto de una insolación o de un acceso epiléptico. También se podría atribuir a una alucinación, a una reacción histérica o psicótica, o tal vez, sencillamente, al remordimiento de un hombre impresionable con sangre en las manos. Pero Saulo la interpreta como una auténtica manifestación de Jesús, a quien nunca conoció personalmente, y se produce su conversión. Abandona su antiguo nombre y adopta el de «Pablo». Desde entonces promulgará las enseñanzas de la «Iglesia primitiva» con el mismo fervor que había utilizado antes para extirparlas. Ingresa en su comunidad y se convierte en uno de sus aprendices o discípulos. Según su Epístola a los Gálatas (Gál. 1:17-18), permanece bajo su tutela durante tres años, que pasa principalmente en Damasco. Según los rollos del mar Muerto, el período de prueba y de adiestramiento para un recién llegado a la comunidad de Qumran era también de tres años.[6]

Luego de los tres años de aprendizaje, Pablo regresa a Jerusalén, a reunirse con los jefes de la «comunidad». No resulta nada sorprendente que la mayoría sospechen de él, y que no se muestren totalmente convencidos de su conversión. En Gálatas 1:18-20 dice que sólo vio a Santiago y a Cefas. Todos los demás, incluyendo los apóstoles, parecen haberlo evitado. Le exigen pruebas una y otra vez, y sólo entonces encuentra algunos aliados y empieza a predicar. Pero se producen algunas discusiones y, según Hechos 9:29, ciertos miembros de la comunidad de Jerusalén lo amenazan. Para calmar una situación potencialmente peligrosa, sus aliados lo envían a Tarso, el pueblo (ahora en Turquía) donde nació. En realidad lo envían a su tierra para que difunda allí el mensaje.

Es importante entender que eso equivalía al destierro. La comunidad de Jerusalén, al igual que la de Qumran, estaba preocupada casi exclusivamente por los sucesos de Palestina. El ancho mundo, como Roma, interesaba sólo en la medida en que afectaba o invadía su más localizada realidad. Por lo tanto, enviar a Pablo a Tarso era lo mismo que si, hoy, un padrino de los Provisionales del IRA enviase a un recluta indisciplinado y demasiado enérgico a buscar apoyo entre los guerrilleros peruanos de Sendero Luminoso. Si por un improbable golpe de suerte ese recluta obtiene hombres, dinero, material bélico o cualquier otra cosa de valor, muy bien. Si en cambio lo destripan, no se lo echará mayormente de menos, ya que es más una molestia que otra cosa.

Así se produce la primera de tres (según Hechos) salidas de Pablo al exterior. Esa salida lo lleva, entre otros lugares, a Antioquía y, como veremos en Hechos 11:26, «en Antioquía fue donde, por primera vez, los discípulos recibieron el nombre de "cristianos"». Los comentaristas dan como fecha del viaje de Pablo a Antioquía aproximadamente 43 d. C. A estas alturas, ya se había formado allí una comunidad de la «Iglesia primitiva», que respondía a la jefatura de la secta en Jerusalén, ejercida por Santiago.

Unos cinco años más tarde, mientras Pablo enseña en Antioquía, se cuestiona el contenido de su obra misionera. Como explica Hechos 15, varios representantes de la jefatura de Jerusalén llegan a Antioquía tal vez, sugiere Eisenman, con el propósito de verificar las actividades de Pablo.[7] Esos jefes subrayan la importancia de la estricta observancia de la Ley y acusan a Pablo de laxitud. Él y su compañero Barnabás reciben la orden sumaria de regresar a Jerusalén para una consulta personal con la jefatura. Desde ese momento, se abre y se ensancha un cisma entre Pablo y Santiago; y el autor de Hechos, en esta disputa, se convierte en apologista de Pablo.

En todas las vicisitudes que siguen, es necesario recalcar que Pablo es, en realidad, el primer hereje «cristiano», y que sus enseñanzas —que sentarán los cimientos del ulterior cristianismo— constituyen una desviación flagrante de la forma «original» o «pura» exaltada por la jefatura. Haya Santiago, «el hermano de Señor», sido o no sido literalmente su pariente de sangre (y todo indica que sí), es evidente que conocía personalmente a Jesús, o a la figura luego recordada como Jesús. Lo mismo ocurría con los demás integrantes de la comunidad o «Iglesia primitiva» de Jerusalén, incluyendo, por supuesto, a Pedro. Cuando hablaban, lo hacían con autoridad. Pablo no había tenido ese trato personal con la figura que había empezado a considerar como su «Salvador». Él sólo tenía esa experiencia cuasi mística en el desierto y el sonido de una voz incorpórea. Que sobre esa única base se arrogase autoridad resulta cuando menos presuntuoso. Eso también lo lleva a distorsionar las enseñanzas de Jesús hasta hacerlas irreconocibles: a formular, en realidad, su propia teología, sumamente individual e idiosincrásica, y a legitimarla luego atribuyéndosela falsamente a Jesús. Pues para Jesús, que observaba rigurosamente la Ley judaica, abogar por el culto de una figura mortal, incluso la suya, habría sido la blasfemia más extrema. Eso lo subraya en los Evangelios, donde insta a sus discípulos, seguidores y oyentes a reconocer solamente a Dios. En Juan 10:33-5, por ejemplo, Jesús es acusado de la blasfemia de considerarse Dios. Responde citando el Salmo 82: «¿No está escrito en vuestra Ley: Yo [quiere decir Dios en el salmo] he dicho: dioses sois? Si llama dioses a aquellos a quienes se dirigió la Palabra de Dios…».

Pablo relega a Dios y establece, por primera vez, el culto de Jesús: Jesús como una especie de equivalente de Adonis, de Tammuz, de Attis o de cualquier otro de los dioses que morían y revivían y poblaban el Oriente Medio en esa época. Para poder competir con esos rivales divinos, Jesús tenía que igualarlos punto por punto, milagro por milagro. Es en esa etapa donde se asocian con la biografía de Jesús muchos de los elementos milagrosos, incluyendo, muy probablemente, su supuesto nacimiento de una virgen y su resurrección de entre los muertos. Ésas son ante todo invenciones paulinas, muchas veces tremendamente reñidas con la doctrina «pura» promulgada por Santiago y el resto de la comunidad en Jerusalén. No es por lo tanto nada sorprendente que Santiago y su séquito se sientan perturbados por lo que hace Pablo.

Sin embargo, Pablo sabe muy bien lo que hace. Entiende, con una sofisticación sorprendentemente moderna, las técnicas de la propaganda religiosa;[8] entiende qué es lo que hace falta para convertir a un hombre en un dios, y se pone a hacerlo con más astucia que la que emplearon los romanos con sus emperadores. Reconoce inequívocamente que no pretende ofrecer el Jesús histórico, el hombre que Santiago y Pedro y Simón conocieron personalmente. Por el contrario, reconoce, en 2 Corintios 11:3-4, que la comunidad en Jerusalén está promulgando «*otro Jesús*». Sus representantes, dice, se hacen llamar «servidores de la justicia», expresión característica de Qumran, y son ahora prácticamente adversarios de Pablo.

Siguiendo instrucciones, Pablo regresa de Antioquía a Jerusalén —se cree que alrededor de 48-49 d. C.— y se reúne con la jefatura de la comunidad. Previsiblemente, se desata otro conflicto. Si creemos a Hechos, Santiago, por amor a la paz, conviene en transigir, facilitando así el ingreso de «paganos» en la congregación. De manera un tanto improbable, consiente en suavizar ciertos aspectos de la Ley, manteniéndose inflexible en otros.

Pablo dice a los jefes de la comunidad lo que ellos quieren oír. A esas alturas él todavía necesita su aprobación: no para legitimar sus enseñanzas, sino para legitimar las comunidades que ha fundado en el extranjero, y para garantizar su supervivencia. Pero ya está resuelto a salirse con la suya. Emprende otra misión de viajes y prédicas, interrumpida (Hechos 18:21) por una nueva visita a Jerusalén. La mayoría de sus epístolas datan de ese período, entre 50 y 58 d. C. De sus epístolas surge claramente que, a esa altura, casi se ha alejado del todo de la jefatura en Jerusalén y de su observancia de la Ley.[9] En su misiva a los Gálatas (hacia 57 d. C.), se refiere mordazmente a «los que eran tenidos por notables (¡qué me importa que lo fuesen!)» (Gál. 2:6). Su posición teológica también se ha desviado de modo irreparable de aquellos que observan rigurosamente la Ley. En la misma Epístola a los Gálatas (2:16), afirma que «el hombre no se justifica por las obras de la Ley sino sólo por la fe en Jesucristo..., por las obras de la Ley nadie será justificado». Escribiendo para los Filipenses (3:9), afirma que no busca «la justicia mía, la que viene de la Ley...». Ésas son declaraciones provocativas y desafiantes de quien se proclama un renegado. El «cristianismo», tal como se desarrollará a partir de Pablo, ya ha prácticamente cortado toda relación con sus raíces, y ya no se puede decir que tenga algo que ver con Jesús, sino con la imagen que Pablo tiene de Jesús.

En el año 58 d. C. Pablo está de vuelta en Jerusalén, a pesar de los ruegos de sus partidarios, que evidentemente temen que haya problemas con la jerarquía y le suplican que no vaya. Vuelve a reunirse con Santiago y con la jefatura de la comunidad de Jerusalén. Empleando la conocida fórmula qumraniana, expresan la preocupación, que comparten con otros «fanáticos de la Ley», de que Pablo, en sus prédicas a los judíos que viven en el extranjero, los aliente a renegar de la Ley de Moisés.[10] Es, desde luego, una acusación justificada, como sabemos por las epístolas de Pablo. Hechos no registra su respuesta. La impresión que se nos transmite es que él miente, perjura y niega las acusaciones. Cuan-

31. Las ruinas de Qumran desde la torre defensiva. En primer plano se encuentran los restos de una fragua circular y a su izquierda aparece parte del conducto de agua.

32. Los restos del principal canal de agua que llegaba hasta la comunidad de Qumran. El enclave contaba con un complejo sistema que se alimentaba de las aguas estacionales que fluían en el wadi situado detrás de las ruinas.

33. Una cisterna excavada en el suelo del desierto en las terrazas rocosas cercanas a las ruinas de Qumran. El control del agua y el almacenamiento eran esenciales para que esta comunidad pudiera sobrevivir.

34. El suministro de agua a Qumran dependía de este túnel excavado en la roca viva del risco. En el wadi se embalsaba el agua que luego se llevaba a través de este túnel.

35. La salida del túnel. Desde aquí el agua descendía por el canal hasta el asentamiento.

36. Parte de unas mil doscientas tumbas cubiertas con túmulos de piedras situadas hacia el este de las ruinas. Al contrario de lo que era la costumbre judaica, las tumbas están alineadas de norte a sur y parece que son exclusivas del tipo de comunidad de Qumran. Al abrirse un pequeño número de las mismas, se encontraron restos de hombres, mujeres y niños.

37. En un lugar llamado Ain el Ghuweir, a unos quince kilómetros hacia el sur de Qumran, se hallaron alrededor de una docena de tumbas parecidas a las de este enclave, alineadas de norte a sur. Está claro que también hubo un asentamiento en este lugar. Es razonable suponer que las cuevas en el wadi y en los acantilados de detrás puedan asimismo contener rollos como los descubiertos cerca de Qumran.

38. Las ruinas de un asentamiento en En el-Ghuweir situado cerca de las tumbas que data de la época de Herodes.

39. En esta montaña de aspecto
piramidal en Gamala, en el
Golán, estaba situada la última
ciudadela. Aquí fue donde el 10
de noviembre de 67 d. C. cuatro
mil zelotes murieron luchando
contra los romanos y otros cinco
mil se suicidaron arrojándose
por el acantilado. Los rollos del
mar Muerto nos permiten
comprender las razones de estos
suicidios masivos.

40. Las ruinas de Masada, donde el 15 de abril de 75 d. C. se suicidaron novecientos sesenta zelotes, entre los que había hombres, mujeres y niños, para no tener que rendirse a los romanos.

do se le pide que se purifique durante siete días —para demostrar la injusticia de las acusaciones y su continua observancia de la Ley—, consiente de buena gana en hacerlo.

Pero unos días más tarde vuelve a chocar con los «celosos de la Ley», que son bastante menos moderados que Santiago. Al verlo en el Templo, una multitud de piadosos lo ataca. «Éste —dicen, furiosos— es el hombre que va enseñando a todos por todas partes... contra la Ley» (Hechos 21:28 y ss). Se produce un tumulto y Pablo es arrastrado fuera del Templo, con riesgo para su vida. En el momento crítico es rescatado por un oficial romano que, al ser informado del tumulto, aparece con un séquito de soldados. Pablo es arrestado y encadenado, aparentemente por la sospecha inicial de que es el jefe de los sicarios, el cuadro terrorista zelote.

Desde ese momento, la narración se vuelve cada vez más confusa, llevando inevitablemente a sospechar que se le han alterado o expurgado algunas partes. Según el texto existente, Pablo, antes de que los romanos se lo lleven de allí, protesta diciendo que es el judío de Tarso y pide permiso para hablar a la multitud que ha tratado de lincharlo. Extrañamente, los romanos le conceden ese permiso. Pablo entonces relata su formación farisaica con Gamaliel (un famoso maestro de la época), su inicial hostilidad hacia la «Iglesia primitiva», su papel en la muerte de Esteban, su posterior conversión. Todo eso —o tal vez sólo una parte de eso, aunque uno no puede saber con certeza qué parte— provoca otra vez la ira de la multitud. «¡Quita a ése de la tierra! —gritan—. ¡No es justo que viva!» (Hechos 22:22).

Sin hacer caso de esas súplicas, los romanos llevan a Pablo a «la fortaleza»: probablemente la fortaleza Antonia, el cuartel general militar y administrativo de los romanos. Allí se proponen interrogarlo bajo tortura. ¿Interrogarlo para qué? Para determinar por qué despierta esa hostilidad, según Hechos. Pero

Pablo ya ha dejado bien sentada su posición en público…, a menos que haya elementos de su discurso que, en un sentido que el texto no aclara, les pareciesen peligrosos o subversivos a los romanos. De todas formas, la tortura, por ley romana, no podía ser ejercida sobre ninguna persona que ostentase la plena y oficial ciudadanía romana, cosa con la que convenientemente cuenta Pablo, por haber nacido en el seno de una acaudalada familia de Tarso. Pablo invoca esa inmunidad y se libra de la tortura, pero permanece en la cárcel.

Entretanto, un grupo de judíos enfadados, compuesto por cuarenta personas o más, se reúne en secreto. Ese grupo jura solemnemente no comer ni beber hasta que hayan causado la muerte de Pablo. La intensidad y la ferocidad de esa antipatía es digna de atención. Uno no espera tanto rencor —y no digamos preparación para la violencia— de fariseos y saduceos «comunes». Los que lo exhiben son evidentemente «celosos de la Ley». Pero los únicos partidarios tan apasionados de la Ley en la Palestina de esa época eran aquellos cuyos textos sagrados salieron luego a la luz en Qumran. Así, por ejemplo, Eisenman llama la atención sobre un pasaje fundamental del «Documento de Damasco», que declara que si un hombre «transgrede después de jurar que vuelve a la Ley de Moisés de todo corazón y alma, entonces se le aplicará el justo castigo».[11]

¿Cómo se puede conciliar la acción violenta proyectada contra Pablo con la posterior imagen popular, promovida por el consenso, de unos esenios apacibles, ascéticos y quietistas? El cónclave clandestino, el ferviente juramento para liquidar a Pablo, son más característicos de los belicosos zelotes y sus especiales unidades asesinas, los temibles sicarios. Aparece aquí otro insistente indicio de que los zelotes por una parte y los «celosos de la Ley» de Qumran por otra son exactamente la misma cosa.

Esos potenciales asesinos, sean quienes sean, son frustrados según Hechos por la repentina y oportuna aparición del hasta entonces nunca mencionado sobrino de Pablo, que de alguna manera se entera de la conspiración. Ese pariente, de quien no sabemos nada más, informa a Pablo y a los romanos. Esa noche, por su propia seguridad, Pablo es sacado de Jerusalén. ¡Es sacado con una escolta de cuatrocientos setenta soldados: doscientos soldados al mando de dos centuriones, doscientos lanceros y setenta de caballería![12] Lo llevan a Cesarea, la capital romana de Judea, donde se presenta ante Agripa, el gobernador y rey títere romano. Sin embargo, como ciudadano romano, Pablo tiene derecho a que su caso se vea en Roma, e invoca ese derecho. Por consiguiente, es enviado a Roma, aparentemente para ser juzgado. No se explica por qué lo van a juzgar.

Tras referir sus aventuras en el viaje —que incluyen un naufragio—, Hechos termina. O más bien se suspende, como si hubieran interrumpido al autor, o como si alguien hubiese quitado el final original e insertado otro hecho a la ligera. Existen, por supuesto, numerosas tradiciones posteriores: que Pablo fue encarcelado, que obtuvo una audiencia personal con el emperador, que fue liberado y enviado a España, que Nerón ordenó su ejecución, que se encontró con Pedro en Roma (o en la cárcel en Roma), que él y Pedro fueron ejecutados juntos. Pero ni en Hechos ni en ningún otro documento fiable hay fundamentos para esas historias. Quizá el final original de Hechos fue realmente suprimido o alterado. Quizá Lucas, su autor, sencillamente no sabía «qué ocurría después» e, indiferente a la simetría estética, concluyó el texto de un modo débil. O quizá, como ha señalado Eisenman —y esta posibilidad será considerada más adelante—, Lucas sabía, pero acortó su narración (o fue acortada por editores posteriores) para ocultar su conocimiento.

Las últimas secciones de Hechos —desde el tumulto inspirado en el Templo hasta el final— son embrolladas, confusas y plagadas de preguntas sin respuesta. El resto de Hechos es aparentemente sencillo. En un nivel, está el relato de la conversión de Pablo y sus ulteriores aventuras. Pero detrás de esa narración asoma la crónica de la creciente fricción entre dos facciones dentro de la comunidad original en Jerusalén, la «Iglesia primitiva». Una de esas facciones está integrada por los partidarios de la «línea dura», que se hacen eco de las enseñanzas de los textos qumranianos e insisten en la rigurosa observancia de la Ley. La otra, ejemplificada por Pablo y sus inmediatos seguidores, quiere suavizar la Ley y, al facilitar el ingreso en la congregación, aumentar el número de nuevos reclutas. Los partidarios de la «línea dura» están menos preocupados por los números que por la pureza doctrinal, y sólo parecen tener un interés superficial en los sucesos o acontecimientos que ocurren fuera de Palestina; tampoco muestran ningún deseo de reconciliarse con Roma. Pablo, por otra parte, está dispuesto a prescindir de la pureza doctrinal. Su principal objetivo es difundir su mensaje lo más ampliamente posible y reunir la mayor cantidad posible de partidarios. Para lograr ese objetivo, trata de no enemistarse con las autoridades y está totalmente dispuesto a llegar a un acuerdo con Roma, incluso a congraciarse con ella.

La «Iglesia primitiva», tal como aparece en Hechos, está entonces desgarrada por un incipiente cisma, cuyo instigador es Pablo. El principal adversario de Pablo es la enigmática figura de Santiago, «el hermano del Señor». Está claro que Santiago es el reconocido jefe de la comunidad de Jerusalén que en la posterior tradición se conoce como la «Iglesia primitiva».[13] La mayoría de las veces, Santiago aparece como un partidario de la «línea dura», aunque —si creemos a Hechos— se muestra dispuesto a transigir en ciertos puntos. Pero la evidencia indica que hasta esa modesta flexibilidad refleja algún tipo de licencia por parte del autor de Hechos. No se podía, desde luego, eliminar a Santiago de la narración: su papel era probablemente muy conocido. Por consiguiente, sólo se lo podía minimizar un poco, y mostrarlo como una figura conciliadora: una figura que ocupa una posición intermedia entre Pablo y los partidarios de la «línea dura» extrema.

En todo caso, el «subtexto» de Hechos se reduce a un choque entre dos personalidades poderosas, Santiago y Pablo. Eisenman ha demostrado que Santiago aparece como el custodio del conjunto original de enseñanzas, el exponente de la pureza doctrinal y la rigurosa observancia de la Ley. La última cosa que se le podría haber ocurrido sería fundar una «nueva religión». Eso, precisamente, es lo que hace Pablo. El Jesús de Pablo es un dios hecho y derecho, cuya biografía iguala, milagro por milagro, la de las divinidades rivales con las que compite por devotos: después de todo, para la venta de dioses rigen los mismos principios que para la venta de jabón o de comida para animales. Para los valores morales de Santiago —en realidad, para los valores morales de cualquier judío devoto—, eso es, por supuesto, blasfemia y apostasía. Dadas las pasiones que despertaban esas cuestiones, no es muy probable que la grieta entre Santiago y Pablo se hubiese limitado al plano del debate civilizado. Habría generado el tipo de hostilidad homicida que emerge al final de la narración.

Durante el conflicto entre Santiago y Pablo, la aparición y desarrollo de lo que llamamos cristianismo estuvo en una encrucijada. Si la línea central de su evolución se hubiese ajustado a las enseñanzas de Santiago, no habría existido el cristianismo, sino una especie particular de judaísmo que podría o no haber llegado a ser dominante. Pero como resultaron las cosas, la línea central del nuevo movimiento se consolidó poco a poco, durante los tres siglos siguientes, alrededor de Pablo y sus enseñanzas. Así, para indudable horror póstumo de Santiago y sus compañeros, nació una religión completamente nueva: una religión que cada vez tuvo menos que ver con su supuesto fundador.

13

Santiago «el Justo»

Si Santiago desempeñó un papel tan importante en los sucesos de su tiempo, ¿por qué sabemos tan poco de él? ¿Por qué se lo ha relegado a la condición de figura vaga en segundo plano? Es muy fácil responder a esas preguntas. Eisenman recalca que Santiago, haya o no sido literalmente hermano de Jesús, había conocido a Jesús personalmente, como nunca le ocurrió a Pablo. En sus enseñanzas, él estaba por cierto más cerca de «la fuente» que Pablo. Y sus objetivos y preocupaciones eran a menudo diferentes de los de Pablo: a veces eran, en realidad, diametralmente opuestos. Entonces, Santiago habrá sido un constante motivo de irritación para Pablo. Por lo tanto, con el triunfo del cristianismo paulino, aunque no se pudiese borrar del todo la trascendencia de Santiago, había por lo menos que reducirla.

A diferencia de varias personalidades del Nuevo Testamento, Santiago parece haber sido un personaje histórico que, además, desempeñó un papel más importante en los asuntos de su tiempo de lo que generalmente se reconoce. Hay, en realidad, una cantidad razonablemente abundante de material relacionado con Santiago, aunque la mayor parte está fuera de la compilación canónica del Nuevo Testamento.

En el Nuevo Testamento, en los Evangelios, se menciona a Santiago como uno de los hermanos de Jesús, aunque el contexto es generalmente vago o confuso, y obviamente se lo ha alterado. En Hechos, como hemos dicho, se destaca un poco más, aunque sólo en la segunda parte se lo muestra con un poco de perspectiva. Luego, con la Epístola de Pablo a los Gálatas, queda claramente identificado como el jefe de la «Iglesia primitiva», que reside en Jerusalén y es asistido por un consejo de ancianos.[1] Fuera de las que afectan a Pablo, uno se entera poco de sus actividades, y menos todavía de su personalidad y de su biografía. En este sentido, tampoco la Epístola de Santiago en el Nuevo Testamento tiene mucho valor. La epístola quizá proceda de un texto de Santiago, y Eisenman ha llamado la atención sobre su estilo, su lenguaje y sus imágenes qumranianos.[2] Contiene (Santiago 5:6) una acusación cuyo significado será pronto claro: una acusación en el sentido de que «matasteis al justo».[3] Pero tampoco aquí se da información personal.

Ése es el papel de Santiago en las Escrituras. Pero si se mira un poco más lejos, empieza a aparecer un retrato de Santiago. Eso es lo que ha estado investigando Eisenman durante los últimos años. Una fuente de información que él ha destacado es un texto anónimo de la «Iglesia primitiva», el llamado «Reconocimientos de Clemente», que apareció a comienzos del siglo III. Según ese documento, Santiago está predicando en el Templo cuando entra violentamente un «enemigo» al que no se nombra, acompañado por un séquito de partidarios. El «enemigo» se mofa de los oyentes de Santiago y ahoga sus palabras con ruidos, luego se pone a arengar a la multitud «con injurias e improperios y, como un loco, a incitar a todo el mundo al crimen, diciendo: "¿Por qué? ¿Por qué vaciláis? Ay, perezosos e inactivos, ¿por qué no les echamos mano y los deshacemos a todos?"».[4] El «enemigo» no se limita a una agresión verbal.

Toma una tea de madera y empieza a golpear con ella a los fieles reunidos, cosa que imitan sus partidarios. Se desata un tumulto general:

> Se derrama mucha sangre; hay una confusa pelea, en medio de la cual ese enemigo atacó a Santiago y lo tiró de cabeza desde la parte superior de los escalones; suponiéndolo muerto, no se preocupó por infligirle más violencia.[5]

Pero Santiago no está muerto. Según los «Reconocimientos», sus partidarios lo llevan de vuelta a su casa en Jerusalén. A la mañana siguiente, antes del alba, el hombre herido y sus partidarios abandonan la ciudad y se encaminan a Jericó, donde permanecen algún tiempo, probablemente mientras convalece Santiago.[6]

Para Eisenman, este ataque a Santiago es fundamental. Señala los paralelos que hay entre él y el ataque a Esteban relatado en Hechos. Sugiere que Esteban puede ser una figura inventada para disfrazar el hecho de que el ataque —cosa que Hechos no podría haber admitido— estuvo en realidad dirigido a Santiago. Y señala que Jericó, adonde se marcha Santiago en busca de refugio, está a sólo unos pocos kilómetros de Qumran. Además, sostiene, la huida a Jericó tiene trazas de ser históricamente cierta. Es el tipo de detalle accesorio que muy difícilmente sería fabricado e interpolado, porque no tiene ninguna utilidad especial. En cuanto al «enemigo», no había aparentemente muchas dudas acerca de su identidad. «Reconocimientos de Clemente» concluye así:

> Entonces, después de tres días, vino a vernos un hermano de parte de Gamaliel... trayéndonos noticias secretas de que el enemigo había recibido un encargo de Caifás, el sumo sacerdote, de

que debería arrestar a todos los que creyesen en Jesús, e ir con sus cartas a Damasco...[7]

Las ediciones de *Antigüedades de los judíos* de Josefo que todavía sobreviven contienen una sola referencia a Santiago, que puede o no ser una interpolación posterior. La crónica informa que el Sanedrín, la corte suprema religiosa, cita a Santiago, «el hermano de Jesús que fue llamado Cristo».[8] Acusado (muy improbablemente) de quebrantar la Ley, Santiago y algunos de sus compañeros son declarados culpables y por lo tanto lapidados. El aspecto más importante de ese relato —sea correcto, modificado o totalmente inventado— es la fecha a la que se refiere. Josefo indica que los sucesos que describe ocurrieron durante un intervalo *entre* procuradores romanos en Judea. El procurador titular acababa de morir. Su sucesor, Lucio Albino, estaba todavía en camino de Roma a Palestina. Durante el interregno, el poder efectivo en Jerusalén fue ostentado por el sumo sacerdote, un hombre impopular llamado Ananías. Eso permite fechar el relato de la muerte de Santiago alrededor de 62 d. C.: sólo cuatro años antes del comienzo de la sublevación de 66 d. C. Aparece aquí al menos alguna evidencia cronológica de que la muerte de Santiago puede haber tenido algo que ver con la guerra que asoló Tierra Santa entre 66 y 73 d. C. Pero para más información hay que recurrir a historiadores cristianos más tardíos.

Quizá la fuente principal sea Eusebio, obispo de Cesarea (entonces capital de Judea) del siglo IV y autor de una de las más importantes historias de la «Iglesia primitiva». Siguiendo las convenciones de la época, Eusebio cita largamente a autores anteriores, muchas de cuyas obras no han sobrevivido. Al hablar de Santiago cita a Clemente, obispo de Alejandría (hacia 150-215 d. C.). Clemente, se nos dice, alude a Santiago como «el Justo»: *Zaddik* en hebreo.[9] Ésa, desde luego, es la ya conocida terminología qumraniana, de la que proviene el Maestro de Justicia, el jefe de la comunidad de Qumran. Según Clemente —nos informa Eusebio—, Santiago fue arrojado de un parapeto del Templo y luego muerto a palos con un garrote.[10]

Más adelante, en su crónica, Eusebio cita extensamente a Hegesipo, un historiador cristiano del siglo II. Según se dice, todas las obras de Hegesipo existieron hasta el siglo XVI o XVII. Desde entonces todo ha desaparecido, aunque quizá existan todavía copias en el Vaticano, además de en algún monasterio: en España, por ejemplo.[11] Sin embargo, hoy en día casi todo lo que tenemos de Hegesipo está contenido en los extractos de su obra repetidos por Eusebio.

Citando a Hegesipo, Eusebio afirma que Santiago «el Justo» «era santo de nacimiento»:

> No bebía vino..., no comía alimento que proviniese de animal; ninguna navaja se acercaba a su cabeza; no se untaba con aceite, y no se bañaba. Sólo él tenía permitido entrar en el Lugar Sagrado [el sanctasanctórum del Templo], porque sus prendas no eran de lana sino de lino [esto es, prendas sacerdotales]. Solía entrar solo en el Santuario, y se lo encontraba a menudo de rodillas suplicando el perdón para el pueblo, de modo que sus rodillas se endurecieron como las de un camello... Debido a su insuperable justicia se lo llamaba el Justo y... «Baluarte del pueblo»...[12]

En este punto vale la pena interrumpir el texto para tomar nota de ciertos detalles curiosos. Se dice que Santiago llevaba ropa de lino, o prendas sacerdotales. Eso era prerrogativa de los que servían en el Templo y pertenecían a una de las familias sacerdotales, tradicionalmente la «aristocracia» saducea que, durante el siglo I, pactó con Roma y la dinastía herodiana de títeres romanos. Además, señala Eisenman, Epifanio, otro historiador de la Iglesia, dice que Santiago usaba la mitra de sumo sacerdote.[13] Y sólo el sumo sacerdote tenía permitido entrar en el sanctasanctórum, el lugar más sagrado del Templo. ¿Qué hace entonces aquí Santiago... sin merecer siquiera una explicación o una expresión de sorpresa por parte de los historiadores de la Iglesia, que no parecen ver nada adverso o irregular en sus actividades? ¿Acaso, en virtud de su cuna, tenía algún derecho legítimo a usar prendas sacerdotales y entrar en el sanctasanctórum? ¿O estaría actuando, tal como sugiere Eisenman, en calidad de algo así como «sumo sacerdote en la oposición»: un rebelde que, desafiando los pactos del clero oficial con Roma, tomó sobre sí el papel que ellos habían traicionado?[14] Desde luego, el clero oficial no sentía ningún cariño por Santiago. Según Hegesipo, los «escribas y fariseos» deciden eliminarlo, para que la gente «se asuste y no le crea». Anuncian que «hasta el Justo se ha descarriado»,[15] e invocan una cita del Antiguo Testamento —en este caso del profeta Isaías (Isa. 3:10)— para justificar sus acciones. Señalan que Isaías ha profetizado la muerte del «Justo». Por lo tanto, al asesinar a Santiago simplemente estarán dando cumplimiento a la profecía de Isaías. Pero además, al utilizar esa cita de Isaías siguen una técnica empleada tanto en los manuscritos del mar Muerto como en el Nuevo Testamento. Eisenman señala que, así como esta cita es utilizada para describir la muerte de Santiago, la comunidad de Qumran emplea pasajes similares del Nuevo Testamento referidos a la «Justicia» para describir la muerte del Maestro de Justicia.[16] Eusebio describe la muerte de Santiago de la siguiente manera:

Así que subieron y arrojaron al Justo. Se dijeron entre ellos «lapidemos a Santiago el Justo», y empezaron a apedrearlo, puesto que a pesar de la caída seguía con vida... Mientras le arrojaban piedras... [un integrante de una familia sacerdotal particular] gritó: «¡Alto! ¿Qué hacéis... ?». Entonces uno de ellos, un batanero, tomó el palo que utilizaba para golpear la ropa y lo descargó en la cabeza del Justo. Así fue su martirio... Inmediatamente después de eso, Vespasiano empezó a asediarlos.[17]

Vespasiano, que se convirtió en emperador en 69 d. C., comandó el ejército romano que invadió Judea para sofocar la sublevación de 66 d. C. Hay aquí otra vez una relación cronológica entre la muerte de Santiago y la sublevación. Pero Eusebio llega más lejos. Para él la relación es algo más que cronológica. Todo el «sitio de Jerusalén», dice, refiriéndose presumiblemente a toda la sublevación en Judea, era consecuencia directa de la muerte de Santiago... «por la única razón del malvado crimen del que había sido víctima».[18]

Eusebio invoca a Josefo para apoyar esta sorprendente afirmación. El pasaje que cita, aunque ya no aparece en ninguna de las versiones de Josefo existentes, era sin duda lo que Josefo había escrito, porque Orígenes, uno de los primeros y más prolíficos Padres de la Iglesia, cita precisamente el mismo pasaje. Refiriéndose a la sublevación de 66 d. C. y a la invasión romana que se produjo a continuación, Josefo declara que «esas cosas les ocurrieron a los judíos en desquite por Santiago el Justo, que era hermano de Jesús conocido como Cristo, porque aunque era el más justo de los hombres, los judíos le dieron muerte».[19]

De esos fragmentos referidos a Santiago empieza a surgir una historia. Santiago, el jefe reconocido de la «Iglesia primitiva» en Jerusalén, representa a una facción de judíos que, al igual que la comunidad de Qumran, son «celosos de la Ley». Esa facción es comprensiblemente hostil hacia el clero saduceo y el sumo sacerdote Ananías (designado por Herodes),[20] que han traicionado su nación y su religión al pactar con la administración romana y sus reyes títeres herodianos. Tan intensa es esa hostilidad que Santiago se arroga las funciones sacerdotales que Ananías ha cedido.[21] Los partidarios de Ananías responden tramando la muerte de Santiago. Casi inmediatamente después se subleva toda Judea, y el propio Ananías es una de las primeras víctimas, asesinado por colaborador prorromano. La rebelión cobra impulso y Roma se ve obligada a reaccionar, y lo hace enviando una fuerza expedicionaria comandada por Vespasiano. El resultado es la guerra que lleva al saqueo de Jerusalén y a la destrucción del Templo en 68 d. C., y que no termina hasta la caída de Masada en 74 d. C.

El único elemento dudoso en esa historia es la naturaleza y la magnitud del papel jugado por la muerte de Santiago. Esa muerte, ¿coincidió cronológicamente, nada más? ¿O fue, como afirman Josefo y Eusebio, el principal factor causal? La verdad ocupa casi con seguridad un lugar equidistante: la sublevación se debió al aporte de suficientes factores como para que el historiador no tuviese que apoyarse en la muerte de Santiago como única explicación. Por otra parte, la evidencia indica indudablemente que la muerte de Santiago no fue sólo un incidente marginal. Parecería haber tenido por lo menos algo que ver con el curso de los sucesos públicos.

De todos modos, Santiago, como resultado del análisis de Eisenman, surge sin duda como un personaje más importante de la historia del siglo i de lo que la tradición cristiana había reconocido hasta el momento. Y la «Iglesia primitiva» aparece bajo una luz muy diferente. Ya no es una congregación de devotos que evitan la política y los asuntos públicos, que buscan la salvación personal y no aspiran a otro reino que el de los cielos. Por el contrario, se convierte en una de las manifestaciones del nacionalismo judaico de la época: un conjunto de individuos belicosos dispuestos a defender la Ley, a deponer al corrupto clero saduceo del Templo, a derrocar a la dinastía de reyes títeres ilegítimos y a expulsar a los romanos de Tierra Santa. En todos esos aspectos, se ajusta a las imágenes convencionales de los zelotes.

Pero ¿qué tiene todo esto que ver con Qumran y los rollos del mar Muerto?

De los Hechos de los Apóstoles, de Josefo y de los primeros historiadores cristianos surge un retrato coherente, aunque incompleto, de Santiago, «el hermano del Señor». Aparece como un ejemplo de «justicia»: tanto que se añade a su nombre el apodo de «el Justo». Es el jefe reconocido de una comunidad religiosa «sectaria» cuyos integrantes son «celosos de la Ley». Debe luchar contra dos adversarios muy distintos y diferentes. Uno de ellos es Pablo, un forastero que, después de perseguir a la comunidad, se convierte y es admitido en ella; una vez dentro se vuelve un renegado, tergiversa las cosas y se pelea con sus superiores, secuestra la imagen de Jesús y empieza a predicar su propia doctrina: una doctrina que se inspira en la de la comunidad, pero la distorsiona. El segundo adversario de Santiago es de fuera de la comunidad: el sumo sacerdote Ananías, jefe del clero saduceo. Ananías es un hombre notoriamente corrupto e inmensamente odiado. Él también ha traicionado tanto al dios como al pueblo de Israel al colaborar con la administración romana y sus reyes títeres herodianos. Santiago cuestiona públicamente a Ananías y con el tiempo halla la muerte a manos de los sirvientes de Ananías; pero Ananías, a su vez, será pronto asesinado. Todo eso ocurre contra un telón de fondo de creciente malestar social y político y la inminente invasión de un ejército extranjero.

Con esa historia presente, Eisenman se puso a trabajar en los rollos del mar Muerto, especialmente en el «Comentario de Habacuc». Cuando los detalles fragmentarios de los textos de

Qumran quedaron ordenados en una secuencia coherente, lo que apareció fue algo extraordinariamente parecido a la crónica de Hechos, Josefo y los primeros historiadores cristianos. Los rollos contaban su propia historia, en cuyo centro había un solo protagonista, el Maestro de Justicia: un ejemplo de las mismas virtudes atribuidas a Santiago. Al igual que Santiago, el Maestro era el jefe reconocido de una comunidad religiosa «sectaria» cuyos miembros eran «celosos de la Ley». Y, al igual que Santiago, el Maestro tenía que luchar contra dos adversarios bien distintos y diferentes.

A uno de ellos se lo apodaba el Mentiroso: un forastero que fue admitido en la comunidad y luego se volvió un renegado, riñó con el Maestro y se llevó parte de la doctrina y de los miembros de la comunidad. Según el «Comentario de Habacuc», el Mentiroso «no escuchaba la palabra recibida por el Maestro de Justicia de boca de Dios».[22] Apelaba en cambio a «los infieles de la Nueva Alianza por cuanto no han creído en la Alianza de Dios y han profanado Su santo nombre».[23] El texto afirma explícitamente que «el Mentiroso... se mofó de la Ley en medio de toda la congregación».[24] Él «descarrió a muchos» y creó «una congregación sobre la base del engaño».[25] Se dice que él mismo está «preñado de [obras] de engaño».[26] Ésas son, precisamente, las transgresiones de las que se acusa a Pablo en Hechos: transgresiones que conducen, al final de Hechos, a un atentado contra su vida. Y Eisenman subraya la hipersensibilidad de Pablo a las acusaciones de falsedad y perjurio.[27] En 1 Timoteo 2:7, por ejemplo, declara indignado, como si estuviera defendiéndose, que «digo la verdad, no miento». En 2 Corintios 11:31, jura que «el Dios y Padre del Señor Jesús... sabe que no miento». Ésos no son más que dos ejemplos; las epístolas de Pablo muestran un deseo casi obsesivo de exculparse de implícitas acusaciones de falsedad.

Según los rollos del mar Muerto, el Mentiroso era el adversario del Maestro de Justicia que había dentro de la comunidad. El segundo adversario del Maestro provenía de fuera. Era el Sacerdote Malvado, un representante corrupto del sistema, que había traicionado su función y su fe.[28] Conspiraba para exterminar a los «Pobres» —los «celosos de la Ley»— que, se decía, estaban dispersos en Jerusalén y otros lugares. Hostigaba al Maestro de Justicia en cada sitio donde el Maestro buscaba refugio. A manos de los sirvientes del Sacerdote Malvado, el Maestro sufrió heridas graves y tal vez —sobre esto el texto es impreciso— la muerte. Más tarde, el propio Sacerdote Malvado fue asesinado por discípulos del Maestro que, después de matarlo, «se vengaron en su cuerpo carnal»: es decir, profanaron su cadáver.[29] Las similitudes entre el Sacerdote Malvado de los rollos y la figura histórica del sumo sacerdote Ananías son inequívocas.

En su libro sobre Santiago, Eisenman explora esas similitudes —Santiago, Pablo y Ananías por un lado, el Maestro de Justicia, el Mentiroso y el Sacerdote Malvado por otro— de manera exhaustiva. Examina el «Comentario de Habacuc» y otros textos línea por línea, comparándolos con información brindada por Hechos, por Josefo y por los primeros historiadores cristianos. No podríamos hacer suficiente justicia en estas páginas al caudal de pruebas que acumula. Pero las conclusiones a las que llevan esas pruebas son ineludibles. El «Comentario de Habacuc» y algunos otros manuscritos se refieren a los mismos sucesos relatados en Hechos, en Josefo y en las obras de los primeros historiadores cristianos.

Refuerza esta conclusión la sorprendente y generalizada reaparición de la filosofía y las imágenes qumranianas en Hechos, en la Epístola de Santiago y en las abundantes epístolas de Pablo. También la refuerza la revelación de que el sitio hacia donde parte Pablo y en el que pasa tres años como postulante es en realidad Qumran, y no la ciudad de Siria. Hasta el único fragmento que a primera vista parece no encajar —el hecho de que la persecución y muerte de Santiago ocurran específicamente en Jerusalén, cuando se da por sentado que los rollos del mar Muerto relatan sucesos de Qumran— se explica dentro de los propios textos. El «Comentario de Habacuc» declara explícitamente que la jefatura de la comunidad estaba en Jerusalén en el momento del que se habla.[30]

Eisenman llama la atención sobre otro punto que considera de especial importancia. En su Epístola a los Romanos (1:17), Pablo afirma que «en él se revela la justicia de Dios, de fe en fe, como dice la Escritura: el justo vivirá por la fe». El mismo tema aparece en la Epístola a los Gálatas (3:11): «Que la ley no justifica a nadie ante Dios es cosa evidente, pues el justo vivirá por la fe».

Esas dos declaraciones constituyen, en realidad, «el punto de partida del concepto teológico de fe». Son en el fondo, como dice Eisenman, «los cimientos de la teología paulina».[31] Sientan la base desde donde Pablo hará frente a Santiago: desde donde celebrará la supremacía de la fe, mientras Santiago celebra la supremacía de la Ley.

¿De dónde saca Pablo su principio de la supremacía de la fe? Desde luego, ese principio no era parte aceptada de las enseñanzas judaicas de la época. En realidad, proviene del Libro de Habacuc original, un texto apócrifo del Antiguo Testamento que, se cree, data de mediados del siglo VII a. C. Según el capítulo 2, versículo 4 del Libro de Habacuc, «el justo por su fidelidad vivirá». Las palabras de Pablo en las epístolas son evidentemente un eco de esa afirmación; y el Libro de Habacuc es sin lugar a dudas la «Escritura» a la que se refiere Pablo.

Pero más importante todavía es el «Comentario de Habacuc»: la glosa y exégesis de parte del Libro de Habacuc encontrada entre los rollos del mar Muerto. El «Comentario de Habacuc» cita la misma afirmación y luego la amplía:

> *Pero el justo por su fe vivirá.* Interpretado, esto concierne a todos los que observan la Ley en la Casa de Judá, a quienes Dios librará de la Casa del Juicio debido a sus sufrimientos y debido a su fe en el Maestro de Justicia.[32]

Este extraordinario pasaje equivale, en realidad, a una formulación de la doctrina «cristiana» primitiva. Dice explícitamente que el sufrimiento y la fe en el Maestro de Justicia constituyen el camino de la liberación y la salvación. De ese pasaje de los rollos del mar Muerto debe de haber sacado Pablo los cimientos de toda su teología. Pero el pasaje en cuestión declara inequívocamente que el sufrimiento y la fe en el Maestro de Justicia llevarán a la liberación sólo a «aquellos que observan la Ley de la Casa de Judá».[33] Pablo descartará precisamente ese énfasis en la observancia de la Ley, precipitando así su disputa doctrinal con Santiago y los demás miembros de la «Iglesia primitiva».

14

Celo por la Ley

Según Robert Eisenman, la comunidad de Qumran surge de los rollos del mar Muerto como un movimiento de una naturaleza muy diferente de la de los esenios de la tradición popular. Ese movimiento tiene centros no sólo en Qumran sino en varios otros lugares, incluso Jerusalén. Puede ejercer considerable influencia, puede ostentar considerable poder, puede disponer de un considerable apoyo. Puede enviar a Pablo en misiones de reclutamiento y obtención de fondos. Puede organizar motines y disturbios públicos. Puede organizar asesinatos (como el fallido a Pablo al final de Hechos y, luego, el de Ananías). Puede proponer su propio candidato alternativo para el puesto de sumo sacerdote del Templo. Puede capturar y retener fortalezas tan importantes estratégicamente como la de Masada. Y lo más significativo: puede movilizar a toda la población de Judea e instigar a una sublevación general contra Roma, una sublevación que lleva a un conflicto muy importante, de siete años de duración, y provoca la intervención no de un destacamento sino de todo un ejército romano. Dado el alcance y la magnitud de esas actividades, es evidente que las imágenes tradicionales de los esenios y de la «Iglesia primitiva» son patéticamente inadecuadas. Es también evidente que el movimiento que se manifestó en la comunidad de Qumran y la «Iglesia primitiva» también se manifestó en otros grupos generalmente considerados distintos: los «sadoquitas», por ejemplo, los zelotes y los sicarios.

Las investigaciones de Eisenman mostraron la simplicidad esencial de una situación que antes había parecido desalentadoramente complicada. Eisenman señala que «términos tales como *Ebionim, Nozrim, Hassidim, Zaddikim* (esto es, ebionitas, cristianos palestinos, esenios y sadoquitas) resultan ser variaciones del mismo tema»,[1] mientras que «las diversas expresiones que utilizaba la comunidad de Qumran para referirse a sí misma, por ejemplo "hijos de la luz"..., no denotan grupos diferentes sino que funcionan como metáforas intercambiables».[2]

Los belicosos zelotes y sicarios resultarán también ser variaciones del mismo tema, manifestaciones del mismo movimiento. Ese movimiento es de carácter militante, nacionalista, revolucionario, xenófobo y mesiánico. Aunque arraigado en tiempos del Antiguo Testamento, se consolida durante el período macabeo del siglo II a. C.; pero los sucesos del siglo I de la era cristiana le darán un nuevo y especialmente feroz impulso. En el centro del movimiento está la cuestión de la legitimidad dinástica: legitimidad no sólo de los gobernantes sino del clero. En realidad, al comienzo es más importante la legitimidad sacerdotal.

La legitimidad del clero se había vuelto decisiva en tiempos del Antiguo Testamento, y supuestamente descendía en línea recta de Aarón y la tribu de Leví. De ese modo, a lo largo del Antiguo Testamento, el clero es el coto distintivo de los levitas. Se alude a los sumos sacerdotes levitas que asisten a David y Salomón como «Sadoq», aunque no queda claro si éste es un nombre personal o un título hereditario.[3] Sadoq unge a Salomón, que entonces se convierte en el «Ungido», el «Mesías»: *Ha-mashi'ah* en hebreo. Pero *también* los sumos sacerdotes eran ungidos y, por

consiguiente, «mesías». Entonces, en tiempos del Antiguo Testamento, el pueblo de Israel está en realidad gobernado por dos
líneas paralelas de «mesías», o «ungidos». Una de esas líneas
preside los asuntos espirituales y desciende de la tribu de Leví
y de Aarón. La otra, bajo la forma de monarquía, preside los
asuntos seculares y se remonta, por medio de David, hasta la
tribu de Judá. Eso, desde luego, explica las referencias de los
rollos del mar Muerto «al (los) mesías de Aarón y de Israel», o
«de Aarón y de David». El principio es esencialmente similar a
aquel por el cual, durante la Edad Media en Europa, el papa y
el emperador supuestamente presidían, de manera conjunta, el
Sacro Imperio Romano.

La línea sacerdotal que invocaba un linaje que se remonta-
ba a Aarón conservó su estatus hasta la invasión babilónica de
587 a. C. En 538 a. C., cuando terminó el «cautiverio babilónico», el sacerdocio se restableció rápidamente, afirmando descender (aunque no literal sino metafóricamente) de Aarón. Pero
en 333 a. C. Alejandro Magno invadió Tierra Santa. Durante los
siguientes ciento sesenta años y pico, Palestina sería gobernada
por una sucesión de dinastías helenísticas o de orientación griega. El clero, durante ese período, produjo una desconcertante
multitud de pretendientes, muchos de los cuales se adaptaron, parcial o completamente, a las costumbres helenísticas, a los estilos
de vida helenísticos, a los valores y actitudes helenísticos. Como
suele ocurrir en esas circunstancias, la tendencia liberalizadora
general engendró una reacción conservadora de «línea dura». Surgió un movimiento que deploraba la atmósfera relajada, hetero-
doxa y permisiva, la indiferencia hacia las viejas tradiciones, la violación y la contaminación de la antigua «pureza», el desafío de
la Ley sagrada. Ese movimiento se propuso librar a Palestina de
colaboradores y libertinos helenizados que, se creía, habían profanado el Templo con su presencia.

Según el primer libro de Macabeos, el movimiento se afirmó —probablemente alrededor de 167 a. C.— cuando un funcionario griego obligó a Matatías Macabeo, un sacerdote de pueblo, a sacrificar en un altar pagano, desafiando la ley judaica. Enfurecido por ese espectáculo obsceno, Matatías, que «se inflamó en celo por la Ley» (1 Macabeos 2:24), mató sumariamente a un judío como él que cumplió la orden, además del funcionario griego. En realidad, como ha dicho Eisenman, Matatías se convirtió así en el primer zelote.[4] Inmediatamente después de esa acción, lanzó el grito de rebelión: «Todo aquel que sienta celo por la Ley y mantenga la alianza, que me siga» (1 M 2:27). Luego huyó a las montañas con sus hijos, Judas, Simón, Jonatán y dos más, y con un séquito llamado los «asideos»: «Israelitas valientes y entregados de corazón a la Ley» (1 M 2:42). Y mientras Matatías, algo así como un año más tarde, estaba en el lecho de muerte, exhortó a sus hijos y partidarios: «Mostrad vuestro celo por la Ley; dad vuestra vida por la alianza de nuestros padres» (1 M 2:50).

A la muerte de Matatías, el control del movimiento pasó a su hijo Judas, quien «se retiró al desierto. Llevaba con sus compañeros, en las montañas, vida de fieras salvajes, sin comer más alimento que hierbas, para no contaminarse de impureza» (2 M 5:27). Esto da fe de lo que luego se convertirá en un importante principio y ritual: el de purificarse retirándose al desierto y, como una forma de iniciación, vivir un tiempo en soledad. Aquí, sugiere Eisenman, está el origen de comunidades remotas como Qumran, cuya primera fundación data de tiempos macabeos.[5] Es, en realidad, el equivalente del «retiro» moderno. En el Nuevo Testamento, el supremo ejemplo de autopurificación en remota soledad es, por supuesto, el de Juan el Bautista, que «predica en el desierto» y come «langostas y miel». Pero no hay que olvidar que también Jesús sufre una experiencia de iniciación en el desierto.

Desde la espesura adonde se habían retirado, Judas Macabeo, sus hermanos y sus compañeros emprendieron una prolongada campaña de operaciones guerrilleras que se intensificaron hasta convertirse en una sublevación que movilizó a todo el pueblo. En 152 a. C., los macabeos habían arrebatado el control de Tierra Santa, habían pacificado el país y se habían instalado en el poder. Su primer acto, al capturar el Templo, fue «purificarlo» quitándole todos los adornos paganos. Es significativo que, aunque los macabeos fuesen al mismo tiempo reyes de facto y sacerdotes, fuese más importante para ellos el segundo cargo. Se apresuraron a regularizar su posición dentro del clero, como custodios de la Ley. No se tomaron la molestia de llamarse reyes hasta la cuarta generación de su dinastía, entre 103 y 76 a. C.

Desde el bastión del clero, los macabeos promulgaron la Ley con ferocidad fundamentalista. Les gustaba invocar la leyenda de la «Alianza de Pinjás» del Antiguo Testamento, que aparece en el Libro de los Números.[6] Se decía que Pinjás era sacerdote y nieto de Aarón, y su actuación tuvo lugar después de que los hebreos huyeron de Egipto y se establecieron en Palestina. Poco después son devastados por la plaga. Pinjás se dirige a un hombre en particular, que ha tomado por esposa a una extranjera pagana; empuñando una lanza, ejecuta rápidamente al matrimonio. Llegado a ese punto, Dios declara que Pinjás es el único hombre que «tiene el mismo celo que yo». Y celebra una alianza con Pinjás. Desde entonces, en recompensa por el celo que muestra por su Dios (1 M 2:54), Pinjás y sus descendientes ostentarán el sacerdocio eterno.

Ésa era la figura que tenían como modelo los sacerdotes macabeos. Al igual que Pinjás, condenaban toda relación, de cualquier tipo, con paganos y extranjeros. Al igual que Pinjás, insistían en el «celo por la Ley», que trataban de encarnar. Esa «hostilidad xenófoba» a las costumbres extranjeras, a las esposas extranjeras, etcétera, sería transmitida como un legado, y «parecería haber sido característica de toda la orientación zelote/sadoquita».[7]

No se sabe si los macabeos podían afirmar que descendían literalmente de Aarón y de David. Probablemente no. Pero su «celo por la Ley» sirvió para legitimarlos. Por lo tanto, durante esa dinastía, Israel tuvo tanto un clero como una monarquía que se ajustaban más o menos a los rigurosos criterios de la autoridad del Antiguo Testamento.

Todo eso terminó, por supuesto, con la asunción de Herodes en 37 a. C., instalado como un títere por los romanos, que habían invadido Palestina un cuarto de siglo antes. Al principio, antes de consolidar su posición, también Herodes estuvo preocupado por cuestiones de legitimidad. Por ejemplo, se le ocurrió legitimarse casándose con una princesa macabea. Pero en cuanto estuvo segura su posición, asesinó a su esposa y al hermano de ella, extinguiendo así la línea macabea. También echó o mató a las jerarquías más altas del clero, que suplió con sus propios favoritos o sirvientes. Ésos son los saduceos que conoce la historia a través de textos bíblicos y a través de Josefo. Eisenman sugiere que la palabra saduceo era originalmente una variante, o tal vez una corrupción, de «Zadok» o *Zaddikim:* los «Justos» en hebreo, cosa que indudablemente eran los macabeos.[8] Pero los saduceos instalados por Herodes eran muy diferentes. Estaban totalmente alineados con el monarca usurpador. Llevaban una vida fácil y cómoda de prestigio y privilegios. Ejercían un lucrativo monopolio del Templo y de todo lo relacionado con el Templo. Y carecían del concepto de «celo por la Ley». Israel se encontraba entonces bajo el yugo de una monarquía corrupta e ilegítima y de un clero corrupto e ilegítimo, ambos a fin de cuentas instrumentos de la Roma pagana.

Como en los días de Matatías Macabeo, la situación provocó inevitablemente una reacción. Si los sacerdotes títeres de

Herodes se convirtieron en los saduceos de la tradición popular, sus adversarios —los «puristas» que seguían «celosos de la Ley»— pasaron a la historia bajo diversos nombres.[9] En ciertos contextos —la literatura de Qumran, por ejemplo— esos adversarios recibían el nombre de «sadoquitas» o «hijos de Sadoq». En el Nuevo Testamento se llamaban «nazorenos»... y más tarde «cristianos primitivos». En Josefo, se llamaban «zelotes» o «sicarios». Los romanos, por supuesto, los consideraban «terroristas», «forajidos» o «bandidos». En terminología moderna, quizá se los llamaría «fundamentalistas mesiánicos revolucionarios».[10]

No importa qué terminología se use, la situación religiosa y política en Judea a principios del siglo I d. C. había provocado una extendida oposición al régimen herodiano, al clero proherodiano y a la maquinaria del Imperio romano, que sostenía con su presencia a los dos primeros. En el siglo I d. C. había por lo tanto dos facciones rivales y antagónicas de saduceos. Por un lado, estaban los saduceos del Nuevo Testamento y de Josefo, los «saduceos herodianos»; por otro lado estaba el movimiento saduceo «verdadero» o «purista», que repudiaba esa colaboración y permanecía fervorosamente leal a tres principios tradicionales: un mesías clerical o sacerdotal que afirmara descender de Aarón, un mesías real que afirmara descender de David y, sobre todo, «celo por la Ley».[11]

A estas alturas el lector tendrá claro que no se utiliza aquí la expresión «celo por la Ley» de manera accidental. Por el contrario, se la utiliza de una manera muy precisa, con la misma precisión con que se utilizaría en francmasonería una frase como «hermanos del oficio»; y cada vez que aparece esa frase, o una variante de ella, el investigador cuenta con una pista esencial, que le indica a un cierto grupo de gente o movimiento. Ante este hecho, resulta forzado y poco sincero sostener —cosa que hacen los partidarios del consenso— que debe de haber alguna distinción entre la comunidad de Qumran, que alaba el «celo por la Ley», y los zelotes de la tradición popular.

Se considera, en general, que los zelotes de la tradición popular fueron fundados en los albores del cristianismo por una figura conocida como Judas de Galilea, o, quizá más precisamente, Judas de Gamala. Judas puso en marcha su rebelión inmediatamente después de la muerte de Herodes el Grande, en 4 a. C. Josefo cita un aspecto muy revelador de esa sublevación. «En cuanto terminó el luto por Herodes» se estimuló la exigencia pública de que depusiesen al herodiano sumo sacerdote titular e instalasen en su sitio a otro «de mayor piedad y pureza».[12] Acompañado por un sacerdote conocido como «Sadduc» —aparentemente una transliteración griega de «Zadok» o, como ha sugerido Eisenman, *Zaddik*, que en hebreo significa «el Justo»—, Judas y sus seguidores asaltaron rápidamente el arsenal real de la ciudad galilea de Seforis, lo saquearon y se llevaron armas y materiales. Aproximadamente en el mismo momento —un poco antes o un poco después— unos pirómanos atacaron el palacio de Herodes cerca de Jericó y lo incendiaron.[13] Luego de esos sucesos vendrían setenta y cinco años de incesante guerra de guerrillas y actividad terrorista, que culminaría con las operaciones a gran escala de 66-73 d. C.

En *La guerra de los judíos*, escrito en los tiempos volátiles que siguieron a la sublevación, Josefo afirma que Judas de Galilea ha fundado «una secta peculiar».[14] Pero la segunda obra importante de Josefo, *Antigüedades de los judíos*, fue compuesta aproximadamente un cuarto de siglo más tarde, cuando la atmósfera estaba un poco menos cargada. En esta obra, por lo tanto, Josefo puede ser un poco más explícito.[15] Afirma que Judas y Sadduc «se volvieron celosos», dando a entender que habían sufrido algo equivalente a una conversión: una conversión a alguna actitud o estado mental reconocidos. Su movimiento, dice, constituía «la cuarta secta de la filosofía judía», y los jóvenes de Israel «estaban celosos por ella».[16] Desde el mismo comienzo, el movimiento se caracterizó por aspiraciones mesiánicas. Sadduc encarnaba la figura del mesías sacerdotal descendiente de Aarón. Y Judas, según Josefo, tenía «un ambicioso deseo de la dignidad real»: la posición del mesías real descendiente de David.[17]

Parece que el propio Judas fue muerto bastante al comienzo de la lucha. Su capa de mando pasó a sus hijos, que eran tres. Dos de ellos, Jacobo y Simón, eran conocidos jefes zelotes, capturados y crucificados por los romanos entre 46 y 48 d. C. El tercer hijo (o quizá nieto), Menajem, fue uno de los principales instigadores de la sublevación de 66 d. C. Se dice que al comienzo, cuando todavía parecía que la rebelión iba a vencer, Menajem hizo una entrada triunfal en Jerusalén, «con majestuosidad real»: otra manifestación de ambiciones mesiánicas dinásticas.[18] En 66 d. C., Menajem capturó también la fortaleza de Masada. El último jefe del baluarte, conocido para la historia como Eleazar, era otro descendiente de Judas de Galilea, aunque nunca se ha podido establecer exactamente cuál era el parentesco.

El suicidio masivo de los defensores zelotes de Masada se ha convertido en un suceso histórico conocido, en el núcleo de por lo menos dos novelas, una película y una miniserie de televisión. Ya nos hemos referido a él en este libro, y pronto habrá oportunidad de verlo más atentamente. Sin embargo, no fue Masada el único caso de suicidio masivo. En 67 d. C., como respuesta a la rebelión que se extendía por Tierra Santa, un ejército romano avanzó sobre Gamala, en Galilea, cuna de Judas y sus hijos. Cuatro mil judíos murieron tratando de defender el pueblo. Cuando se demostró que sus esfuerzos eran vanos, cinco mil más se suicidaron. Eso refleja algo más que oposición política. Da fe de una dimensión de fanatismo religioso. Esa dimensión la expresa Josefo, que, al hablar de los zelotes, dice: «No... valoran ninguna forma de muerte, ni hacen caso de la muerte de sus parientes y amigos, ni puede el miedo hacerlos llamar Señor a un hombre...».[19] Reconocer como dios a un emperador romano, tal como exigía Roma, debió de ser, para los zelotes, la más monstruosa blasfemia.[20] Antes que semejante transgresión de la Ley, sería sin duda preferible la muerte.

El «celo por la Ley» alinea efectivamente a los zelotes —generalmente considerados «luchadores de la libertad» más o menos secularizados— con los miembros fervientemente religiosos de la comunidad de Qumran; y, como ya hemos señalado, se han encontrado textos qumranianos en las ruinas de Masada. El «celo por la Ley» también alinea a los zelotes con la llamada «Iglesia primitiva», a cuyos partidarios se atribuye muchas veces el mismo «celo». La figura citada en los Evangelios como «Simón Zelotes», o «Simón el Zelote», da fe de por lo menos un zelote en el séquito más cercano a Jesús; y Judas Iscariote, cuyo nombre procede tal vez de los sicarios, puede ser otro. Pero lo más revelador de todo es el término griego utilizado para referirse a los integrantes de la «Iglesia primitiva». Se los llama, explícitamente, *«zelotai* de la Ley»: es decir, zelotes.[21]

Surge por lo tanto, en la Palestina del siglo I, una especie de clero fundamentalista dinástico que dice descender genealógica o simbólicamente de Aarón y que está relacionado con el esperado e inminente advenimiento de un mesías davídico o real. [22] Este clero se mantiene en un estado de guerra perpetua autodeclarada contra la dinastía herodiana, el clero títere de esa dinastía y los romanos invasores. Según las actividades que realizan en un momento dado, y la perspectiva desde donde se los mira, ese clero y sus partidarios reciben nombres tan diversos como zelotes, esenios, sadoquitas, nazorenos y otros más..., incluyendo, por supuesto, los que les dan los enemigos, como «forajidos» y «bandidos». No son por cierto ermitaños ni místicos pasivos. Por el contrario, tienen una visión, como dice Eisenman, «violentamente apocalíptica», que proporciona un corolario teológico a la acción violenta con la que generalmente se relaciona a los zelotes.[23] Esa violencia, tanto política como teológica, se puede apreciar en la carrera de Juan el Bautista, ejecutado, según los Evangelios de Mateo y Marcos, por condenar el matrimonio de Herodes Antipas con su sobrina, porque «es contra la Ley». Y Eisenman incluso ha sugerido que Juan el Bautista puede haber sido el misterioso «Sadduc» que acompañó a Judas de Galilea, jefe de los zelotes en la época del nacimiento de Jesús.[24]

Resumiendo, de la confusa mezcla de nombres y apodos surgen las configuraciones de un movimiento en el que se funden esenios, sadoquitas, nazorenos, zelotes y otras supuestas facciones. Los nombres resultan ser apenas denominaciones diferentes —o, como mucho, manifestaciones diferentes— del mismo impulso religioso y político que se difundió dentro y fuera de Tierra Santa a partir del siglo II a. C. Las facciones aparentemente distintas habrían sido, a lo sumo, equiparables a la diversidad de personas, grupos e intereses que se consolidaron para formar un movimiento único conocido como la «Resistencia francesa» durante la segunda guerra mundial. A lo sumo. Para Robert Eisenman, personalmente, cualquier distinción entre esas facciones no es más que una cuestión de grado; son todas variaciones del mismo tema. Pero aunque existiese entre ellas alguna sutil gradación, todavía las habría unido el compromiso conjunto en una única y ambiciosa empresa: la expulsión de su tierra de la ocupación romana, y la reinstauración de la vieja y legítima monarquía judaica junto con su legítimo clero.

Pero esa empresa no terminó con la destrucción de Jerusalén y Qumran entre 68 y 70 d. C., ni con la caída de Masada en 74 d. C. En las condiciones que resultaron de esa derrota, grandes cantidades de zelotes y sicarios huyeron al exterior, a lugares donde había importantes poblaciones judaicas: a Persia, por ejemplo, y a Egipto, especialmente a Alejandría. En Alejandría intentaron movilizar a la población judía local para producir otra sublevación contra Roma. Pero tuvieron poco éxito, y unos seiscientos de ellos fueron acorralados y entregados a las autoridades. Hombres, mujeres y niños fueron torturados en un intento de hacerles reconocer que el emperador era un dios. Según Josefo, «ningún hombre cedió ni estuvo a punto de hacerlo». Y agrega:

> Pero nada asombró tanto a los espectadores como la conducta de los niños, pues ninguno de ellos pudo ser obligado a llamarle Señor al César. Hasta tal punto prevalecía, sobre la debilidad de sus cuerpos pequeños, la fortaleza de un espíritu valeroso.[25]

Vuelve a aparecer aquí esa tendencia a la entrega fanática: una entrega que no puede ser de naturaleza política sino religiosa.

Más de sesenta años después de que la guerra asolase Jerusalén y el Templo, estalló una nueva rebelión en Tierra Santa, dirigida por la figura carismática y mesiánica conocida como Simón bar Kokba, el «Hijo de la Estrella». Según Eisenman, la terminología sugiere que Simón era en realidad un descendiente sanguíneo de los jefes zelotes del siglo anterior.[26] En todo caso, la imagen de la «Estrella» había figurado entre ellos de manera destacada durante el período que culminó con la primera sublevación.[27] Y, como hemos señalado, la misma imagen figura repetidas veces en los rollos del mar Muerto. Proviene, en el fondo, de una profecía del Libro de los Números (24:17): «De Jacob avanza una estrella, un cetro surge de Israel». La «Regla de la guerra» invoca esta profecía, y declara que la «Estrella», o el «mesías», rechazará, junto con los «pobres» o los «justos», a los ejércitos invasores. Eisenman ha encontrado esta profecía de la «Estrella» en otros dos lugares decisivos de la literatura de Qumran.[28] Uno, el «Documento de Damasco», es especialmente gráfico: «La estrella es el Intérprete de la Ley que llegará a Damasco; está escrito que... el cetro es el Príncipe...».[29]

Josefo y otros historiadores romanos como Suetonio y Tácito informan sobre una profecía corriente en Tierra Santa durante los primeros años del siglo I d. C., según la cual «de Judea saldrían hombres destinados a gobernar el mundo».[30] Según Josefo, la promulgación de esa profecía fue uno de los principales factores de la rebelión de 66 d. C. Y, no hace falta decirlo, la profecía de la «Estrella» se introduce en la tradición cristiana como la «Estrella de Belén», que anuncia el nacimiento de Jesús.[31] Por lo tanto, como «Hijo de la Estrella», Simón bar Kokba gozaba de una ilustre genealogía simbólica.

A diferencia de la rebelión de 66 d. C., la insurrección de Simón, que comenzó en 132 d. C., no fue una conflagración mal organizada, resultado, como quien dice, de una combustión espontánea. Por el contrario, hubo en esa empresa una prolongada y cuidadosa planificación. Los herreros y artesanos judíos obligados a prestar servicios a los romanos forjaban a propósito, por ejemplo, armas de calidad ligeramente inferior a la normal. Cuando los romanos las rechazaban, ellos las recogían y las almacenaban para dárselas a los rebeldes. De la guerra del siglo anterior, Simón también había aprendido que no tenía sentido capturar y defender fortalezas como la de Masada. Para derrotar a los romanos haría falta una campaña basada en la movilidad, en ataques relámpago. Eso llevó a la construcción de una enorme red subterránea de habitaciones, pasillos y túneles. En el período anterior a la sublevación, Simón utilizó esas redes para entrenamiento. Más tarde, una vez que empezaron las hostilidades, servían de bases y sitios de escala, permitiéndoles a los rebeldes lanzar ataques relámpago y desaparecer: el tipo de emboscadas con el que se familiarizaron, a sus propias expensas, los soldados norteamericanos durante la guerra de Vietnam.[32] Pero Simón no se limitó exclusivamente a operaciones guerrilleras. Su ejército incluía muchos voluntarios extranjeros, muchos mercenarios y soldados profesionales con considerable experiencia militar. Efectivamente, registros descubiertos por arqueólogos han revelado que varios oficiales e integrantes de su estado mayor hablaban solamente griego.[33] Con fuerzas tan bien adiestradas a su disposición, a veces podía batirse con los romanos en batallas campales.

Dentro del primer año de la sublevación, Simón había destruido por lo menos una legión romana completa, y probablemente una segunda.[34] Palestina había sido efectivamente librada de tropas romanas. Jerusalén había sido recapturada y se había instalado allí una administración judaica. La campaña no alcanzó el éxito total por un pelo. Fracasó ante todo porque Simón fue defraudado por sus supuestos aliados. Según el grandioso proyecto de Simón, sus tropas habrían de ser apoyadas por fuerzas de Persia, donde aún residían muchos judíos y gozaban del favor y la comprensión de la dinastía reinante. Pero justo cuando Simón más necesitaba esos refuerzos, la propia Persia fue invadida desde el norte por tribus montañesas intrusas que absorbieron los recursos persas, privando a Simón del prometido apoyo.[35]

En Siria, lejos del peligro de Palestina, los romanos se reagruparon bajo la jefatura personal del emperador Adriano, que llevaba como subjefe a Julio Severo, antiguamente gobernador de Bretaña. Se produjo otra invasión a gran escala, en la que participaron por lo menos doce legiones, unos ochenta mil soldados. En una operación de pinzas, esos soldados combatieron puesto por puesto atravesando toda Tierra Santa. Finalmente, Simón fue acorralado y presentó su última resistencia en Battir, su cuartel general, a unos pocos kilómetros de Jerusalén, en 135 d. C.

Mientras duró la sublevación, las tropas de Simón ocuparon constantemente Qumran. Monedas encontradas en las ruinas dan fe de esa presencia en un lugar que, después de todo, debió de haber revestido una considerable importancia estratégica. Es entonces posible, a pesar de la opinión del padre De Vaux, que por lo menos algunos de los rollos del mar Muerto fuesen depositados en Qumran todavía en tiempos de Simón.

15

El suicidio de los zelotes

Una vez que se ve en perspectiva el amplio movimiento mesiánico de la Palestina del siglo I, y una vez que se ven como partes integrantes de ese movimiento las aparentemente diversas sectas, varios elementos y anomalías hasta ahora inexplicables encajan al fin. Así, por ejemplo, empieza a tener sentido la apocalíptica y escatológica ferocidad de Juan el Bautista, lo mismo que su papel en los sucesos relatados por los Evangelios. Así, también, pueden explicarse ciertos pasajes e incidentes teológicamente torpes relacionados con la propia carrera de Jesús. Hay, como hemos señalado, por lo menos un zelote entre sus seguidores, y quizá más. Está la violencia de su acción al volcar las mesas de los cambistas en el Templo. Está su ejecución no por autoridades judaicas sino romanas, de una manera reservada específicamente para los que cometían delitos políticos. Hay otros numerosos ejemplos, que los autores de este libro han examinado detenidamente en otra parte. Finalmente, están las propias palabras de Jesús:

> No penséis que he venido a traer paz a la tierra. No he venido a traer paz, sino espada. Sí, he venido a enfrentar al hombre con su padre, a la hija con su madre... (Mateo 10:34-35).

Y algo todavía más revelador, en una fraseología inequívocamente qumraniana:

No penséis que he venido a abolir la Ley y los Profetas. No he venido a abolir, sino a dar cumplimiento... el cielo y la tierra pasarán antes que pase una i o una tilde de la Ley sin que todo suceda. Por lo tanto, el que traspase uno de estos mandamientos más pequeños, y así lo enseñe a los hombres, será el más pequeño en el Reino de los Cielos (Mateo 5:17-19).[1]

En este pasaje es casi como si Jesús hubiese anticipado el advenimiento de Pablo. Desde luego, no podría haber formulado una advertencia más específica. Según los valores que establece, la posición de Pablo en el Reino de los Cielos no puede ser mucho más elevada que la de un paria residente oficial.

Otra anomalía que se ve bajo una nueva luz es el caso de la fortaleza de Masada, y el carácter y la mentalidad de sus tenaces defensores. Cuando Tierra Santa se sublevó en 66 d. C., una de las primeras fortalezas tomadas —por Menajem, el hijo o nieto de Judas de Galilea, fundador de los zelotes— fue la de Masada. Encaramada en lo alto de una escarpada montaña que da hacia la costa suroeste del mar Muerto, unos cincuenta kilómetros al sur de Qumran, se convirtió en el baluarte más importante de los rebeldes, el símbolo supremo y la personificación de la resistencia. Mucho después de haberse derrumbado la resistencia en otras partes, Masada seguía aguantando. Jerusalén, por ejemplo, fue ocupada y arrasada a los dos años del comienzo de la insurrección: en 68 d. C. Pero Masada fue inexpugnable hasta 74 d. C. Dentro de sus murallas, unos novecientos sesenta defensores resistieron repetidos asaltos y un extenso cerco de un ejército romano que se calcula en quince mil hombres.

A pesar de la tenacidad de esa resistencia, a mediados de abril de 74 d. C. la posición de Masada se había vuelto desesperada. Impedida la llegada de refuerzos, rodeada totalmente por tropas romanas, la guarnición ya no tenía ninguna perspectiva de resistir un asalto general. Los romanos, tras bombardear la fortaleza con pesadas maquinarias, habían construido una inmensa rampa que subía por la ladera de la montaña y, en la noche del 15 de abril, se prepararon para el ataque final. La guarnición, al mando de Eleazar ben Jair, tomó una decisión. Los hombres mataron a sus mujeres y a sus hijos. Luego se eligieron diez hombres para que matasen a sus compañeros. Cumplido eso, procedieron a echar suertes, eligiendo uno para que ejecutase a los nueve que quedaban. Después de realizar esa tarea, el último hombre incendió lo que quedaba de los edificios de la fortaleza y se suicidó. Perecieron en total novecientos ochenta hombres, mujeres y niños. Cuando los romanos rompieron violentamente la puerta a la mañana siguiente, sólo encontraron cadáveres entre las ruinas.

Dos mujeres y cinco niños escaparon a la carnicería, se supone que ocultándose en los conductos de agua debajo de la fortaleza mientras el resto de la guarnición se suicidaba. Josefo cuenta el testimonio de una de las mujeres..., extraído, dice, del interrogatorio al que la sometieron los oficiales romanos.[2] Según Josefo, la mujer ofreció un relato detallado de lo que había ocurrido durante la última noche del sitio. Si hemos de dar crédito a ese relato (y no existe razón para no hacerlo), Eleazar, el comandante de la fortaleza, exhortó a sus seguidores al suicidio masivo con su carismática y persuasiva elocuencia:

Desde que el hombre primitivo empezó a pensar, las palabras de nuestros antepasados y las de los dioses, apoyadas por las acciones y los espíritus de nuestros predecesores, nos han hecho entender constantemente que la calamidad del hombre es la vida, y no la muerte. La muerte da libertad a nuestras almas y las deja irse a su propia y pura casa, donde no conocerán calamidades; pero mientras están confinadas dentro de un cuerpo mortal y comparten sus miserias, en estricta verdad están muertas.

Porque la asociación de lo divino con lo mortal es muy impropia. El alma puede, por supuesto, hacer mucho cuando está aprisionada en el cuerpo; hace del cuerpo su gran órgano del sentir, moviéndolo de manera invisible e impulsándolo en sus acciones más allá del alcance de la naturaleza mortal. Pero cuando se libera del peso que la arrastra hacia la tierra y se le cuelga alrededor, el alma vuelve a su lugar natural y en verdad adquiere un poder bendito y una fuerza completamente libre, y permanece tan invisible a los ojos humanos como el mismo Dios. Ni siquiera cuando está en el cuerpo se la puede mirar; no se la advierte cuando entra y no se la ve cuando se va; y tiene una naturaleza imperecedera, pero produce cambios en el cuerpo; pues todo lo que el alma toca vive y florece, todo lo que abandona se marchita y muere: tal es la sobreabundancia que tiene de inmortalidad.[3]

Según Josefo, Eleazar concluye: «Muramos sin ser esclavos de nuestros enemigos, y dejemos este mundo como hombres libres en compañía de nuestras mujeres e hijos. Eso es lo que ordena la Ley».[4]

A veces Josefo es poco fiable. Pero cuando eso ocurre, se nota. En esta ocasión, no hay ninguna razón para dudar de su palabra; y las excavaciones de Masada llevadas a cabo en los años sesenta tienden a apoyar su versión de los hechos. Es, desde luego, probable que se haya tomado alguna licencia poética y adornado un poco los discursos de Eleazar, haciéndolos quizá más elocuentes (e interminables) de lo que fueron. Pero el tenor general de la narración parece verdadero, y ha sido aceptado siempre por los historiadores. Más aún, Josefo tenía una comprensión única y directa de la mentalidad que dictó el suicidio masivo en Masada. En los comienzos de la sublevación él mismo había sido un comandante rebelde en Galilea. En 67 d. C., sus fuerzas fueron sitiadas en Jotapata —ahora Yodefat, cerca de Seforis— por los romanos al mando de Vespasiano. Cuando cayó el pueblo, muchos defensores se suicidaron para no dejarse capturar. Muchos otros, incluyendo a Josefo, huyeron y se ocultaron en cuevas. Según su propio relato, se encontró en una cueva con otros cuarenta fugitivos. Allí, como en Masada, se echó a suertes quién debía matar a sus compañeros. Fuera «por casualidad», como sugiere Josefo, o por «la Divina Providencia», o quizá por alguna trampa de la que uno u otro fueron cómplices, él y otro hombre terminaron como únicos sobrevivientes. Persuadió a su compañero para que se entregase, y luego él mismo se pasó al bando de los romanos victoriosos.[5] No sale de la aventura con una imagen muy loable, por supuesto. Pero aunque él mismo no pudiese estar a la altura de ellos, no le eran extrañas las actitudes de los zelotes, incluyendo su preparación para la autoinmolación en nombre de la Ley.

En realidad, gobernaba esa autoinmolación una lógica bastante sofisticada, que no habría resultado muy evidente a los lectores de Josefo de esa época o posteriores. Eisenman explica los suicidios masivos de Masada, Gamala y otros sitios como producto, en definitiva, del concepto especialmente zelote de la resurrección. Ese concepto provenía ante todo de dos profetas del Antiguo Testamento, Daniel y Ezequiel, cuyos textos aparecieron entre los rollos del mar Muerto en Qumran. Daniel (Daniel 12:2) fue el primero en expresar el concepto en forma elaborada: «Muchos de los que duermen en el polvo de la tierra se despertarán, unos para la vida eterna, otros para el oprobio, para el horror eterno». Habla también de un inminente «Reino de los Cielos», y de un «fin de los tiempos», del «advenimiento de un Príncipe ungido», de un «Hijo de hombre» al que «se le dio imperio, honor y reino» (Daniel 7:13-14).

En Ezequiel, el pasaje pertinente es la famosa visión del valle lleno de huesos secos, todos los cuales, anuncia Dios, vivirán de nuevo:

> Os haré salir de vuestras tumbas... y os llevaré de nuevo al suelo de Israel. Sabréis que yo soy Yaveh cuando abra vuestras tumbas y os haga salir de vuestras tumbas... Infundiré mi espíritu en vosotros y viviréis... (Ezequiel 37:12-14).

Tan importante se consideraba este pasaje que se encontró una copia enterrada debajo del suelo de la sinagoga, en Masada.[6]

El concepto de la resurrección derivado de Daniel y Ezequiel fue tomado y adoptado por los primeros «fanáticos de la Ley», los macabeos. Así, en el segundo libro de Macabeos, se utiliza para alentar el martirio por respeto a la Ley. En 2 Macabeos 14:42, un anciano de Jerusalén se mata para no ser capturado y sufrir afrentas indignas de su nobleza. En 2 Macabeos 6:18 y ss., un sacerdote y maestro de la Ley se mata como «ejemplo noble al morir generosamente... por las leyes venerables y santas». Ese incidente, según Eisenman, es el prototipo para el establecimiento, más tarde, de la mentalidad zelote. El principio encuentra su expresión más acabada en 2 Macabeos 7, donde siete hermanos se someten a la muerte por tortura antes que transgredir la Ley:

> Dijo un hermano: «... Nos privas de la vida presente, pero el Rey del mundo, a nosotros que morimos por sus leyes, nos resucitará a una vida eterna».

Otro dijo: «Por don del Cielo poseo estos miembros, por sus leyes los desdeño y de Él espero recibirlos de nuevo».

El siguiente dijo a sus atormentadores: «Es preferible morir a manos de hombres con la esperanza que Dios otorga de ser resucitados de nuevo por Él; para ti, en cambio, no habrá resurrección a la vida».

Ahí está, entonces, en el precristiano libro de Macabeos, el principio de la resurrección corporal que figurará de manera tan saliente en la posterior teología cristiana. Pero en realidad sólo pertenece, como aclara el tercero de los discursos, a los justos, a los «celosos de la Ley». Pero hay otro detalle pertinente en el pasaje dedicado a la muerte de los siete hermanos. Justo cuando están a punto de ejecutar al último, llevan a la madre para que lo vea. Le han aconsejado a ella que suplique a su hijo que se someta y se salve. Ella, en cambio, le dice: «Acepta la muerte, para que vuelva yo a encontrarte con tus hermanos en la misericordia» (2 Macabeos 7:29). Al final de los tiempos, los que mueran juntos resucitarán juntos. Por lo tanto, Eleazar, cuando exhorta a la guarnición de Masada, les pide morir «en compañía de nuestras mujeres e hijos. Eso es lo que la Ley ordena». No la Ley del sistema saduceo o del judaísmo posterior: sólo la Ley de los llamados zelotes. Si las mujeres y los niños de la fortaleza hubiesen quedado vivos, los romanos victoriosos no los habrían exterminado. Pero ellas habrían sido separadas de sus hombres y entre sí. Y muchas habrían sido esclavizadas, violadas, consignadas a burdeles del ejército romano y por lo tanto manchadas, privadas de su pureza ritual según la Ley. En Masada, la separación y la violación eran más temidas que la muerte, puesto que la muerte, para los «justos», sólo habría sido temporal. Allí aparece, entonces, entre los feroces defensores de Masada, un principio de resurrección corporal prácticamente idéntico al del cristianismo posterior.

No es fácil asociar la guarnición que defendió Masada con las imágenes tradicionales de esenios apacibles y amantes de la paz que, según los partidarios del consenso, formaban la comunidad de Qumran. Y efectivamente, como hemos señalado, los partidarios del consenso siguen insistiendo en que no puede haber existido ninguna relación entre la comunidad de Qumran y la fortaleza de Masada, a pesar del descubrimiento en Masada de textos idénticos a algunos de los encontrados en Qumran —encontrados en Qumran y, al menos en dos casos, en ningún otro sitio— y a pesar del uso, por parte de los defensores de Masada, de exactamente el mismo calendario utilizado en el material de Qumran: un calendario solar único, que contrasta con el calendario lunar del sistema oficial saduceo y del posterior judaísmo rabínico.

Otra vez se puede percibir la configuración de lo que ha descrito Eisenman: un amplio movimiento mesiánico nacionalista en el que efectivamente se mezclaron una cantidad de supuestas facciones, si es que alguna vez hubo alguna distinción entre ellas. La explicación de Eisenman reconcilia e interpreta lo que antes parecía un revoltijo de contradicciones y anomalías. También da sentido a la misión en la que es enviado Pablo por la jerarquía de la llamada «Iglesia primitiva» —el enclave «nazoreno»— en Jerusalén. Hay que recordar que en tiempos bíblicos «Israel» no era exactamente un territorio, ni una región particular. Más importante aún, «Israel» denotaba un pueblo, una tribu, una «hueste». Cuando Pablo y otros «evangelistas» son enviados por la jerarquía de Jerusalén, su misión es lograr conversos a la Ley: es decir, a «Israel». ¿Qué podía significar eso, en términos prácticos, sino el reclutamiento de un ejército? Desde tiempos del Antiguo Testamento, y especialmente desde el «Cautiverio Babilónico», la «tribu de Israel» se había dispersado a través del mundo mediterráneo y más allá, hasta Persia, donde al producirse la sublevación de Simón bar Kokba, en 132 d. C., había todavía suficiente comprensión como para obtener al menos una promesa de apoyo. Los emisarios de la jerarquía de Jerusalén, ¿no fueron enviados para explotar esa inmensa mano de obra potencial, para «llamar a filas» al disperso pueblo de «Israel» y expulsar a los invasores romanos de su tierra nativa y liberar su patria? Y Pablo, al predicar una religión enteramente nueva en vez de reclutar más gente, estaba, realmente, despolitizando, desmilitarizando y castrando el movimiento.[7] Eso, desde luego, habría sido un asunto mucho más serio que faltar al dogma o a ciertas prácticas rituales. Habría sido, en realidad, una forma de traición. Porque la Ley, tal como figura en los rollos del mar Muerto, no se limita al dogma y a las prácticas rituales. Atravesando los textos de Qumran, como un deber sagrado, está el impulso de construir una legítima persona mesiánica, sea real, o sacerdotal, o ambas cosas. Eso, en consecuencia, supondría el restablecimiento de la antigua monarquía y el antiguo clero, la expulsión del invasor y el rescate y purificación de Tierra Santa para que el pueblo elegido por Dios pudiese habitarla. En palabras del «Rollo de la guerra»: «El dominio de los [invasores] llegará a su fin... los hijos de la justicia brillarán sobre todos los confines de la tierra».[8]

16

Pablo, ¿agente romano o delator?

Con este plan general en mente, vale la pena volver a mirar la confusa e incompleta descripción de los sucesos que ocurren hacia el final de Hechos de los Apóstoles. Pablo, recordaremos, luego de una prolongada misión evangélica en el exterior, vuelve a ser llamado a Jerusalén por Santiago y la indignada jerarquía. Percibiendo el peligro, sus partidarios inmediatos lo exhortan repetidas veces, en cada etapa de su itinerario, a que no vaya; pero Pablo, que no es hombre de eludir enfrentamientos, hace oídos sordos a esas súplicas. Se reúne con Santiago y otros integrantes de la jefatura de la comunidad, y vuelve a ser castigado por laxitud en su observancia de la Ley. Hechos no registra la respuesta de Pablo a esas acusaciones, pero pareciera, por lo que sigue, que perjura negando las acusaciones, que sus epístolas muestran como justificadas.[1] En otras palabras, reconoce la magnitud de su ofensa; y por intensa que sea su integridad, por fanática que sea su lealtad a «su» versión de Jesús, reconoce que esta vez es necesaria alguna forma de arreglo. Así, cuando se le pide que se purifique durante siete días y muestre de ese modo la injusticia de las acusaciones de las que es objeto, de buena gana consiente en hacerlo. Eisenman sugiere que Santiago quizá sabía cuál era la verdadera situación y que quizá se utilizó a Pablo. Si se hubiera negado al ritual de purificación, equivaldría a declararse abiertamente en contra de la Ley. Al aceptar el ritual se convertía, aún más que antes, en el Mentiroso del «Comentario de Habacuc». Fuera cual fuese su proceder, se habría condenado... quizá lo que buscaba Santiago, precisamente.[2]

En todo caso, y a pesar de su autopurificación exculpatoria, Pablo sigue inspirando enemistad en los «celosos de la Ley», quienes, unos días más tarde, lo atacan en el Templo. «Éste —proclaman— es el hombre que va enseñando a todos por todas partes... contra la Ley» (Hechos 21:28). Los disturbios que siguen no son poca cosa:

> Toda la ciudad se alborotó y la gente concurrió de todas partes. Se apoderaron de Pablo y lo arrastraron fuera del Templo; inmediatamente cerraron las puertas. Intentaban darle muerte, cuando subieron a decir al tribuno de la cohorte: «Toda Jerusalén está revuelta» (Hechos 21:30-31).

Llaman a la cohorte —no menos de seiscientos hombres—, que rescata a Pablo en el momento justo, quizá para impedir que se produzca una agitación civil a escala todavía mayor. ¿Por qué si no habría de molestarse la cohorte en salvar la vida de un judío heterodoxo que había encolerizado a sus semejantes? La magnitud del tumulto da una idea de la aceptación y la influencia de que debía gozar la llamada «Iglesia primitiva» en la Jerusalén de la época... ¡entre los judíos! Hablamos, evidentemente, de un movimiento dentro del propio judaísmo, que merece la lealtad de gran parte de la población de la ciudad.

Tras rescatarlo de la indignada multitud, los romanos arrestan a Pablo, quien, antes de ser llevado a prisión, solicita permiso para decir un discurso autoexculpatorio. Inexplicablemente, los romanos autorizan esa solicitud, aunque el discurso sólo sirve para indignar más al populacho. Se llevan entonces a Pablo para torturarlo e interrogarlo. Como ya nos preguntamos antes, ¿interrogarlo acerca de qué? ¿Por qué torturar e interrogar a un hombre que ha ofendido a sus correligionarios en puntos delicados de su ortodoxia y de su práctica ritual? Existe sólo una explicación para que los romanos hayan mostrado tanto interés: que sospecharan que Pablo disponía de información de naturaleza política y/o militar.

Los únicos adversarios políticos y/o militares serios que hacían frente a los romanos eran los partidarios del movimiento nacionalista: los zelotes de la tradición popular. Y Pablo, el evangelista de la «Iglesia primitiva», estaba amenazado por los «celosos de la Ley» —en cantidad de cuarenta o más— que se habían confabulado para matarlo, y jurado no comer ni beber hasta que eso se cumpliese. Salvado de ese destino por el hasta entonces nunca mencionado sobrino, es trasladado, con escolta, de Jerusalén a Cesarea, donde invoca su derecho como ciudadano romano a apelar personalmente ante el emperador. Mientras está en Cesarea se codea en tono cordial e íntimo con el procurador romano, Antonio Félix. Eisenman ha recalcado que Pablo también tiene un trato íntimo con el cuñado del procurador, Herodes Agripa II, y con la hermana del rey..., más tarde amante de Tito, el comandante romano que destruirá Jerusalén y terminará siendo emperador.[3]

No son ésos los únicos elementos sospechosos que aparecen en el fondo de la biografía de Pablo. Desde el comienzo, su aparente riqueza, su ciudadanía romana y su natural familiaridad con el sistema reinante lo han diferenciado de sus semejantes y de otros integrantes de la «Iglesia primitiva». Evidentemente, tiene relaciones influyentes con la minoría gobernante. ¿De qué otra manera podría un hombre tan joven convertirse en el brazo ejecutor del sumo sacerdote? Además, en su Epístola a los Romanos (16:11) habla de un compañero que tiene el llamativo nombre de «Herodión»: un nombre evidentemente relacionado con la dinastía reinante, y muy improbable para un evangelista. Y Hechos 13:1 se refiere a uno de los compañeros de Pablo como «Manahén, hermano de leche del tetrarca Herodes». Aparece aquí, de nuevo, una prueba de sus relaciones aristocráticas elevadas.[4]

Por sorprendente que sea la idea, parece al menos posible que Pablo haya sido una especie de «agente» romano. Eisenman llegó a esta conclusión estudiando los propios rollos, y luego encontró en el Nuevo Testamento referencias que apoyan la teoría. Efectivamente, si uno combina y superpone los materiales encontrados en Qumran con los de Hechos, junto con oscuras referencias en las epístolas de Pablo, esa conclusión aparece como una clara posibilidad. Pero existe una posibilidad más, quizá no menos sorprendente. Los últimos sucesos en Jerusalén, confusos y enigmáticos, la oportuna intervención de los romanos, la partida de la ciudad con una pesada escolta, la lujosa permanencia en Cesarea, la misteriosa y total desaparición de la escena histórica: todo eso tiene un curioso eco en nuestra época. Uno piensa en los beneficiarios del «Witness Protection Program» (Programa de Protección de Testigos) en Estados Unidos. Uno también piensa en el «fenómeno del supersoplón» en Irlanda del Norte. En ambos casos, un integrante de una organización ilícita —dedicada al delito organizado o al terrorismo paramilitar— es «convertido» por las autoridades. Acepta dar pruebas y prestar declaración, a cambio de inmunidad, protección, un nuevo lugar donde vivir y dinero. Al igual que Pablo, provocaría la ira vengativa de sus colegas. Al igual que Pablo, sería puesto bajo una protección militar y/o policial aparentemente desmedida. Al igual que Pablo, sería llevado disfrazado y escoltado. Habiendo cooperado con las autoridades, recibiría una «nueva identidad» y, junto con su familia, sería restablecido en algún lugar teóricamente fuera del alcance de sus vengativos compañeros. Al igual que Pablo, para el mundo en general simplemente desaparecería.

¿Pertenece entonces Pablo al grupo de «agentes secretos» de la historia? ¿Al grupo de informadores y «supersoplones» de la historia? Ésas son algunas de las preguntas generadas por la investigación de Eisenman. Pero en todo caso la aparición de Pablo en el escenario puso en movimiento una serie de acontecimientos que resultaron irreversibles. Lo que empezó como un movimiento localizado dentro del marco del judaísmo existente, sin ninguna influencia fuera de Tierra Santa, se transformó en algo de una escala y una magnitud que nadie en esa época puede haber previsto. El movimiento confiado a la «Iglesia primitiva» y a la comunidad de Qumran fue efectivamente secuestrado y convertido en algo donde ya no había cabida para sus progenitores. Apareció una madeja de pensamiento que, herética al comienzo, evolucionaría en el curso de los dos siglos siguientes hasta convertirse en una religión totalmente nueva. Lo que había sido herejía en el marco del judaísmo sería ahora la ortodoxia del cristianismo. Pocos accidentes de la historia pueden tener consecuencias más trascendentales.

Epílogo

Está de más decir que la historia de los rollos no ha terminado. La trama continúa desarrollándose, tomando giros nuevos e inesperados. Mucho ha sucedido desde que este libro apareció en Gran Bretaña en mayo de 1991. En el otoño, las cosas habían llegado a un clímax y los rollos eran tema de primera plana y de editoriales en periódicos como el *New York Times*. Mientras se prepara la edición norteamericana de nuestro libro, aparecen otros libros y artículos, se organizan conferencias, se intensifica la atención de los medios, diversos protagonistas hacen nuevas declaraciones.

En mayo, la «Comisión Supervisora» israelí donó a la Oxford University un juego completo de fotografías de todos los manuscritos, y se fundó un centro de estudios de los rollos bajo los auspicios de Geza Vermes. Pero el acceso era todavía rigurosamente restringido, y se denegaba a todos los estudiosos independientes. Entrevistado por la televisión británica, el profesor Norman Golb, de la Universidad de Chicago, expresó sus dudas acerca del objeto de un centro como ése. ¿Iba a ser, preguntó, simplemente un centro de frustración?

El 5 de septiembre, la prensa norteamericana informó que dos especialistas de la Hebrew Union College de Cincinnati, el profesor Ben-Zion Wacholder y uno de sus estudiantes de doctorado, Martin G. Abegg, habían «quebrado el monopolio» de los rollos del mar Muerto. Utilizando la concordancia preparada por el equipo internacional en la década de los cincuenta, habían empleado un ordenador para reconstruir los propios textos. Los resultados, supuestamente correctos en un ochenta por ciento, fueron publicados por la Biblical Archaeology Society bajo la dirección de Hershel Shanks. Los miembros sobrevivientes del equipo internacional estaban previsiblemente furiosos. El profesor Cross habló de «piratería». «¿Qué otra cosa se le puede llamar —tronó el destituido John Strugnell— sino robo?» Pero el 7 de septiembre un editorial del *New York Times* aprobó la acción de Wacholder y Abegg:

> Quizá algunos integrantes de la comisión sientan la tentación de acusar de piratería a los investigadores de Cincinnati. Por el contrario, el señor Wacholder y el señor Abegg merecen un aplauso por su trabajo y por atravesar tantas capas de oscuridad. La comisión, con su obsesiva reserva y su estilo clandestino de investigación, agotó hace mucho tiempo su credibilidad tanto ante los especialistas como ante los profanos. Los dos estudiosos de Cincinnati parecen saber lo que la comisión de los rollos ha olvidado: que los rollos y lo que los rollos dicen acerca de las raíces comunes del cristianismo y el judaísmo rabínico pertenecen a la civilización, y no a unos pocos profesores recluidos.

Pronto se produciría una revelación todavía más electrizante. El 22 de septiembre, la Huntington Library de California reveló que poseía un juego completo de fotografías de todos los rollos inéditos. Esas fotografías habían sido confiadas a la biblioteca por Betty Betchel, de la Betchel Corporation, que las había encargado alrededor de 1961. Al enterarse de la existencia de las fotografías, algunos integrantes del equipo internacional exigieron su devolución. La Huntington respondió en tono desafiante. La biblioteca no sólo hacía pública su posesión de las fotografías, sino que anunciaba además su intención de ponerlas a disposición de cualquier investigador que quisiese verlas. Se ofrecerían copias en microfilm por sólo diez dólares. «Si se dejan en libertad los rollos —dijo William A. Moffat, el director de la biblioteca—, se deja en libertad a los estudiosos.»

Los integrantes del equipo internacional hicieron, por supuesto, otro escándalo, esta vez más ruidoso que el anterior. Hubo de nuevo acusaciones de «robo de trabajo académico». Pero un profesor independiente respondió que la mayoría de la gente «...verá [a la Huntington] como un Robin Hood que roba a los académicamente privilegiados para dar a los hambrientos... de conocimiento».

Amir Drori, jefe del departamento de Antigüedades israelí, acusó a la Huntington de varias transgresiones legales, aunque las fotografías habían sido tomadas mucho antes de que los rollos pasasen a manos israelíes como botín de guerra. Magen Broshi, director del Santuario del Libro, habló misteriosamente de acciones legales. La Huntington se mantuvo firme. «Hay o no hay libertad de acceso. Nuestra posición es que tendría que haber acceso, sin ningún tipo de trabas.» A esas alturas la divulgación de las fotos ya era un hecho consumado, y cualquier esfuerzo por revertir el proceso habría sido inútil. «Es demasiado tarde —declaró la Huntington Library—. Ya está hecho.»

El 25 de septiembre, el gobierno israelí se dio por vencido y se distanció cuidadosamente de las declaraciones de Drori y Broshi. Se dijo que Drori y Broshi «habían hablado a título personal, y no como representantes del gobierno israelí». Yuval Ne'eman, ministro de Ciencia de Israel, distribuyó una declaración de prensa en la que decía que

... Todo investigador tendría que poder examinar con libertad los rollos y publicar sus descubrimientos. Es una suerte que esa oportunidad se haya materializado ahora con la apertura al público de la colección fotográfica de la Huntington Library.

Cuando los sucesos que acabamos de relatar llegaron a la primera plana de los periódicos, Eisenman había empezado a investigar también en otros frentes. En 1988 había señalado que las excavaciones de Qumran distaban mucho de ser completas, de ser exhaustivas. El terreno circundante es, en realidad, ideal para la preservación de manuscritos, y prácticamente todos los expertos en la especialidad piensan que se pueden hacer más descubrimientos. No sólo es posible, sino probable, que existan todavía rollos enterrados debajo de deslizamientos de tierra o de rocas. Todavía falta excavar adecuadamente muchas cuevas: apartar los escombros de techos caídos y llegar al lecho rocoso. Otras cuevas, exploradas sólo por los beduinos, hay que explorarlas de nuevo, puesto que los beduinos tendían a pasar por alto algunos documentos escondidos y a dejar muchos fragmentos; y de todos modos, las excavaciones beduinas oficialmente autorizadas cesaron realmente con la guerra de 1967. Hay otros sitios en las cercanías de Qumran que todavía no han sido totalmente explorados. Por ejemplo, a unos quince kilómetros hacia el sur, en las costas del mar Muerto, en un lugar llamado En el-Ghuweir, un arqueólogo israelí encontró tumbas parecidas a las de Qumran y las ruinas de una residencia parecida a las de Qumran (aunque más pequeña).[1] Es razonable, por cierto, suponer que las cuevas de los wadis cercanos, hasta ahora nunca excavadas, pueden también almacenar rollos.

Con esos hechos en mente, Eisenman decidió emprender sus propias exploraciones arqueológicas. Su objetivo principal era, desde luego, buscar nuevos rollos. Esos materiales —como lo probó el caso del «Rollo del Templo»— pueden ser totalmente nuevos. Pero aunque repitiesen textos ya en manos del equipo internacional, eso quitaría sentido a toda supresión. Aparte de la perspectiva de nuevos manuscritos, Eisenman quería formarse un cuadro lo más completo posible de la población de toda la región, desde Qumran hacia Masada, en el sur. Pueden haber existido, concluyó, otras comunidades del estilo de la de Qumran. Por consiguiente, se propuso buscar pruebas de cualquier otro tipo: pruebas de control de agua, por ejemplo, como terrazas, acueductos y cisternas, que pueden haber sido construidos para sustentar ganado y hacer posible la agricultura.

Hasta el momento, Michael Baigent ha acompañado a Robert Eisenman y su equipo de arqueólogos y voluntarios en dos expediciones exploratorias, en enero de 1989 y en enero de 1990. En la primera se concentraron en la excavación de una cueva alrededor de un kilómetro y medio al sur de Qumran, a unos ciento cincuenta metros de altura en el risco. La cueva daba a una serie de cámaras que se extendían por lo menos veinticinco metros dentro de la roca. Parte del interior tenía suelo liso hecho con frondas de palmas y barro endurecido. No se encontraron rollos, pero aparecieron varios restos de la Edad del Hierro: un jarro pequeño, una lámpara de aceite y, especialmente, un astil y una punta de flecha en perfecto estado de conservación después de tres mil años. La expedición demostró, por primera vez, que por lo menos algunas de las cuevas que rodean a Qumran habían estado habitadas: que no se habían utilizado sólo como refugios temporales, sino que habían estado ocupadas de manera más permanente.

La segunda expedición procuró explorar todo lo posible la costa del mar Muerto al sur de Qumran y la cara del risco contiguo. El propósito de esa empresa era compilar un inventario de todas las cuevas aún inexploradas que pueden justificar una excavación exhaustiva. Dividida en pequeños equipos, la expedición registró unos veinte kilómetros de risco, que subía a pico hasta unos trescientos cincuenta metros. Aparte de las cuevas, se encontraron restos de terrazas y muros artificiales, de construcciones para el control del agua y para la irrigación, todo lo cual confirma que allí vivían y practicaban la agricultura seres humanos. Se localizaron en total ciento treinta y siete cuevas habitables, que fueron sometidas a un examen preliminar sin excavación. De ésas, ochenta y tres fueron consideradas dignas de excavación sistemática: serán el foco de futura actividad arqueológica.

De particular y revolucionaria importancia para esas actividades será un nuevo sistema de radar subterráneo de «alta tecnología» conocido como Subsurface Interface Radar (SIR). Hemos discutido con Eisenman la posibilidad de que haya otras cuevas en las cercanías de Qumran y a lo largo de la costa del mar Muerto, además de cuevas, habitaciones, sótanos, pasajes u otras estructuras subterráneas debajo de las ruinas de la propia Qumran. De Vaux, la única persona que trató de excavar en el lugar mismo, nunca buscó nada por el estilo, nunca exploró debajo de la superficie. Sin embargo, resulta virtualmente desconocido que una construcción como la que sugieren las ruinas de Qumran *no* tenga cámaras subterráneas, pasajes, mazmorras o túneles de escape. Es un hecho generalmente admitido que debe de existir algo parecido. Pero sería necesario realizar excavaciones de considerable extensión, que implicarían muchos tanteos y quizá daño al lugar.

Por lo tanto, la perspectiva de encontrar algo debajo de Qumran parecía, a priori, condenada por la magnitud de lo que habría que hacer. Pero en el otoño de 1988 tropezamos en un periódico con un artículo acerca de una cripta secreta de probable interés para estudiosos de Shakespeare, encontrada debajo de una iglesia cerca de Stratford-on-Avon. Lo que nos interesó del artículo fue el hecho de que la cripta aparentemente había sido localizada por una especie de sistema de radar subterráneo que explotaba una compañía con base en el sur de Inglaterra.

Las posibilidades que ofrecía SIR resultaban verdaderamente apasionantes. Era un equivalente terrestre de un sistema de sonar como el que llevan los barcos. El aparato era portátil. Cuando se lo movía por encima del suelo a una velocidad constante, producía una imagen generada por ordenador de detalles subterráneos. La imagen era a su vez producida mediante la construcción de un perfil de «interfases», es decir, puntos donde la tierra o la roca o cualquier otra sustancia con densidad y solidez ceden paso al aire. El sistema era entonces ideal para localizar cuevas y cavidades. Registraba interfases a por lo menos diez metros de la superficie. En buenas condiciones, podía penetrar hasta cuarenta metros de profundidad.

El gerente de la compañía que trabajaba con el radar se interesó mucho en ayudar. Supimos que había leído y disfrutado de nuestros libros anteriores. Le fascinaba la idea de que su equipo fuese a ser utilizado en Qumran. Hasta se ofreció a venir con nosotros en una expedición y manejar él mismo el aparato. Como resultado de esa oferta, la expedición de Eisenman de 1990 se empeñó en tomar nota de los sitios que justificaban una investigación de radar. Estamos ahora esperando autorización del gobierno israelí para llevar el equipo y utilizarlo en Qumran.

Los rollos del mar Muerto encontrados en 1947 no fueron los primeros textos antiguos que salieron a la luz en el desierto de Judea. En realidad hay relatos de hallazgos de textos que se remontan al siglo III d. C. Se dice que el teólogo Orígenes, uno

311

de los primeros Padres de la Iglesia, hizo uno de esos descubrimientos. Según el historiador eclesiástico Eusebio, Orígenes encontró varias versiones diferentes de textos del Antiguo Testamento, algunos de los cuales habían estado perdidos durante muchos años. Se dice que «los buscó en sus escondites y los sacó a la luz».[2] Se nos informa que una versión de los salmos «fue encontrada en Jericó en una vasija durante el reinado de Antonino, hijo de Severo».[3] Esta referencia nos permite fechar el descubrimiento entre 211 y 217.

Más fascinante todavía es una carta que data de poco antes de 805 d. C., escrita por Timoteo, patriarca de Seleucia, a otro eclesiástico:

> Nos enteramos por unos judíos honrados que estaban siendo instruidos... en la fe cristiana que hace diez años, cerca de Jericó, fueron encontrados algunos libros en una cueva... El perro de un cazador árabe persiguió a un animal hasta una cueva y no regresó. El árabe fue detrás del perro y encontró una pequeña cueva en la que había muchos libros. El árabe fue entonces a Jerusalén y les contó a los judíos, que vinieron en grandes cantidades y encontraron libros del Antiguo Testamento y otros libros en caracteres hebreos. Como la persona que me contó esto es un hombre erudito... le pregunté por las muchas referencias en el Nuevo Testamento que, según se dice, se originan en el Antiguo Testamento pero no se pueden encontrar allí... El hombre dijo: existen y se las puede encontrar en los libros de la cueva...[4]

Descubrimientos similares se han estado produciendo a lo largo de los siglos, hasta épocas modernas. Uno de los más famosos es el de Moses William Shapira, un anticuario que tenía un negocio en Jerusalén a fines del siglo XIX.[5] En 1878, Shapira se enteró de la historia de unos árabes que, huyendo de las autoridades, se habían refugiado en lo que ahora es territorio jordano, en la orilla oriental del mar Muerto. Según la historia, allí, en una cueva de Wadi Mujib, directamente frente a En-Guedí del otro lado del mar Muerto, encontraron una cantidad de viejos bultos envueltos en harapos que abrieron esperando encontrar algún objeto de valor. Sólo encontraron una cantidad de oscuros rollos de cuero. Uno de los árabes los llevó consigo y luego aseguró que su posesión le había traído suerte. Se dio eso como razón por la que no quería venderlos... o para subir el precio.

Shapira, que vendía antigüedades a coleccionistas y a museos europeos, se interesó. A través de un jeque consiguió comprar lo que se presentaba como la totalidad del material, que abarcaba quince tiras de pergamino, cada una de un tamaño aproximado de nueve por dieciocho centímetros. Después de estudiar su adquisición durante semanas, Shapira comprendió que lo que tenía era una antigua versión del Libro del Deuteronomio, que difería notablemente del texto bíblico establecido.

En 1883, después de varias vicisitudes y consultas a expertos, Shapira llevó sus fragmentos de rollos a Londres. Su llegada fue precedida por una gran excitación y por una amplia cobertura de la prensa. Expertos británicos juzgaron auténticos los fragmentos, y *The Times* publicó traducciones de algunos de ellos. El primer ministro, William Gladstone, fue a verlos y trató su posible compra con Shapira. Aparentemente se mencionó una suma de un millón de libras, cifra asombrosa para la época.

El gobierno francés envió a un eminente especialista, un viejo enemigo de Shapira, al otro lado del Canal a examinar los fragmentos y a preparar un informe. Shapira se negó a que el francés examinase o tocase los fragmentos. El francés sólo pudo echar una mirada superficial a dos o tres de ellos. Se tuvo que rebajar, por la intransigencia de Shapira, a pasar dos días mirando dos fragmentos adicionales expuestos en una caja de vidrio, entre los empellones de los demás visitantes del museo. Por rencor, y por exasperación tal vez justificada, el francés dictaminó al fin que los fragmentos eran falsificaciones. Otros especialistas, sin siquiera molestarse en mirar los fragmentos, se hicieron eco de esa conclusión, y el asunto degeneró rápidamente en farsa. Shapira se había arruinado. Repudiado y desacreditado, se pegó un tiro en una habitación de hotel en Rotterdam el 9 de marzo de 1884. Los fragmentos de los rollos fueron comprados por un librero anticuario londinense por diez libras y cinco chelines.

Desde entonces se les ha perdido la pista, aunque todavía podrían aparecer en algún desván, o entre las pertenencias de algún coleccionista privado. Según el último rastreo que se ha hecho, quizá hayan ido a parar a Australia junto con los efectos de un vendedor de antigüedades.

Varias autoridades modernas —incluso Allegro, que hizo un estudio especial de Shapira— están convencidas de que los fragmentos de Shapira eran probablemente auténticos. Si se los hubiese descubierto en el siglo XX y no en el XIX, sostenía Allegro, muy probablemente habrían resultado tan válidos como el material encontrado en Qumran.[6] Pero a fines del siglo XIX los egos, las reputaciones académicas y los intereses creados tenían tanta vigencia como hoy. A consecuencia de eso se perdió, quizá para siempre, algo de un valor inapreciable.

Al mismo tiempo, se siguen realizando descubrimientos como el de Shapira. Por ejemplo, a fines de la década de los setenta, cuando nosotros teníamos apenas un conocimiento superficial de los rollos del mar Muerto y de documentos similares, nos llamó por teléfono un amigo de París, coleccionista de antigüedades. Nos pidió si podríamos verlo casi inmediatamente en un restaurante de Londres, no lejos de Charing Cross. Quería especialmente que estuviese Michael Baigent, que había hecho mucha fotografía profesional. Pidió que llevase una cámara y que la mantuviese oculta.

Baigent encontró a nuestro colega en compañía de otros tres hombres: un coleccionista norteamericano, un comerciante palestino y un ingeniero jordano. Los acompañó a un banco cercano, donde los hicieron entrar en una pequeña sala privada y les entregaron dos cofres de madera, cada uno cerrado con tres candados. «No sabemos qué hay en esos cofres —dijo intencionadamente un funcionario del banco—. No queremos *saber* qué hay en ellos.» Los funcionarios salieron entonces, dejando a Baigent y a sus cuatro compañeros encerrados en la sala.

Se hizo una llamada telefónica a Israel y se obtuvo cierto permiso. Entonces el ingeniero jordano sacó un manojo de llaves y procedió a abrir los dos cofres. Dentro había literalmente cientos de delgadas hojas de cartulina, sobre cada una de las cuales había (¡pegados con cinta adhesiva!) aproximadamente una docena de fragmentos de viejo pergamino y/o papiro. Los fragmentos evidentemente abarcaban un considerable período de tiempo, provenían de fuentes diversas y habían sido escritos en varios idiomas diferentes: arameo, por ejemplo, hebreo, griego y arábigo. Como podía esperarse de una colección tan ecléctica y fortuita, no todo era de valor. Resultó que muchos de los fragmentos carecían de interés: eran recibos y documentos relacionados con antiguas transacciones comerciales que debían de haber sido exhumados de algún basurero arcaico. Pero también había otros.

La colección había llegado a Londres a través del mercado clandestino de rollos que funcionó en Jerusalén y Belén durante las décadas de los cincuenta y los sesenta, y había sido sacada de Israel durante la guerra de 1967 o poco después. Ahora supuestamente se la ofrecía en venta a cierto gobierno europeo que no se mencionaba, a un presunto precio de tres millones de libras. Se le pidió a Baigent que hiciese una selección fotográfica para ser mostrada como ejemplo del material disponible. Sacó aproximadamente cien fotos. Pero había cientos de hojas y, en total, arriba de dos mil fragmentos, la mayoría de ellos relativamente grandes.

En los aproximadamente doce años que pasaron desde ese incidente, no hemos vuelto a tener noticias de la colección. Si efectivamente se negoció una venta, se hizo de manera muy silenciosa, sin anuncios públicos de ningún tipo. Por otra parte, toda la colección podría estar secuestrada en su banco de Londres o en un depósito similar en otra parte, o entre los tesoros de algún coleccionista privado.

Transacciones como esa de la que nos enteramos de modo tangencial no son, supimos luego, nada raras. A lo largo de la década siguiente, nuestra investigación nos pondría en contacto con una intrincada red de anticuarios y coleccionistas dedicados al tráfico subterráneo de rollos. Esa red es internacional y trabaja a una escala comparable a la de las redes que comercian con pinturas o piedras preciosas. Pueden aparecer cientos de miles de libras casi en el acto, y cerrarse el trato nada más que con un apretón de manos.

Dos factores han llevado a la diseminación del mercado subterráneo de rollos. Uno fue la actuación de Yadin y los militares israelíes inmediatamente después de la guerra de 1967, cuando el anticuario conocido como Kando fue detenido e interrogado, y obligado a divulgar la existencia del «Rollo del Templo». No es nada sorprendente que ese acto hubiese alterado la «tregua» existente y fomentado una profunda desconfianza entre los anticuarios israelíes y árabes. Por consiguiente, mucho material encontrado por los beduinos, que corrientemente habría pasado a manos israelíes, llega ahora ilegalmente a Ammán y Damasco o a sitios aún más lejanos. Desde allí entra en Occidente vía Turquía o el Líbano.

Un segundo estímulo para el mercado subterráneo de rollos fue una ley instituida bajo los auspicios de la Unesco, según la cual todas las antigüedades sacadas de contrabando de un país deben volver a su punto de origen. Esa ley fue hecha con valor retroactivo. Por consiguiente, a las personas que habían invertido grandes sumas en rollos, o esperaban obtener grandes sumas de la venta de rollos, no les convenía que se supiese públicamente de sus propiedades. En realidad, la ley hizo que el tráfico clandestino de rollos fuese todavía más subterráneo y provocó, por supuesto, un dramático aumento de precios.

¿Cómo funciona el comercio subterráneo de rollos? Gran parte de ese comercio está controlado por ciertas familias muy conocidas en el negocio de las antigüedades, que suministran muchas de las antigüedades legales en venta en Israel y en el extranjero. Durante la última mitad del siglo, esas familias han creado sus propias redes de inteligencia, que se hallan en un estrecho contacto con los beduinos y se mantienen al corriente de todos los rumores, chismes, leyendas y noticias de descubrimientos de interés anticuario. Cuando se localiza un sitio potencialmente provechoso, la tierra es alquilada por un año y se levanta una enorme tienda negra beduina, aparentemente un domicilio. Por la noche se realizan excavaciones debajo de la tienda. Cuando se han sacado todas las antigüedades de valor, se desarma la tienda y los ocupantes se mudan a otro lugar. Un proceso similar ocurre en los pueblos, ante todo en Jerusalén, que ha demostrado ser territorio especialmente fértil. Los sitios son alquilados por períodos cortos o, si es necesario, se compran. Si todavía no existe allí una casa, se la construye. Los inquilinos excavan entonces desde el sótano hasta la roca sólida.

Mediante esos procedimientos, mucho material ha pasado a manos de coleccionistas privados y de inversores. Ese material burla completamente el mundo de la arqueología «oficial» y la investigación bíblica. En realidad, el mundo de la arqueología «oficial» y de la investigación bíblica muchas veces ni siquiera se da cuenta de que eso existe. Sin que los académicos lo sepan, hay en este momento una importante cantidad de material de Qumran o relacionado con él en manos de coleccionistas o en venta. Nosotros mismos sabemos de numerosos fragmentos. Sabemos de una copia en buen estado de un texto de Qumran llamado el «Libro de los jubileos». Sabemos de un puñado de cartas de Simón bar Kokba. Y hay importantes razones para creer que también existen otros documentos: documentos de naturaleza mucho más explosiva, totalmente únicos y nunca soñados por el mundo académico.

Se pueden esperar importantes progresos desde tres campos. De ellos, el más obvio es, no hace falta decirlo, el propio material de Qumran. Ahora que todo ese material es fácilmente accesible, los investigadores independientes, sin ideas preconcebidas, sin ventajas personales y sin intereses creados que proteger, podrán ponerse a trabajar. La «ortodoxia de interpretación» del equipo internacional ya ha empezado a ser atacada; y como ha demostrado este libro, las supuestas pruebas arqueológicas y paleográficas con las que apoya su postura no resistirán un examen minucioso. Podemos entonces esperar una revisión radical del proceso por el cual se asignaron fechas a una cantidad de textos especialmente importantes. Por consiguiente, surgirán nuevos contextos e interpretaciones para material ya conocido. Y aparecerán nuevos materiales en perspectivas que hace unos años fueron rechazadas de manera superficial y arbitraria.

Al mismo tiempo, está también la posibilidad, aumentada con cada nueva expedición arqueológica que Eisenman y sus colegas emprenden a Qumran y las costas del mar Muerto, de que salga a la luz material totalmente nuevo. Esa posibilidad se verá aún más aumentada —ahora que el gobierno israelí ha autorizado su empleo— con el despliegue del sistema de radar subterráneo.

Finalmente, está el mercado clandestino de rollos, que en cualquier instante puede arrojar algo de consecuencias sin precedentes: algo hasta ahora guardado en secreto, y librado finalmente al dominio público. La cuestión es sencillamente si aquellos que tienen ese material deciden que puede ser divulgado, y en qué momento.

Vengan de donde vengan los materiales inéditos, es seguro que se producirán revelaciones nuevas y, en algunos casos, revelaciones de la mayor importancia. Cuando eso ocurra, se habrá arrojado más luz sobre la historia bíblica, sobre el carácter del judaísmo antiguo, sobre los orígenes tanto del cristianismo como del islam. Uno no debe esperar, por supuesto, una revelación de tal magnitud que «derribe la Iglesia», o algo igualmente apocalíptico. Después de todo, hoy la Iglesia, más que una institución religiosa, es una institución social, cultural, política y económica. Su estabilidad y seguridad dependen de factores que poco tienen que ver con el credo, la doctrina y el dogma que promulga. Pero quizá alguna gente sienta la necesidad de preguntarse por qué el enfoque de la Iglesia —una institución tan manifiestamente laxa, parcial y poco fiable en su propio estudio, en su propia versión de su historia y sus orígenes— ha de ser considerado como tan fiable y competente al abordar temas contemporáneos tan urgentes como la superpoblación, el control de la natalidad, la condición de la mujer y el celibato del clero.

Pero a fin de cuentas la importancia de los textos de Qumran reside en algo más que su potencial para avergonzar a la Iglesia. La verdadera importancia de los textos de Qumran reside en lo que tienen que revelar sobre Tierra Santa, ese suelo que, durante tantos siglos, se empapó vorazmente de tanta sangre humana: sangre derramada en nombre de dioses contradictorios o, para ser más precisos, versiones no muy distintas del mismo Dios. Quizá los documentos que todavía falta divulgar nos enfrenten de manera un poco más ineludible con la escala y con la inutilidad de nuestra propia locura, y por lo tanto nos avergüencen torciéndonos por lo menos un grado hacia la dirección general de la cordura. Los rollos del mar Muerto ofrecen una nueva perspectiva de las tres grandes religiones nacidas en Oriente Medio. Cuanto más examina uno esas religiones, más comprende no cuánto se diferencian, sino cuánto se superponen y cuánto tienen en común, hasta qué punto comparten esencialmente la misma fuente y hasta qué punto las disputas entre ellas, cuando no precipitadas por simples malentendidos, han sido consecuencia menos de los valores espirituales que de la política, la codicia, el egoísmo y la presuntuosa arrogancia de la interpretación. El judaísmo, el cristianismo y el islam están hoy acosados por un renaciente fundamentalismo. Uno quisiera creer —aunque quizá sea demasiado pedir— que una mayor comprensión de las raíces comunes de estas religiones podría ayudar a refrenar el prejuicio, la intolerancia y el fanatismo a los que el fundamentalismo es crónicamente propenso.

Notas y referencias

Prefacio

1. Eisenman, *Maccabees, Zadokites, Christians and Qumran*, p. xvi.

Capítulo 1. El descubrimiento de los rollos

1. La verdadera historia del descubrimiento quizá no se conozca nunca. Los diversos relatos difieren en ciertos detalles. La discusión sobre el orden correcto de los acontecimientos continuó hasta entrada la década de los sesenta. Para los diferentes relatos, véase: Allegro, *The Dead Sea Scrolls*, pp. 17 y ss.; Brownlee, «Muhammad ed-Deeb's own Story of his Scroll Discovery», pp. 236 y ss.; «Edh-Dheeb's Story of his Scroll Discovery», pp. 483 y ss.; «Some New Facts Concerning the Discovery of the Scrolls of 1Q», pp. 417 y ss.; Harding, *The Times*, agosto 9, 1949, p. 5; Samuel, «The Purchase of the Jerusalem Scrolls», pp. 26 y ss.; *Treasure of Qumran*, pp. 142 y ss.; Trever, «When was Qumran Cave 1 Discovered?», pp. 135 y ss.; *The Untold Story of Qumran*, pp. 25 y ss.; Wilson, *The Dead Sea Scrolls 1947-1969*, pp. 3 y ss.

2. Véase, por ejemplo, Brownlee, op. cit., p. 486, y n. 6; Allegro, op. cit., p. 20.

NOTA: Los datos bibliográficos completos, cuando no se citan aquí, deben buscarse en la Bibliografía.

3. Wilson, op. cit. p. 4.

4. Van der Ploeg, *The Excavations at Qumran*, pp. 9-13.

5. Entrevistas, Miles Copeland, 10 de abril y 1 de mayo de 1990. Una investigación en los archivos de la CIA, solicitada bajo las disposiciones del Acta de Libertad de Información, no logró localizar las fotografías.

6. Entrevista, 21 de mayo de 1990.

7. Yadin, *The Message of the Scrolls*, pp. 15-24, citando el diario privado de Sukenik.

8. Ibíd., p. 14.

9. Trever, *The Untold Story of Qumran*, p. 85.

10. *Time Magazine*, 15 de abril de 1957, p. 39.

11. Allegro, op. cit., pp. 38-39.

12. Ibíd., p. 41.

13. Plinio el Joven, *Historia natural*, V, xv.

14. De Vaux, *Archaeology and the Dead Sea Scrolls*, pp. 134-135.

15. Informes sobre esta inspección pueden verse en: De Vaux, «Exploration de la région de Qumran», pp. 540 y ss.; Reed, «The Qumran Caves Expedition of March 1952», pp. 8 y ss.

16. Ibíd.

17. Allegro, *The Treasure of the Copper Scroll*, p. 35.

18. *Time Magazine*, op. cit., p. 38.

19. Yadin, op. cit., p. 40.

20. Ibíd., pp. 41-52.

21. Sharon a Eisenman, 16 de enero de 1990.

Capítulo 2. El equipo internacional

1. Pryce-Jones, «A New Chapter in the History of Christ?», pp. 12 y ss.

2. Ibíd., p. 14.

3. Ibíd.

4. Pryce-Jones a los autores, 11 de enero de 1990.

5. Entrevista, Magen Broshi, 12 de noviembre de 1989.

6. Entrevista, Frank Cross, 18 de mayo de 1990.

7. Comunicación privada.

8. Entrevista, Abraham Biran, 4 de diciembre de 1989.

9. Entrevista, James Robinson, 3 de noviembre de 1989.

10. North, «Qumran and its Archaeology», p. 429.

11. Entrevista, Norman Golb, 1 de noviembre de 1989.

12. Entrevista, Shemaryahu Talmon, 8 de noviembre de 1989.

13. *Time Magazine*, 14 de agosto de 1989, p. 44.

14. *BAR*, mayo/junio, 1989, p. 57; septiembre/octubre, 1989, p. 20.

15. Entrevista, James Robinson, 3 de noviembre de 1989.

16. Véase Robinson, «The Jung Codex: the Rise and Fall of Mono-poly»; véase también Robinson, «Getting the Nag Hammadi Library into English».

17. Hasta el momento se han publicado un total de tres volúmenes de *Dis-coveries in the Judaean Desert* dedicados a los fragmentos de la cueva 4. Fal-tan, según el plan de publicaciones anunciado, otros quince volúmenes dedi-cados a textos de la cueva 4 y uno más de la cueva 11.

18. *New York Times*, 26 de junio de 1989, p. B4.

19. *BAR*, septiembre/octubre, 1985, p. 6.

20. Ibíd., p. 66. La revista agrega: «Desde luego, la existencia de este fac-tor es polémica y conflictiva».

21. Ibíd., p. 66.

22. *New York Times*, op. cit., pp. B1, B4.

23. *The Chronicle of Higher Education*, 5 de julio de 1989, p. A7.

24. Cross, *The Ancient Library of Qumran*, p. 30.

25. Allegro, *The Dead Sea Scrolls*, p. 50.

26. Esta carta y muchas de las que siguen se pueden encontrar en el archivo de correspondencia privada de los papeles de John Allegro.

Capítulo 3. El escándalo de los rollos

1. Wilson, *The Dead Sea Scrolls 1947-1969*, p. 77.

2. Ibíd., pp. 97-98.

3. Ibíd., p. 97.

4. Entrevista, Philip Davies, 10 de octubre de 1989.

5. Hubo, sin embargo, una afirmación temeraria hecha por Wilson que habría que desechar. De Vaux le contó a Wilson una historia de los hechos durante la guerra de los Seis Días, en los que, según informó Wilson, las tro-pas israelíes, después de entrar en los jardines de la École Biblique el 6 de junio de 1967, hicieron sentar a los sacerdotes como rehenes, dos por turno, en el patio abierto. La amenaza era que serían ejecutados si se detectase fue-go de francotiradores desde los edificios de la École o del vecino monasterio de San Esteban. Véase Wilson, op. cit., p. 259. Entrevistas realizadas en Israel indicaron que ese hecho no ocurrió y que fue inventado por De Vaux para engañar a Wilson. Aparentemente, Wilson no consultó esa declaración con fuentes israelíes.

6. Entrevista, Shemaryahu Talmon, 8 de noviembre de 1989.

7. Entregado a la Académie des Inscriptions et Belles-Lettres el 26 de mayo de 1950. Comentado en *Le Monde*, 28-29 de mayo de 1950, p. 4.

8. Brownlee, «The Servant of the Lord in the Qumran Scrolls I», p. 9.

9. Allegro a Strugnell, en una carta sin fecha pero escrita entre el 14 y el 31 de diciembre de 1955.

10. Ibíd.

11. Ibíd.

12. *New York Times*, 5 de febrero de 1956, p. 2.

13. Ibíd.

14. *The Times*, 8 de febrero de 1956, p. 8.

15. Allegro a De Vaux, 9 de febrero de 1956.

16. Allegro a De Vaux, 20 de febrero de 1956.

17. Ibíd.

18. Allegro a De Vaux, 7 de marzo de 1956.

19. Ibíd.

20. Allegro a Cross, 6 de marzo de 1956.

21. *The Times*, 16 de marzo de 1956, p. 11.

22. *The Times*, 20 de marzo de 1956, p. 13.

23. Ibíd.

24. Allegro a Strugnell, 8 de marzo de 1957.

25. Smyth, «The Truth about the Dead Sea Scrolls», p. 33.

26. Ibíd., p. 34.

27. Allegro a Claus-Hunno Hunzinger, 23 de abril de 1956.

28. Harding a Allegro, 28 de mayo de 1956.

29. *The Times*, 1 de junio de 1956, p. 12.

30. Allegro a Harding, 5 de junio de 1956.

31. Ibíd.

32. Ibíd.

33. Allegro a Cross, 5 de agosto de 1956.

34. Allegro a De Vaux, 16 de septiembre de 1956.

35. Allegro a un integrante del equipo (nombre no revelado), 14 de septiembre de 1959.

36. Integrante del equipo (nombre no revelado) a Allegro, 21 de octubre de 1959.

37. Allegro a De Vaux, 16 de septiembre de 1956.

38. Ibíd.

39. *BAR*, marzo/abril, 1990, p. 24. Este texto está catalogado como 4Q246 y forma parte de la colección de Milik.

40. Allegro a Cross, 31 de octubre de 1957.

41. Ibíd.

42. Allegro a James Muilenburg, 31 de octubre de 1957.

43. Allegro a Muilenburg, 24 de diciembre de 1957.

44. Ibíd.

45. Allegro a Dajani, 10 de junio de 1959.

46. Ibíd.

47. *The Times*, 23 de mayo de 1970, p. 22.

48. *The Times*, 19 de mayo de 1970, p. 2.

49. *The Times*, 26 de mayo de 1970, p. 9.

50. *The Daily Telegraph*, 18 de mayo de 1987, p. 11.

51. *The Times*, 5 de octubre de 1970, p. 4.

52. Wilson, op. cit., p. 125.

53. Vermes, *The Dead Sea Scrolls: Qumran in Perspective*, pp. 23-24.

54. *Times Literary Supplement*, 3 de mayo de 1985, p. 502.

55. Ibíd.

56. Eisenman ha llamado la atención sobre la mención de los «pobres» en el «Rollo de la guerra»; véase Eisenman, op. cit., p. 43, n. 23; p. 62, n. 105. Este texto afirma que el Mesías llevará a los «pobres» a la victoria contra los ejércitos de Belial (*The War Scroll*, XI, 14 [Vermes, p. 116: Vermes, por algún motivo personal, traduce Belial como «Satán»]). Para una discusión más detallada, véase Eisenman, «Eschatological "Rain" Imagery in the War Scroll from Qumran and in the Letter to James», p. 182.

57. Entrevista, Émile Puech, 7 de noviembre de 1989.

58. Este fragmento está codificado 4Q246. Véase *BAR*, marzo/abril, 1990, p. 24. Era a este documento al que aludía Allegro en su carta del 16 de septiembre de 1956.

59. Ibíd.

Capítulo 4. Contra el consenso

1. *The Times*, 23 de agosto de 1949, p. 5.

2. Ibíd.

3. Jean Carmignac, reseña de Roth, *The Historical Background of the Dead Sea Scrolls*. Véase *Revue de Qumran*, n.º 3, 1959 (vol. I, 1958-1959), p. 447.

4. De Vaux hizo esta afirmación en «Fouilles au Khirbet Qumran», *Revue Biblique*, vol. 1 xi (1954), p. 233. La repitió en su «Fouilles de Khirbet Qumran», *Revue Biblique*, vol. 1 xiii (1956), p. 567, y en «Les manuscrits de Qumran et l'arquéologie», *Revue Biblique*, vol. 1 xvi (1959), p. 100.

5. Roth, «Did Vespasian Capture Qumran?», *Palestine Exploration Quarterly*, julio-diciembre 1959, pp. 122 y ss.

6. Driver, *The Judaean Scrolls*, p. 3.

7. De Vaux, reseña de Driver, *The Judaean Scrolls*. Véase *New Testament Studies*, vol. XIII (1966-1967), p. 97.

8. Ibíd., p. 104.

9. Albright, en M. Black, comp., *The Scrolls and Christianity*, p. 15.

10. Eisenman a los autores, 13 de junio de 1990.

11. Eisenman a los autores, 27 de septiembre de 1989.

12. *BAR*, septiembre/octubre, 1985, p. 66.

13. Ibíd., p. 6.

14. Ibíd., p. 66.

15. Ibíd., p. 70. *BAR* exigió por primera vez la publicación de los rollos inéditos en mayo de 1985.

16. Ibíd.

17. Benoit a Cross, Milik, Starcky y Puech, Strugnell, E. Ulrich, Avi (sic) Eitan, 15 de septiembre de 1985.

18. Eitan a Benoit, 26 de diciembre de 1985.

19. Entrevista, Yuval Ne'eman, 16 de enero de 1990.

20. Ibíd.

21. Eisenman, *Maccabees, Zadokites, Christians and Qumran*, p. xvi.

22. Eisenman a los autores, 5 de julio de 1990.

23. Se lo llama «*MMT*» por las primeras letras de tres palabras hebreas que aparecen en la primera línea: *Miqsat Ma'aseh ha-Torah*, «Algunas normas de la Ley». El texto da esencialmente la posición de la comunidad de Qumran sobre una selección de reglas de la Torá.

24. *Catalogue of the Dead Sea Scrolls*, 07/04/81.

25. Eisenman a los autores, 15 de septiembre de 1990.

26. Una copia de este calendario fue publicada en *BAR*, julio/agosto, 1989, p. 20. La señora Ayala Sussman, del departamento israelí de Antigüedades, nos confirmó que éste era el calendario. Entrevista con Ayala Sussman, 7 de noviembre de 1989.

27. Carta, Eisenman y Davies a Strugnell, 16 de marzo de 1989.

28. Carta, Eisenman y Davies a Drori, 2 de mayo de 1989.

29. Ibíd.

30. Ibíd.

31. Carta, Strugnell a Eisenman, 15 de mayo de 1989.

32. *BAR*, septiembre/octubre, 1989, p. 20.

33. Carta, Strugnell a Eisenman, 15 de mayo de 1989.

34. Davies, «How not to do Archaeology: The Story of Qumran», pp. 203-204.

Capítulo 5. Política académica e inercia burocrática

1. Florentino García-Martínez a Eisenman, 4 de octubre de 1989.
2. *New York Times*, 9 de julio de 1989, p. E26.
3. *BAR*, mayo/junio, 1990, p. 67.
4. *BAR*, julio/agosto, 1990, p. 44.
5. *BAR*, julio/agosto, 1989, p. 18.
6. *BAR*, noviembre/diciembre, 1989, p. 74.
7. *BAR*, julio/agosto, 1989, p. 18.
8. Ibíd., p. 19.
9. *Los Angeles Times*, 1 de julio de 1989, parte II, pp. 20-21.
10. *International Herald Tribune*, 16 de noviembre de 1989, p. 2.
11. *BAR*, julio/agosto, 1990, p. 47.
12. *Time Magazine*, 14 de agosto de 1989, p. 44.
13. *BAR*, marzo/abril, 1990, tapa.
14. *BAR*, julio/agosto, 1990, p. 6.
15. Entrevista, Ayala Sussman, 7 de noviembre de 1989.
16. Ibíd.
17. Ibíd.
18. Entrevista, Shemaryahu Talmon, 8 de noviembre de 1989.
19. Ibíd.
20. Ibíd.
21. Entrevista, Shemaryahu Talmon, 9 de noviembre de 1989.
22. Entrevista, Jonas Greenfield, 9 de noviembre de 1989.
23. Conversación con Ayala Sussman, 10 de noviembre de 1989.
24. Ibíd.
25. Ibíd.
26. Entrevista, Hilary Feldman, 4 de diciembre de 1989.
27. Ibíd.

Capítulo 6. La embestida de la ciencia

1. Carta, Allegro a Muilenburg, 24 de diciembre de 1957.
2. Carta, Strugnell a Allegro, 3 de enero de 1956.
3. Wilson, *The Dead Sea Scrolls 1947-1969,* p. 138.

4. Las sospechas de Allegro sobre el equipo internacional fueron despertadas durante su verano en la «rollería» en 1957. Cristalizaron durante la debacle de su programa de televisión, cuya filmación tuvo lugar en Jerusalén, Qumran y Ammán en octubre de 1957. Se propuso intentar deshacer el equipo internacional y abrir los rollos a especialistas calificados. En una carta a Awni Dajani (director del Museo Arqueológico Palestino) fechada el 10 de enero de 1959, Allegro escribió: «Creo que sería un momento oportuno para tomar el control del museo, con rollos y todo...». Allegro volvió sobre el tema en septiembre de 1966. El 13 de septiembre de ese año escribió a Awni Dajani diciéndole que estaba muy preocupado por la situación y que el gobierno jordano debía actuar. Pero resulta evidente, por una carta del 16 de septiembre de 1966 (a Joseph Saad), que Allegro había sido informado de que el gobierno jordano planeaba nacionalizar el museo a fin de año. Allegro empezó entonces a escribir una serie de cartas en las que se preocupaba por la preservación de los rollos y proponía ideas para obtener fondos para su investigación y publicación. Luego, como consejero del gobierno jordano en materia de rollos, redactó un informe sobre el estado actual y el futuro de la investigación en ese campo y lo envió al rey Hussein el 21 de septiembre de 1966. El mismo día también envió una copia del informe al primer ministro jordano. El gobierno jordano nacionalizó el museo en noviembre de 1966.

5. *BAR*, julio/agosto, 1990, p. 6.

6. Entrevista, Philip Davies, 10 de octubre de 1989.

7. Entrevista, Norman Golb, 1 de noviembre de 1989.

8. *Palestine Exploration Fund Quarterly Statement,* 1887, p. 16.

9. De Rosa, *Vicarios de Cristo,* p. 153.

10. Para un relato detallado de las maquinaciones personales y políticas que hay detrás de este dogma, véase Hasler, *How the Pope became Infallible.*

11. Ibíd., p. 246.

12. Fogazzaro, *The Saint,* p. 242.

13. Schroeder, *Père Lagrange and Biblical Inspiration,* p. 13, n. 7.

14. Ibíd., p. 15.

15. Carta, Allegro a Cross, 5 de agosto de 1956.

16. Murphy, *Lagrange and Biblical Renewal,* p. 60.

17. Ibíd.

18. Ibíd., p. 62.

19. Ibíd., p. 64.

20. Ibíd.

21. Ibíd., 51-62.

22. De Vaux a Golb, 26 de marzo de 1970.

23. Entrevista, Norman Golb, 1 de noviembre de 1989.

24. *BAR,* julio/agosto, 1990, p. 45.

25. *BAR*, enero/febrero, 1990, p. 10.

26. *Jerusalem Post Magazine,* 29 de septiembre de 1989, p. 11.

Capítulo 7. La Inquisición hoy

1. *New Catholic Encyclopaedia,* vol. XI, p. 551.

2. Ibíd.

3. *Annuario Pontificio,* 1989, p. 1.187.

4. *Annuario Pontificio,* 1956, p. 978.

5. *Annuario Pontificio,* 1973, p. 1.036.

6. *Annuario Pontificio,* 1988, p. 1.139.

7. *New Catholic Encyclopaedia,* vol. XI, p. 551.

8. Benjamin Wambacq, «The Historical Truth of the Gospels», *Theta-blet,* 30 de mayo de 1964, p. 619.

9. Ibíd.

10. Hebblethwaite, *Synod Extraordinary,* p. 54. Según el papa Juan Pablo II, «la Congregación para la Doctrina de la Fe no tiene otro propósito que preservar de todo peligro... la autenticidad y la integridad de... la fe»; véase Hebblethwaite, *In the Vatican,* p. 90.

11. *Annuario Pontificio,* 1969, pp. 967, 1.080.

12. Schillebeeckx sostiene que el «derecho apostólico —los derechos de los líderes de las comunidades católicas— tiene prioridad sobre el orden eclesiástico al que ha en realidad superado». Véase *Ministry: A Case for Change,* p. 37.

13. Küng, *Infallible? An Enquiry,* p. 196.

14. Ibíd., p. 102.

15. Ibíd., p. 18.

16. Küng, «The Fallibility of Pope John Paul II», *Observer,* 23 de diciembre de 1979, p. 11.

17. Ibíd.

18. *Sunday Times,* 2 de diciembre de 1984, p. 13.

19. Ibíd.

20. *Observer,* 27 de mayo de 1990, p. 1.

21. *Independent,* 27 de junio de 1990, p. 10.

22. *The Times,* 27 de junio de 1990, p. 9.

Capítulo 8. El dilema de la ortodoxia cristiana

1. *The Community Rule,* III, 7 y ss. (Vermes, p. 64). (Puesto que las traducciones de Vermes —al inglés— de los rollos del mar Muerto son las más fáciles de obtener, se mencionan las referencias de página de las mismas.)

2. Hechos, 2:44-46.

3. *The Community Rule,* I, 11 y ss. (Vermes, p. 62).

4. Ibíd., VI, 2-3 (Vermes, p. 69).

5. Ibíd., VI, 22-33 (Vermes, p. 70).

6. Eisenman, en *James the Just in the Habakkuk Pesher,* p. 32, n. 16, traza importantes paralelos entre el consejo gobernante de Qumran y el de la «Iglesia primitiva» en Jerusalén, conducida por Santiago.

7. *The Commentary on Psalm 37,* III, 11 (Vermes, p. 291). Véase también Eisenman, *Maccabees, Zadokites, Christians and Qumran,* p. 108 (*Ebion/ Ebionim*), y pp. xiv, xvi y 62-63.

8. *The War Scroll,* XIV, 7 (Vermes, p. 120).

9. *The Community Rule,* VIII, 21 (Vermes, p. 73). Véase también Eisenman, *Maccabees, Zadokites, Christians and Qumran,* p. 42, n. 21; pp. 89-90; p. 109 para *Tamimei-Derech.*

10. *The Community Rule,* X, 21-22 (Vermes, p. 77).

11. *The Community Rule,* 7 (Vermes, p. 72). Véase también Eisenman, *Maccabees, Zadokites, Christians and Qumran,* p. 80.

12. *The Community Rule,* I, 1 (Vermes, pp. 61-62).

13. *The Habakkuk Commentary,* VIII, 2-3 (Vermes, p. 287). Véase también Eisenman, *James the Just in the Habakkuk Pesher,* pp. 37-40.

14. *The Community Rule,* I, 2-3 (Vermes, pp. 61-62).

15. *The Community Rule,* VIII, 22 y ss. (Vermes, p. 73). Véase también Eisenman, *Maccabees, Zadokites, Christians and Qumran,* p. xii.

16. *The Community Rule,* II, 19 (Vermes, p. 63).

17. Driver, *The Judaean Scrolls,* pp. 316-330; Talmon, *The World of Qumran from Within,* pp. 147-185.

18. *The Community Rule,* VI, 4-6 (Vermes, p. 69).

19. *The Messianic Rule,* II, 20-21 (Vermes, p. 102).

20. Danielou, *The Dead Sea Scrolls and Primitive Christianity,* p. 27.

Capítulo 9. Los rollos

1. *Newsweek,* 27 de febrero de 1989, p. 55.

2. *The Community Rule,* VII, 3 (Vermes, p. 71; Vermes da las palabras:

«Quien haya mentido deliberadamente»; esas palabras no existen en el original hebreo, que dice «si él ha hablado sin darse cuenta»).

3. Ibíd., I, 16 y ss. (Vermes, p. 62).

4. Ibíd., III, 6 y ss. (Vermes, p. 64).

5. Ibíd., V, 9 (Vermes, p. 67).

6. Ibíd., IX, 23 (Vermes, p. 75; traducido por Vermes como «celo por el Precepto», que tiende a oscurecer una frase importante).

7. Ibíd., VI, 16 y ss. (Vermes, p. 71).

8. Ibíd., VIII, 3 y ss. (Vermes, p. 72). Véase también Eisenman, *Maccabees, Zadokites, Christians and Qumran,* p. 42, n. 21; para una discusión detallada, véase *James the Just in the Habakkuk Pesher,* p. 8.

9. *The Community Rule,* IX, 11 (Vermes, p. 74).

10. *The War Scroll,* VI, 7 (Vermes, p. 111; Vermes llama a este documento «The War Rule» [La regla de la guerra]).

11. Ibíd., XI, 7 (Vermes, p. 116; Vermes traduce «mesías» como «Tu ungido», lo que oscurece la importancia de este pasaje). Véase también «Eschatological "Rain" Imagery in the War Scroll from Qumran and in the Letter of James», pp. 180-182.

12. *The Temple Scroll,* LXVI, 10 y ss. (Vermes, p. 158). Véase también el apéndice de Eisenman a *James the Just in the Habakkuk Pesher,* titulado «The "Three Nests of Belial" in the Zadokite Document and "balla/bela" in the Temple Scroll», pp. 87-94.

13. Eisenman, ibíd., p. 89.

14. Ibíd., lo que demuestra que se casaban con las sobrinas.

15. Partes de ocho copias del «Documento de Damasco» fueron encontradas en la cueva 4, partes de otra en la cueva 5 y una más en la cueva 6.

16. Eisenman, apéndice a *James the Just in the Habakkuk Pesher,* «The "Three Nests of Belial" in the Zadokite Document and "balla/bela" in the Temple Scroll», pp. 87-94.

17. *The Damascus Document,* VIII, 21-21b (Vermes, p. 90). (Toda la numeración de líneas de este documento pertenece a la edición de C. Rabin.)

18. Ibíd., XX, 15 (Vermes, p. 90).

19. Ibíd., manuscrito «A», VII, 18-20 (Vermes, p. 89).

20. Ibíd., VII, 21ª (Vermes, p. 88); XX, 1 (Vermes, p. 90); XII, 23 (Vermes, p. 97); XIII, 20 (Vermes, p. 98); XIV, 19 (Vermes, p. 99).

21. Véase Eisenman, *Maccabees, Zadokites, Christians and Qumran,* p. 68, n. 120; p. 69, n. 122.

22. Ibíd., p. 42, n. 19. Además de los documentos que hemos mencionado, la referencia al Mentiroso o a los que rechazan la Ley puede encontrarse en el comentario del salmo 37 y en otros textos de Qumran.

23. Ibíd., p. xv.

24. Flavio Josefo, *La guerra de los judíos*, VI, vi. Véase también Driver, *The Judaean Scrolls*, pp. 211-214; Eisenman, *James the Just in the Habakkuk Pesher*, p. 27.

Capítulo 10. Ciencia al servicio de la fe

1. Véase, por ejemplo, Vermes, *The Dead Sea Scrolls in English*, pp. 29, 31; De Vaux, *Archaeology and the Dead Sea Scrolls*, pp. 116-117.

2. Driver, *The Judaean Scrolls*, p. 211.

3. De Vaux, en *New Testament Studies*, vol. XIII (1966-1967), p. 91.

4. Ibíd., p. 93.

5. Ibíd.

6. Eisenman, en *Maccabees, Zadokites, Christians and Qumran*, revela la conducta de De Vaux con Driver; véase p. 47, n. 47; p. 56, n. 92; p. 57, n. 93; p. 72, n. 129; p. 83 (n. 155).

7. North, «Qumran and its Archaeology», p. 434.

8. Un arquitecto británico, con experiencia previa en la reparación de edificios dañados por terremotos, era el encargado de la reconstrucción de las ruinas de Qumran para el gobierno jordano antes de la guerra de 1967. Ese arquitecto declaró que no había evidencias de que los edificios de Qumran estuviesen dañados por terremotos; su opinión era que la grieta en la cisterna había sido causada por el peso del agua y por la construcción o la reparación defectuosas. Véase Steckoll, «Marginal Notes on the Qumran Excavations», p. 34.

9. Callaway, *The History of the Qumran Community*, p. 45.

10. Milik, *Ten Years of Discovery in the Wilderness of Judaea*, p. 52.

11. De Vaux, «Fouilles au Khirbet Qumran», p. 233. Este artículo apareció en 1954.

12. De Vaux, en *New Testament Studies*, vol. xiii (1966-1967), p. 104.

13. De Vaux, «Les Manuscrits de Qumran et l'archéologie», p. 100.

14. Cross, *The Ancient Library of Qumran*, p. 47.

15. Roth, «Did Vespasian capture Qumran?», p. 124.

16. De Vaux, *L'archéologie et les manuscrits de la mer Morte*, p. 32, n. 1; *Archaeology and the Dead Sea Scrolls*, p. 40, n. 1. Además, vale la pena señalar que, ante la ausencia de una publicación completa de los resultados de las excavaciones de De Vaux, persisten ciertas dudas acerca de todos sus descubrimientos de monedas. El experto en numismática israelí Ya'acov Meshorer le dijo a Eisenman que ni él ni ningún otro que él conociese habían vis-

to jamás las monedas de De Vaux. Eisenman, *Maccabees, Zadokites, Christians and Qumran,* p. 93, n. 173. Véase también p. 94, n. 175 para la llamada moneda de la «décima legión».

17. De Vaux, *Archaeology and the Dead Sea Scrolls,* p. 67.

18. Ibíd., pp. 19, 22, 34, 44-45. Resulta difícil ser preciso en cuanto al número exacto de monedas encontradas y a su identificación mientras no se produzca la demorada publicación del informe final de De Vaux sobre la excavación. Los informes arqueológicos publicados en la *Revue Biblique* han sido incorrectos, según el propio De Vaux, con respecto a la identificación de las monedas. Véase ibíd., p. 19, n. 3.

19. Ibíd., p. 109.

20. Eisenman, op. cit., p. 34.

21. Ibíd., p. 92 (n. 168).

22. De Vaux, op. cit., p. 43.

23. Driver, op. cit., p. 396.

24. Ibíd., p. 394.

25. De Vaux, en *New Testament Studies,* vol. xiii (1966-1967), p. 99. n. 1.

26. Danielou, *The Dead Sea Scrolls and Primitive Christianity,* pp. 121-122.

27. De Vaux, *Archaeology and the Dead Sea Scrolls,* p. 28. Véase también Eisenman, op. cit., p. 94, n. 174.

28. Cross, op. cit., p. 51.

29. Driver, op. cit., p. 397.

30 Golb, «The Dead Sea Scrolls», p. 182. En *Science Times,* noviembre 21, 1989, p. C8, Golb dijo de Qumran: «No hay nada que demuestre que era otra cosa que una fortaleza».

31. Golb, «The Problem of Origin and Identification of the Dead Sea Scrolls», p. 5.

32. Cross, op. cit., pp. 86-87.

33. Cross, «The Development of the Jewish Scripts», en Wright, *The Bible and the Ancient Near East,* p. 135. Véase también Eisenman, op. cit., pp. 28-31; p. 82, n. 155; p. 84, n. 156 y n. 157; p. 86, n. 158 y n. 159; p. 87, n. 161; p. 88, n. 163.

34. Cross, ibíd., p. 191, n. 20.

35. Birnbaum, *The Hebrew Scripts,* p. 130. Esto fue señalado primero por Eisenman, op. cit., p. 85 (n. 157).

36. Eisenman, op. cit., p. 85 (n. 157).

37. Davies, «How Not to Do Archaeology: the Story of Qumran», p. 206.

38. Eisenman, op. cit., p. 29.

39. Ibíd., p. 30.

40. Eisenman a los autores, 7 de julio de 1990.

41. Roth, «The Zealots and Qumran: The Basic Issue», p. 84.

Capítulo 11. Los esenios

1. Las principales referencias clásicas a los esenios se encuentran en: Flavio Josefo, *Antigüedades de los judíos;* Filón el Judío, *Todo hombre bueno es libre, Hypothetica*; y Plinio el Joven, *Historia natural.*

2. Flavio Josefo, *La guerra de los judíos,* II, viii.

3. Flavio Josefo, *Antigüedades de los judíos,* XV, x.

4. Flavio Josefo, *La guerra de los judíos,* II, viii.

5. Flavio Josefo, *Antigüedades de los judíos,* XV, x.

6. Ibíd. Esta estrecha relación entre los esenios de la descripción de Josefo y el rey Herodes el Grande fue explorada en detalle en Eisenman, «Confusions of Pharisees and Essenes in Josephus», ponencia leída en la Society of Biblical Literature Conference, Nueva York, 1981.

7. Flavio Josefo, *La guerra de los judíos,* II, viii.

8. Citado por Dupont-Sommer, *The Essene Writings from Qumran,* p. 13.

9. Ibíd.

10. Cross, *The Ancient Library of Qumran,* pp. 37-38.

11. La elaboración estándar de la hipótesis del consenso aparece en De Vaux, *Archaeology and the Dead Sea Scrolls,* pp. 3-45.

12. Flavio Josefo, *La guerra de los judíos,* II, viii.

13. Filón el Judío, *Todo hombre bueno es libre,* XII.

14. De Vaux, *Archaeology and the Dead Sea Scrolls,* pp. 12-14.

15. Flavio Josefo, *Antigüedades de los judíos,* XV, x. Véase también sobre este tema Eisenman, *James the Just in the Habakkuk Pesher,* p. 79.

16. Filón el Judío, *Todo hombre bueno es libre,* XII.

17. Cross, *The Ancient Library of Qumran,* p. 51.

18. Filón el Judío, *Todo hombre bueno es libre,* XII.

19. Vermes, «The Etymology of "Essenes"», p. 439. Véase también Vermes, *The Dead Sea Scrolls: Qumran in Perspective,* p. 126.

20. Eisenman, *Maccabees, Zadokites, Christians and Qumran,* p. 6.

21. Ibíd., p. 108 (*Derech,* «el Camino»; *ma'aseh,* «obras»/«actos»); p. 109 (*Tamimei-Derech,* «lo Perfecto del Camino»; *Tom-Derech,* «Perfección del Camino»). Véase también la discusión en p. 41, n. 17.

22. Ibíd., p. 109.

23. Epifanio de Constancia, *Adversus octoginta haereses,* I, i, Haeres xx (Migne, 41, col. 273).

24. Eisenman, op. cit., p. 44, n. 30.

25. Black, «The Dead Sea Scrolls and Christian Origins», en Black, *The Scrolls and Christianity*, p. 99.

26. Eisenman, *James the Just in the Habakkuk Pesher*, p. 99 (*Nozrei ha-Brit*).

27. Ibíd., pp. vii-x.

28. *The Habakkuk Commentary*, XII, 7 y ss. (Vermes, p. 289).

Capítulo 12. Los Hechos de los Apóstoles

1. Eisenman, *Maccabees, Zadokites, Christians and Qumran*, pp., xiii, 4-6.

2. Flavio Josefo, *Antigüedades de los judíos*, XVIII, i. Véase también ibíd., p. 59, n. 99.

3. Eisenman, op. cit., pp. 10-11, 22-23. Para argumentos acerca del episodio de «Esteban» como reelaboración de un ataque a Santiago tal como consta en los *Recognitions of Clement* (I, 70), véase p. 76, n. 144, y también *James the Just in the Habakkuk Pesher*, p. 4, n. 11; p. 39.

4. Eisenman, *Maccabees, Zadokites, Christians and Qumran*, p. 41, n. 17.

5. Ibíd., p. 68, n. 120; p. 69, n. 122. Eisenman ve ambas referencias a «Damasco» como genéricamente paralelas.

6. *The Community Rule*, VI, 14-23 (Vermes, p. 70). El sentido no está del todo claro: este período de noviciado era de por lo menos dos años, y el tercer año era el primero de participación plena; o el noviciado llevaba tres años y el cuarto era el primero de participación plena. Véase Vermes, *The Dead Sea Scrolls in English*, p. 7.

7. Eisenman, *James the Just in the Habakkuk Pesher*, pp. 30-32.

8. Eisenman señala la actitud psicológica demostrada en la Primera Epístola de Pablo a los Corintios, donde, entre otros preceptos, explica la necesidad de «ganar»: «Efectivamente, siendo libre de todos, me he hecho esclavo de todos para ganar a los que más pueda. Con los judíos me he hecho judío para ganar a los judíos... Con los que están sin ley, como quien está sin ley para ganar a los que están sin ley... ¿No sabéis que en las carreras del estadio todos corren, mas uno solo recibe el premio? ¡Corred de manera que lo consigáis!» (1 Corintios 9:19-24).

9. Eisenman, *James the Just in the Habakkuk Pesher*, pp. 30-32.

10. Ibíd.; véase también p. 57, n. 39 (donde Eisenman examina la «difamación de los dirigentes de Jerusalén» en las epístolas de Pablo).

11. *The Damascus Document*, XV, 12-14 (Vermes, p. 92).

12. Hechos 23:23 afirma inequívocamente que había en la escolta doscientos soldados, doscientos lanceros y setenta jinetes.

13. Eisenman, *James the Just in the Habakkuk Pesher*, p. 3.

Capítulo 13. Santiago «el Justo»

1. Mientras que en los Hechos nunca se afirma explícitamente que Santiago es el «jefe» de la comunidad de Jerusalén, en Hechos 15:13-21 y 21:18 tiene un papel prominente. El último versículo declara que «Pablo, con todos nosotros, fue a ver a Santiago; se hallaban reunidos todos los ancianos». Esto coloca a los ancianos en una posición subordinada con respecto a Santiago. Pablo, en su Epístola a los Gálatas (2:9), afirma: «Santiago, Cefas y Juan, que eran considerados como columnas». Más adelante, en la misma epístola (2:11-12), muestra claramente que Cefas es un subordinado de Santiago (Cefas = Pedro). A Juan apenas se lo menciona en los Hechos después de la introducción de Pablo. Autores católicos posteriores nombran específicamente a Santiago como el jefe de los primeros «cristianos».

2. Por ejemplo, Santiago 2:10: «Porque quien observa toda la Ley, pero falta en un solo precepto, se hace reo de todos». Véase Eisenman, *James the Just in the Habakkuk Pesher*, p. 2, n. 6; p. 21, n. 1; p. 25; p. 58 (n. 39).

3. El texto griego dice lo mismo que aquí. Curiosamente, *The Jerusalem Bible*, traducida principalmente por De Vaux y los integrantes de la École Biblique, oscurece el sentido con la interpretación: «Fuiste tú quien condenaste a los inocentes y los mataste...».

4. *Recognitions of Clement*, I, 70.

5. Ibíd.

6. Eisenman, al comentar este incidente, señala que seis semanas más tarde, cuando está en Cesarea, Pedro menciona que Santiago andaba todavía cojeando como consecuencia de una herida. Como dice Eisenman: «Detalles de este tipo son sorprendentemente íntimos y uno debería dudar antes de desecharlos simplemente como invención artística». Véase Eisenman, op. cit., p. 4, n. 11.

7. *Recognitions of Clement*, I, 71.

8. Flavio Josefo, *Antigüedades de los judíos*, XX, ix.

9. Eusebio de Cesarea, *The History of the Church*, 2, 1; 2, 23.

10. Ibíd., 2, 1.

11. Algunos de los monasterios españoles más antiguos han coleccionado sistemáticamente, desde su fundación, todos los textos disponibles, tanto

ortodoxos como heréticos. Como esos monasterios no han sido saqueados nunca, sus posesiones permanecen intactas. Desafortunadamente, el acceso a sus bibliotecas está rigurosamente restringido.

12. Eusebio de Cesarea, op. cit., 2, 23.

13. Eisenman, op. cit., p. 3.

14. Ibíd.

15. Eusebio de Cesarea, op. cit., 2, 23.

16. Eisenman, op. cit., p. 10.

17. Eusebio de Cesarea, op. cit., 2, 23.

18. Ibíd.

19. Ibíd. Véase también Eisenman, op. cit., p. 28, n. 12; p. 60, n. 49 (refiriéndose a Orígenes, *Contra Celso,* 1.47; 2.13).

20. Herodes Agripa II.

21. Eisenman, op. cit., pp. 63-65.

22. *The Habakkuk Commentary,* II, 2 (Vermes, p. 284).

23. Ibíd., II, 3-4 (Vermes, p. 284).

24. Ibíd., V, 11-12 (Vermes, p. 285).

25. Ibíd., X, 9-10 (Vermes, p. 288).

26. Ibíd., X, 11-12 (Vermes, p. 288).

27. Para un análisis exhaustivo de la susceptibilidad de Pablo ante la acusación de que era un mentiroso, véase Eisenman, op. cit., p. 39, n. 24.

28. Eisenman, op. cit., p. viii, señala la importante diferencia que hay entre el Mentiroso y el Sacerdote Malvado. Debe hacerse esa distinción para poder encontrar algún sentido histórico a los textos. La posición consensuada es que el Mentiroso y el Sacerdote Malvado son la misma persona. Véase Vermes, *The Dead Sea Scrolls in English,* p. 30.

29. *The Habakkuk Commentary,* IX, 2 (Vermes, p. 287). Véase Eisenman, op. cit., pp. 50-51, donde explica que el pasaje, para mayor precisión, debiera decir: «Se vengaron en la carne de su cadáver». Esto relaciona el pasaje muy estrechamente con los hechos que se conocen de la muerte de Ananías. Véase también Eisenman, «Interpreting *Arbeit Galuto* in the Habakkuk Pesher», que asocia esta frase con el juicio de Santiago por el Sanedrín.

30. *The Habakkuk Commentary,* XII, 7 y ss. (Vermes, p. 289).

31. Eisenman a los autores, 22 de agosto de 1990.

32. *The Habakkuk Commentary,* VIII, 1 y ss. (Vermes, p. 287). Véase también Eisenman, op. cit., pp. 37-39, para una discusión de esta referencia a la «fe».

33. Eisenman, ibíd.

Capítulo 14. Celo por la Ley

1. Eisenman, *Maccabees, Zadokites, Christians and Qumran,* p. 44, n. 30.

2. Ibíd., p. 6.

3. Ibíd., p. 8; p. 45, n. 36 (citando a Wernberg-Moller).

4. Ibíd., p. 12; p. 49, n. 58; véase también p. 26.

5. Ibíd., p. 12.

6. Ibíd., p. 13; p. 49, n. 58. Véanse Números 25:7 y ss. Matatías invoca esta alianza mientras agoniza (1 Macabeos 2:54): «Pinjás, nuestro padre, por su ardiente celo, alcanzó la alianza de un sacerdocio eterno».

7. Eisenman a los autores, 29 de agosto de 1990.

8. Ibíd., pp. 13-16; p. 45, n. 36.

9. Ibíd., p. 44, n. 30.

10. Ibíd., p. 10.

11. Ibíd., p. 90, n. 164. Esta terminología de saduceos «puristas» y «herodianos» procede de Eisenman. Los saduceos puristas, o zelotes, fueron, después de 4 a. C., de ideología «mesiánica». Por lo tanto, Eisenman refina su terminología de vez en cuando al hablar de los grupos posteriores a 4 d. C. más bien como «saduceos mesiánicos» y «saduceos bezusianos»: estos últimos por Simón ben Bezus, a quien Herodes nombró sumo sacerdote. En nuestro texto hemos conservado la división más simple de grupos «puristas» y «herodianos». Este enfoque proporciona la clave del entendimiento del documento «*MMT*».

12. Flavio Josefo, *La guerra de los judíos,* II, i. Véase Eisenman, op. cit., pp. 25-6.

13. Flavio Josefo, op. cit., II, iv.

14. Ibíd., II, viii.

15. Eisenman, op. cit., p. 53, n. 79; p. 75, n. 140.

16. Flavio Josefo, *Antigüedades de los judíos,* XVIII, i.

17. Ibíd., XVII, x.

18. Flavio Josefo, *La guerra de los judíos,* II, xvii.

19. Flavio Josefo, *Antigüedades de los judíos,* XVIII, i.

20. Este material se divulga rápidamente gracias a la ponencia «Confusions of Pharisees and Essenes in Josephus», leída por Eisenman en el encuentro de la Society of Biblical Literature celebrado en Nueva York en 1981.

21. *The Interlinear Greek-English New Testament,* Hechos 21:20.

22. Eisenman, op. cit., pp. 5-9.

23. Ibíd., p. 58, n. 95.

24. Ibíd., pp. 36-37; p. 90, n. 164; p. 96 (n. 179).

25. Flavio Josefo, *La guerra de los judíos,* VII, x; se utiliza aquí la traducción de G. A. Williamson *(The Jewish War,* pp. 392-393).

26. Eisenman, op. cit., p. 96, n. 180.

27. Ibíd., pp. 25-26.

28. Ibíd., p. 73, n. 132; enumera *The Damascus Document,* VII, 18-21; *The War Scroll,* XI, 5 y ss.; *A Messianic Testimonia* (4QTest), 9-13.

29. *The Damascus Document,* VII, 18-21.

30. Tácito, *The Histories,* V, xiii; se utiliza aquí la traducción de K. Wellesley (p. 279). Véase también Suetonio, *Los doce césares,* Vespasiano, 4; traducción de R. Graves (p. 281).

31. Eisenman, op. cit., p. 25.

32. Gichon, «The Bar Kochba War», p. 88.

33. Ibíd., p. 92.

34. Ibíd., pp. 89-90.

35. Gichon a los autores, 12 de enero de 1990.

Capítulo 15. El suicidio de los zelotes

1. La última oración de esta cita de Mateo es una declaración, en el más puro estilo Qumran, de resistencia a los métodos del Mentiroso.

2. Flavio Josefo, *La guerra de los judíos,* VII, ix.

3. Ibíd., VII, viii; la traducción utilizada aquí es la de G. A. Williamson, *The Jewish War,* p. 387.

4. Ibíd. (Williamson, p. 390).

5. Ibíd., III, viii.

6. Yadin, *Masada,* pp. 187-188. Yadin no saca nada en claro de este hecho. Véase Eisenman, *Maccabees, Zadokites, Christians and Qumran,* p. 22; p. 67, n. 117.

7. Ibíd., p. 62, n. 105.

8. *The War Scroll,* I, 6-8 (Vermes, p. 105).

Capítulo 16. Pablo, ¿agente romano o delator?

1. Especialmente 1 Corintios 9:19-27. Véase n. 8, capítulo 11.

2. Eisenman a los autores, 24 de agosto de 1990.

3. Eisenman, *James the Just in the Habakkuk Pesher,* p. 16, n. 39; p. 59, n. 39.

4. Eisenman, *Maccabees, Zadokites, Christians and Qumran,* p. 62, n. 105, señala que la «"Misión entre los gentiles" de Pablo, sin hacer caso de los reque-

rimientos de la Ley y dirigida por igual "a judíos y gentiles"... sigue perfectamente las exigencias de la política de la familia herodiana». Eisenman ha hecho un estudio detallado de todas las evidencias que rodean los vínculos de Pablo con las familias gobernantes en una ponencia titulada «Paul as Herodian» y leída en la Society of Biblical Literature, 1983.

Epílogo

1. Bar-Adon, «Another Settlement of the Judean Desert Sect».
2. Eusebio de Cesarea, *The History of the Church,* VI, 16 (p. 256).
3. Ibíd.
4. Braun, «Ein Brief des Katholikos Timotheos I», p. 305.
5. La historia completa de Shapira se cuenta en Allegro, *The Shapira Affair.*
6. Ibíd., pp. 114-119.

Bibliografía

ALBRIGHT, W. F., *The Archaeology of Palestine,* ed. rev. (Harmondsworth, 1963). (Edición castellana: *Arqueología de Palestina,* Garriga, Barcelona, 1962.)

ALLEGRO, J. M., *The Treasure of the Copper Scroll* (Londres, 1960).

—, *The Sacred Mushroom and the Cross* (Londres, 1970).

—, *The Dead Sea Scrolls: A Reappraisal,* 2.ª ed. (Harmondsworth, 1975).

—, *The Dead Sea Scrolls and the Christian Myth* (Newton Abbot, 1979).

Annuario pontificio (Ciudad del Vaticano; publicación anual).

AVIGAD, N., y YADIN, Y., *A Genesis Apocryphon* (Jerusalén, 1956).

BAILLET, M., «Fragments du document de Damas, Qumran, grotte 6», *Revue Biblique,* vol. LXIII (1956), pp. 513 y ss.

BAR-ADON, P., «Another Settlement of the Judean Desert Sect at En el-Ghuweir on the Shores of the Dead Sea», *Bulletin of the American Schools of Oriental Research,* n.º 227 (oct., 1977), pp. 1 y ss.

BIRNBAUM, S. A., *The Hebrew Scripts* (Leiden, 1971).

BLACK, M., *The Scrolls and Christian Origins* (Londres, 1961).

BLACK, M., (comp.), *The Scrolls and Christianity* (Londres, 1969).

BONSIRVEN, J., «Révolution dans l'histoire des origines chrétiennes?», *Études,* vol. CCLXVIII (enero-marzo, 1951).

BRAUN, O., «Ein Brief des katholikos Timotheos I über biblische Studien des 9. Jahrhunderts», *Oriens Christianus,* vol. 1 (1901), pp. 299 y ss.

BROWNLEE, W. H., «A Comparison of the Covenanters of the Dead Sea Scrolls with pre-Christian Jewish Sects», *The Biblical Archaeologist,* vol. XIII, n.º 3 (sept., 1950), pp. 50 y ss.

—, «The Servant of the Lord in the Qumran Scrolls I», *Bulletin of the American Schools of Oriental Research,* n.º 132 (dic., 1953), pp. 8 y ss.

—, «Muhammad ed-Deeb's own Story of his Scroll Discovery», *Journal of Near Eastern Studies,* vol. XV (enero-octubre, 1956), pp. 236 y ss.

—, «Edh-Dheeb's Story of his Scroll Discovery», *Revue de Qumran,* n.º 12, vol. III (1962), pp. 483 y ss.

—, «Some new facts concerning the discovery of the Scrolls of 1Q», *Revue de Qumran,* n.º 15, vol. IV (1963), pp. 417 y ss.

—, *The Meaning of the Qumran Scrolls for the Bible* (Oxford, 1964).

BRUCE, F. F., *Second Thoughts on the Dead Sea Scrolls* (Londres, 1956).

BURROWS, M., *The Dead Sea Scrolls of St. Marks Monastery,* 2 vols. (New Haven, 1950-1951).

—, *The Dead Sea Scrolls* (Londres, 1956).

CALLAWAY, P. R., *The History of the Qumran Community* (Sheffield, 1988).

CHARLES, R. H., *The Apocrypha and Pseudepigrapha of the Old Testament,* 2 vols. (Oxford, 1913).

CROSS, F. M., *The Ancient Library of Qumran* (Londres, 1958).

CULLMANN, O., «The Significance of the Qumran Texts for Research into the Beginnings of Christianity», *Journal of Biblical Literature,* vol. LXXXIV, parte IV (dic., 1955), pp. 213 y ss.

CUPITT, D., *The Sea of Faith: Christianity in Change* (Londres, 1984).

DANIELOU, J., *The Dead Sea Scrolls and Primitive Christianity,* trad. S. Attanasio (Westport, 1979).

DAVIES, A. P., *The Meaning of the Dead Sea Scrolls* (Nueva York, 1956).

DAVIES, P. R., *The Damascus Covenant* (Sheffield, 1983).

—, *Behind the Essenes* (Atlanta, 1987).

—, «How Not to Do Archaeology: The Story of Qumran», *Biblical Archaeologist* (dic., 1988), pp. 203 y ss.

Discoveries in the Judaean Desert (serie): vol. I, Milik, J. T., y Barthelemy, D. (1955); vol. II, Benoit, P., Milik, J. T., y De Vaux, R. (1961); vol. III, Baillet, M., Milik, J. T., y De Vaux, R. (1962); vol. IV, Sanders, J. A. (1965); vol. V, Allegro, J. M. (1968); vol. VI, Milik, J. T. (1977); vol. VII, Baillet, M. (1982); vol. VIII, Tov, E. (1990).

DRIVER, G. R., *The Hebrew Scrolls* (Oxford, 1951).

—, *The Judaean Scrolls* (Oxford, 1965).

DUNN, J. D. G., *Jesus, Paul and the Law* (Londres, 1990).

DUPONT-SOMMER, A., *The Dead Sea Scrolls: A Preliminary Survey,* trad. E. M. Rowley (Oxford, 1952).

—, *The Jewish Sect of Qumran and the Essenes,* trad. R. D. Barnett (Londres, 1954).

—, *Les écrits ésséniens découverts près de la mer Morte* (París, 1959).

—, *The Essene Writings from Qumran,* trad. G. Vermes (Oxford, 1961).

EISENMAN, R. H., *Maccabees, Zadokites, Christians and Qumran* (Leiden, 1983).

—, *James the Just in the Habakkuk Pesher* (Leiden, 1986).

—, «The Historical Provenance of the "Three Nets of Belial" Allusion in the Zadokite Document and *Balla/Bela* in the Temple Scroll», *Folia orientalia,* vol. XXV (1988), pp. 51 y ss.

—, «Eschatological "Rain" Imagery in the War Scroll from Qumran and in the Letter of James», *Journal of Near Eastern Studies,* vol. XLIX, n.º 2 (abril, 1990).

—, «Interpreting *Arbeit-Galuto* in the Habakkuk Pesher», *Folia orientalia,* vol. XXVII (1990).

EPIFANIO DE CONSTANCIA, *Adversus octoginta haereses,* I, I. Haeres, XX, en J.-P. Migne, *Patrologiae cursus completus, series graeca,* vol. 41 (París, 1858).

Epistle of Barnabas, en *The Ante-Nicene Fathers,* vol. I, comp.. A. C. Coxe (Grand Rapids, 1985), pp. 137 y ss.

EUSEBIO DE CESAREA (Eusebius), *The History of the Church from Christ to Constantine,* trad. G. A. Williamson (Harmondsworth, 1981).

FELDMAN, L. H., y Hata, G., *Josephus, Judaism and Christianity* (Detroit, 1987).

—, *Josephus, the Bible an History* (Detroit, 1989).

FILÓN EL JUDÍO, *Todo hombre bueno es libre,* Aguilar, Madrid, 1962. Citado en su edición inglesa: Philo Judaeus, *Every Good Man is Free,* trad. F. H. Colson (Cambridge, Mass., y Londres, 1967); y también, del mismo autor, *On the Contemplative Life,* trad. F. H. Colson (Cambridge, Mass., y Londres, 1967).

FISK, R., *Pity the Nation* (Londres, 1990).

FITZMYER, J. A., «The Qumran Scrolls, the Ebionites and their Literature», *The Scrolls and the New Testament,* comp. K. Stendahl (Londres, 1958), pp. 208 y ss.

—, *The Dead Sea Scrolls: Major Publications and Tools for Study,* 2.ª ed. (Missoula, 1977).

FOGAZZARO, A., *The Saint,* trad. M. Prichard-Agnetti (Londres, 1906).

FRITSCH, C. T., «Herod the Great and the Qumran Community», *Journal of Biblical Literature,* vol. LXXIV, parte III (sept., 1955), pp. 173 y ss.

GALLARATI-SCOTTI, T., *The Life of Antonio Fogazzaro,* trad. M. Prichard-Agnetti (Londres, 1922).

GASTER, T. H., *The Dead Sea Scriptures* (Nueva York, 1956).

GICHON, M., «The Bar Kochba War - A Colonial Uprising against Imperial Rome (131/2–135 CE)», *Revue internationale d'histoire militaire,* n.º 42 (1979), pp. 82 y ss.

—, «Who Were the Enemies of Rome on the Limes Palaestinae», *Studien zu den Militärgrenzen Roms,* III (Stuttgart, 1986).

GILKES, A. N., *The Impact of the Dead Sea Scrolls* (Londres, 1962).

GOLB, N., «The Problem of Origin and Identification of the Dead Sea Scrolls», *Proceedings of the American Philosophical Society,* vol. CXXIV, n.º 1 (1980), pp. 1 y ss.

—, «The Dead Sea Scrolls», *The American Scholar* (primavera, 1989), pp. 177 y ss.

GRAVES, R., *King Jesus,* 4.ª ed. (Londres, 1960). (Edición castellana: *Rey Jesús,* EDHASA, Barcelona, 1987.)

—, *The White Goddess* (Londres, 1977). (Edición castellana: *La diosa blanca,* Alianza, Madrid, 1988.)

HASLER, A. B., *How the Pope became Infallible,* trad. P. Heinegg (Nueva York, 1981). (Edición castellana: *Cómo llegó el papa a ser infalible,* Planeta, Barcelona, 1980.)

HEBBLETHWAITE, P., *Synod Extraordinary* (Londres, 1986).

—, *In the Vatican* (Oxford, 1988).

The Interlinear Greek-English New Testament, trad. A. Marshall (Londres, 1967).

The Jerusalem Bible, ed. A. Jones (según R. de Vaux) (Londres, 1966).

JOSEFO, FLAVIO, *Antigüedades de los judíos,* Clie, Terrassa, 1986. Citado en su edición inglesa: Josephus, F., *Antiquities of the Jews: A History of the Jewish Wars and Life of Flavius Josephus, Written by Himself,* trad. W. Shiston (Londres, s.f.).

—, *La guerra de los judíos,* Clie, Terrassa, 1985. Citado en su edición inglesa: *The Jewish War,* trad. G. A. Williamson (Harmondsworth, 1978).

KAHLE, P. E., *The Cairo Geniza* (Londres, 1947).

KENYON, K., *Digging up Jericho* (Londres, 1957).

KNIBB, M. A., *The Qumran Community* (Cambridge, 1987).

KUHN, K. G., «Les rouleaux de cuivre de Qumran», *Revue Biblique,* vol. LXI (1954), pp. 193 y ss.

KÜNG, H., *Infallible?,* trad. E. Mosbacher (Londres, 1971).

LADOUCEUR, D. J., «Josephus and Masada», *Josephus, Judaism and Christianity,* comp. L. H. Feldman y G. Hata (Detroit, 1987), p. 95.

LEON-DUFOUR, X., *The Gospels and the Jesus of History,* trad. J. McHugh (Londres, 1968).

LLOYD, S., *Foundations in the Dust,* ed. rev. (Londres, 1980).

MAIER, J., *The Temple Scroll* (Sheffield, 1985).

METZGER, B. M. (comp.), *The Apocrypha of the Old Testament* (Nueva York, 1965).

MILIK, J. T., *Ten Years of Discovery in the Wilderness of Judea,* trad. J. Strugnell (Londres, 1959).

MURPHY, R., *Lagrange and Biblical Research* (Chicago, 1966).

NEGOITSA, A., «Did the Essenes Survive the 66-71 War?», *Revue de Qumran,* n.º 24, vol. VI (1959), pp. 517 y ss.

NEMOY, L, «Al-Qirqisani's Account of the Jewish Sects and Christianity», *Hebrew Union Collage Annual,* vol. VII (1930), pp. 317 y ss.

NEUSNER, J., *Judaism in the Beginning of Christianity* (Londres, 1984).

—, *New Catholic Encyclopaedia,* 14 vols. (Nueva York, 1967).

NORTH, R., «Qumran and its Archaeology», *The Catholic Biblical Quarterly*, vol. XVI, n.º 4 (oct., 1954), pp. 426 y ss.

The Oxford Dictionary of the Christian Church, ed. F. L. Cross y E. A. Livingstone, 2.ª ed. (Oxford, 1983).

PEARLMAN, M., *The Dead Sea Scrolls in the Shrine of the Book* (Jerusalén, 1988).

PLINIO EL JOVEN, *Historia natural*, Ministerio de Industria y Energía, Madrid, 1982. Citado en su edición inglesa: Pliny, *Natural History*, trad. H. Rackham y W. H. S. Jones, 10 vols. (Londres, 1938-1942).

PLOEG, J. VAN DER, *The Excavations at Qumran*, trad. K. Smyth (Londres, 1958).

PRITZ, R. A., *Nazarene Jewish Christianity* (Jerusalén y Leiden, 1988).

PRYCE-JONES, D., «A New Chapter in the Story of Christ», *Daily Telegraph Magazine*, julio 19, 1968, pp. 12 y ss.

RABIN, C., *Qumran Studies* (Oxford, 1957).

RABIN, C. (comp.), *The Zadokite Documents*, 2.ª ed. rev. (Oxford, 1958).

Recognitions of Clement, trad. Thomas Smith, en la *Ante-Nicene Library*, 25 vols., vol. III (Edimburgo, 1867).

REED, W. L., «The Qumran Caves Expedition of March 1952», *Bulletin of the American Schools of Oriental Research*, n.º 135 (octubre, 1954), pp. 8 y ss.

ROBINSON, J. M. «The Jung Codex: The Rise and Fall of a Monopoly», *Religious Studies Review*, n.º 3 (enero, 1977), pp. 17 y ss.

—, «Getting the Nag Hammadi Library into English», *Biblical Archaeologist*, vol. XLII (otoño, 1979), p. 239.

ROSA, P. DE, *Vicars of Christ* (Londres, 1979). (Edición castellana: *Vicarios de Cristo*, Martínez Roca, Barcelona, 1989).

ROTH, C., *The Historical Background of the Dead Sea Scrolls* (Oxford, 1958).

—, «The Zealots and Qumran: The Basic Issue», *Revue de Qumran,* vol. II, n.º 5 (1959), pp. 81 y ss.

—, «Did Vespasian Capture Qumran?», *Palestine Exploration Quarterly* (julio-dic., 1959), pp. 122 y ss.

—, «Qumran and Masadah: A Final Clarification Regarding the Dead Sea Sect», *Revue de Qumran,* n.º 17, vol. V (1964), pp. 81 y ss.

ROWLEY, H. H., «The Qumran Sect and Christian Origins», *Bulletin of the John Rylands Library,* vol. XLIV, n.º 1 (sept., 1961), pp. 119 y ss.

La Sainte Bible, traduite... sous la direction de L'École Biblique de Jérusalem (París, 1956).

SAMUEL, A. Y., «The Purchase of the Jerusalem Scrolls», *The Biblical Archaeologist,* vol. XII, n.º 2 (mayo, 1949), pp. 26 y ss.

—, *Treasure of Qumran* (Londres, 1968).

SCHILLEBEECKX, E., *Ministry: A Case for Change,* trad. J. Bowden (Londres, 1981).

SCHROEDER, F. J., *Père Lagrange and Biblical Inspiration* (Washington, 1954).

SILBERMAN, N. A., *Digging for God and Country* (Nueva York, 1982).

SMITH, M., «The Dead Sea Sect in Relation to Ancient Judaism», *New Testament Studies,* vol. VII (1960-1961), pp. 347 y ss.

SMYTH, K., «The Truth about the Dead Sea Scrolls», *The Irish Digest* (junio, 1956), pp. 31 y ss.

STECKOLL, S. H., «Preliminary Excavation Report in the Qumran Cemetery», *Revue de Qumran,* n.º 23, vol. VI (1968), pp. 323 y ss.

—, «Marginal Notes on the Qumran Excavations», *Revue de Qumran,* n.º 25, vol. VII (1969), pp. 33 y ss.

STENDAHL, K. (comp..), *The Scrolls and the New Testament* (Londres, 1958).

STUTCHBURY, H. E., y NICHOLL, G. R., «Khirbet Mazin», *Annual of the Department of Antiquities of Jordan,* vols. VI-VII (1962), pp. 96 y ss.

SUETONIO, *Los doce césares,* Iberia, Barcelona, 1985. Citado en su edición inglesa: Suetonius, *The Twelve Caesars,* trad. R. Graves (Harmondsworth, 1979).

SUKENIK, E. L., *The Dead Sea Scrolls of the Hebrew University* (Jerusalén, 1955).

TÁCITO, *Historias,* Espasa-Calpe, Madrid, 1980. Citado en su edición inglesa: Tacitus, *The Histories,* trad. K. Wellesley, ed. rev. (Harmondsworth, 1988).

TALMON, S., *The World of Qumran from Within* (Jerusalén, 1989).

TREVER, J., «When was Qumran Cave 1 Discovered?», *Revue de Qumran,* n.º 9, vol. III (1961), pp. 135 y ss.

—, *The Untold Story of Qumran* (Londres, 1966).

VAUX, R. DE, «À propos des manuscrits de la mer Morte», *Revue Biblique,* vol. LII (1950), pp. 417 y ss.

—, «Exploration de la région de Qumran», *Revue Biblique,* vol. LX (1953), pp. 540 y ss.

—, «Fouilles au Khirbet Qumran», *Revue Biblique,* vol. LX (1953), pp. 83 y ss.

—, «Fouilles au Khirbet Qumran», *Revue Biblique,* vol. LXI (1954), pp. 206 y ss.

—, «Fouilles de Khirbet Qumran», *Revue Biblique,* vol. LXIII (1956), pp. 533 y ss.

—, «Les manuscrits de Qumran et l'archéologie», *Revue Biblique,* vol. LXVI (1959), pp. 87 y ss.

—, *Archaeology and the Dead Sea Scrolls,* ed. rev. (Oxford, 1977).
Vermes, G., «The Etymology of "Essenes"», *Revue de Qumran,* n.º 7, vol. II (1960), pp. 427 y ss.

—, *The Dead Sea Scrolls: Qumran in Perspective* (Londres, 1977).

—, *Jesus the Jew* (Londres, 1977).

—, «The Essenes and History», *Journal of Jewish Studies,* vol. XXXII, n.º 1 (1981), pp. 18 y ss.

—, *Jesus and the World of Judaism* (Londres, 1983).

—, *The Dead Sea Scrolls in English,* 3.ª ed. (Sheffield, 1987).

WEBB, J., *The Flight from Reason* (Londres, 1971).

—, *The Harmonious Circle* (Londres, 1980).

WILSON, E., *The Scrolls from the Dead Sea* (Londres, 1955).

—, *The Dead Sea Scrolls 1947-1969,* ed. rev. (Glasgow, 1977).

WRIGHT, G. E., (comp.), *The Bible and the Ancient Near East* (Londres, 1961).

YADIN, Y., *The Message of the Scrolls* (Londres, 1957).

—, «What the Temple Scroll Reveals», *Daily Telegraph Magazine,* 19 de julio de 1988, pp. 15 y ss.

—, *Masada* (Londres, 1975). (Edición castellana: *Masada,* Destino, Barcelona, 1986.)

—, *Bar-Kokhba* (Londres, 1978).

—, *The Temple Scroll* (Londres, 1985).